Le dernier secret de Versailles

DU MÊME AUTEUR

Le Boîtier rouge, Denoël.
Le Mille-pattes, Denoël.
Rendez-vous chez Scylla, Flammarion.
Les Voleurs d'ouragan, Flammarion.
Petits Arrangements avec les femmes de ma vie, La Martinière.
Un homme de liberté, Flammarion.
Le Secret de Champollion, Flammarion. J'ai Lu, n° 7922.
L'Insoumise du Roi-Soleil, Flammarion. J'ai Lu, n° 8289.
La Prophétie de Golgotha, Flammarion. J'ai Lu, n° 9032.
1630, La Vengeance de Richelieu, Flammarion. J'ai Lu, n° 9199.
1658, L'Éclipse du Roi-Soleil, Flammarion. J'ai Lu, n° 9493.
Un jour je serai roi (*Le Palais de toutes les promesses* – tome 1), Flammarion. J'ai Lu, n° 10058.
Le Roi noir de Versailles (*Le Palais de toutes les promesses* – tome 2), Flammarion. J'ai Lu, n° 10540. Prix du Roman Cœur de France 2013.
Les Glorieux de Versailles (*Le Palais de toutes les promesses* – tome 3), Flammarion. J'ai Lu, n° 10845.

Jean-Michel Riou

Le Palais de toutes les promesses

Tome 4

Le dernier secret de Versailles

(1685-1715)

Flammarion

ISBN : 978-2-0813-3056-6

À vous quatre,
À vous tous.

« Et les quatre amis répétèrent d'une seule voix la formule dictée par d'Artagnan : Tous pour un, un pour tous. »

Les Trois Mousquetaires, Alexandre Dumas

Avertissement

Le Palais de toutes les promesses est composé de quatre romans consacrés à la naissance de Versailles, le domaine royal de Louis XIV. J'ai traité chronologiquement le sujet, créant pour l'occasion différents personnages tels que Toussaint Delaforge ou encore la famille des bâtisseurs Pontgallet dont on suit les péripéties du 5 septembre 1638 au 1er septembre 1715, naissance et mort du Roi-Soleil.

Un jour je serai roi, *Le Roi noir de Versailles*, *Les Glorieux de Versailles* et *Le Dernier Secret de Versailles* sont des récits distincts ayant leur propre vie, leur propre histoire, de sorte que le lecteur peut rejoindre l'aventure à tout moment, sans être perdu, même si l'on retrouve les mêmes acteurs au fil de ce long récit. De plus, et quand cela me semblait utile, j'ai pris soin de rappeler, ici ou là, les faits antérieurs éclairant les relations entre les uns et les autres et ce qui les animait : haine, amour, bonté, égoïsme… En somme, ce que je leur ai donné en héritage à chaque nouvel épisode.

J'ai donc parfois réveillé le passé, survolant en quelques lignes (ou quelques pages) les événements précédents – ces rappels étant destinés à éclairer le présent.

Je mesure que certaines de ces évocations ont pu sembler superflues aux lecteurs qui, depuis le début, suivent fidèlement les péripéties de mes chères créatures. On comprendra que j'ai cherché à satisfaire le plus grand nombre. Aux distraits ayant perdu le fil de l'histoire et aux passagers embarquant en cours de route, j'ai ainsi voulu remettre quelques idées en tête, un exercice que j'ai cru d'autant plus utile, qu'entre la parution du premier et du dernier tome, quatre années ont filé…

À la fin de ce dernier roman, je livre même le résumé des trois premiers volumes du *Palais de toutes les promesses* et le destine à ceux qui n'auraient pas lu les épisodes précédents. Pour d'autres, qui n'en auraient pas besoin ou seraient impatients de sauter à pieds joints dans *Le Dernier Secret de Versailles*, il suffit de se rendre à la page suivante. Et que tous soient rassurés. Au détour d'une ligne, *ici ou là*, j'ai encore pris soin de rappeler ce qu'il faut savoir d'essentiel de cette histoire, depuis son début, afin de ne jamais perdre le fil de ce qui est sa suite. Et sa fin.

Les principaux personnages du *Dernier Secret de Versailles*

À la Cour

Louis XIV, roi de France.

Madame de Maintenon, dite *Madame de Maintenant*.

Alexandre Bontemps, Premier valet de chambre de Louis XIV.

Le conseiller Thierry de Millard, membre du parlement de Paris surnommé le *prince des Manigances*.

Le marquis de Louvois, surintendant des bâtiments du roi.

Le maréchal de Bellefonds ; le duc de Créquy ; le comte de Soissons ; le duc de Gesvres, détenteur de la charge de Premier gentilhomme de la Chambre du Roi ; le duc de Bouillon, Grand chambellan de la Maison du Roi.

Les courtisans : Louis de Bélanger, comte de Ceyrac et chevalier de Mées, surnommé le *duc de Méli-Mélo* ; le marquis de Biège, aussi bien informé que bavard.

François d'Aix de La Chaise, confesseur du roi.

Le jésuite Joseph de Marolles.

Au service du roi et de la Couronne

Gabriel Nicolas de La Reynie, Premier lieutenant de police du roi.

François Desgrez, exempt de police et bras droit de La Reynie.

Les magiciens de Versailles

Jules Hardouin-Mansart, Premier architecte du roi.

Charles Le Brun, Premier peintre du roi.

André Le Nôtre, jardinier de Versailles.

Le clan des Pontgallet

Jean Le Faillon, époux d'Amandine Pontgallet.

Amandine, fille d'Anne Pontgallet, épouse de Jean Le Faillon.

Anne Pontgallet, fille de Nicolas et de Marguerite Pontgallet, et mère d'Amandine.

Le père Le Faillon et son épouse Mélisande.

Antoine, fils de Jean et Amandine Le Faillon.

Magdeleine, gouvernante au château de Saint-Val.

Amis ou ennemis ?

Toussaint Delaforge, dit le *Roi noir*.

Le peintre Pierre Lobiot.

Conwoion, le guerrier breton, ancien marin du roi.

Leduc, petit serviteur à la Bouche du Roi.

Vautron, le vieux paveur, conteur de Versailles – et autre chose encore…

Qui se venge en secret, en secret en fait gloire.

Pierre Corneille

Première partie

Avec un almanach et une montre, on pouvait, à trois cents lieues d'ici, dire ce qu'il faisait[1].

1. Évocation de Louis XIV par le duc de Saint-Simon dans ses *Mémoires*.

Chapitre 1

LOUIS DE BÉLANGER, comte de Ceyrac et chevalier de Mées, court à perdre haleine, le diable accroché à ses basques. Grand et maigre, la trentaine, le voici qui affronte l'escalier conduisant à la galerie des Glaces. Bras écartés, à moitié courbé, la main prenant appui sur le mur, le maladroit cherche l'équilibre, luttant contre la loi de la gravitation qui l'attire inexorablement vers le sol lessivé de frais. Le marbre rose est glissant et l'épée battant contre la jambe de l'échalas gêne l'ascension. Triste idée de s'encombrer d'un tel apparat, mais la tête perchée haut du sieur Bélanger ne pense pas au ridicule. Il y aurait pire, incommensurablement plus grave que de choir : manquer le Lever du roi du 30 juin 1685, au château de Versailles.

Voilà des mois qu'il plaide sa cause auprès d'un sous-gouverneur des pages, espérant que Godefroy Maurice de la Tour d'Auvergne, duc de Bouillon et surtout Grand chambellan de France de la Maison du Roi, lui accordera l'immense privilège d'assister à la scène. Et c'est fait. Du moins, s'il arrive à temps.

*

Hier, lors de la soirée d'Appartement [1], Léon Potier de Blancmesnil, duc de Gesvres, détenteur de la charge de Premier gentilhomme de la Chambre du Roi créée en 1610 [2], l'a approché :

— Vous en serez demain. Soyez précis.

Le futur impétrant en est resté bouche bée. Il gobait les mouches, ce qui lui donnait un air de pitrerie qu'on ne manqua pas de piquer, puisque le passe-temps préféré de l'oisif qui hante Versailles est de moquer les faits et gestes des autres – par peur, sans doute, de faire soi-même les frais de la critique. Mais à cet instant, rien ne pouvait l'atteindre, il s'élevait au-dessus des railleurs. S'il n'avait pas encore totalement réussi, quatre mots – *Vous en serez demain* – le faisaient progresser plus vite et bien mieux que sa noble lignée qui avait versé son sang pendant des siècles pour la gloire de monarques éteints. Désormais, nul besoin de brandir son épée, de jurer comme tout chevalier qu'il protégerait l'Église, défendrait les faibles, ne fuirait pas devant l'ennemi, combattrait l'infidèle, ne mentirait jamais, serait généreux, champion du droit contre l'injustice et le mal. La faveur qu'il venait décrocher lui permettait de glisser un pied dans la Maison du Roi, un formidable amoncellement de fonctions et de rôles, une pyramide humaine qui, de la base au sommet, *était* du règne de Louis Le Grand, le seigneur des seigneurs. *En être*, c'était l'assurance de compter, de se distinguer,

1. Soirée offerte par le roi aux courtisans. Elle se tient dans ses appartements et plusieurs fois par semaine. On y joue aux cartes, au billard, on y mange, écoute de la musique… Nous y reviendrons.

2. Depuis Louis XIII, les Premiers gentilshommes de la Chambre du Roi sont quatre et servent à tour de rôle. Ils tendent la chemise au roi, chaque matin, lorsque les princes du sang ou le Grand chambellan ne sont pas présents. Ils indiquent à l'huissier qui peut entrer.

d'obtenir les honneurs et les gratifications. *En être*, c'était avoir, posséder, s'enrichir, briller. Pour un courtisan, il n'existait pas de promesse plus extraordinaire.

*

Ceyrac n'était pas exigeant, du moins au début, car toute histoire remarquable exigeait un commencement. Lui, le chevalier de Mées, successeur de lointains ancêtres ayant redressé la Croix du Christ et repoussé le Sarrasin au-delà des Pyrénées, accepterait d'être porte-arquebuse, porte-manteau ou valet des épagneuls, à condition d'acquérir une charge même infiniment petite dans cette Maison du Roi. Son ambition était de tendre une perruque à Sa Majesté, de s'agenouiller pour l'aider à chausser ses mules, de courber l'échine quand il faudrait glisser l'auguste bras dans la manche d'une robe de chambre de soie, avant de rasseoir le tout sur le lit… Qu'importe si son père, un formidable soldat né pour servir Dieu et le Royaume, se retournait dans sa tombe parce que son fils espérait devenir valet de chambre. L'intéressé s'en fichait. Entrer dans l'intimité du maître de Versailles, y nicher, de ce fait être protégé, voilà seul ce qu'il prévoyait. Sans cela, nul destin. Et la misère à coup sûr puisqu'il était déjà presque ruiné.

*

Vous en serez demain. Soyez précis…

Le temps de reprendre ses esprits, de sortir de ses rêves, de revenir sur terre, au salon d'Apollon, le comte de Ceyrac avait, hélas, perdu un banco de mille livres au piquet, un maudit jeu de cartes qui ruinait la modeste rente d'un domaine de Navarre laissé en héritage par feu son père, gentilhomme au glorieux passé militaire, disparu en étant persuadé de livrer sa fortune, son titre, plus encore sa réputation, à un panier percé. Eh quoi, répondrait son héritier si les Cieux l'interrogeaient, dépenser s'entendait, selon lui, comme investir. Et quel reproche lui ferait-on puisque tous ici agissaient ainsi ?

À Versailles, il fallait paraître, briller et savoir s'incliner devant ceux qui comptaient. La preuve ? À force de courbettes, de flagorneries, et en puisant exagérément dans le pactole familial, il allait échanger la ruine contre la promesse d'un triomphe : on l'attendait à la Chambre du Roi.

À quoi bon se ronger parce qu'il avait englouti vingt mille livres en six mois – tailleur, perruquier, bottier, carrosse, chasses, réceptions, il n'additionnait plus. Versailles était *le palais de toutes les promesses*. Aussi, voici l'adage que le nouveau comte de Ceyrac pourrait décider d'inscrire sur le blason des chevaliers de Mées, une fois entré dans la Maison du Roi : *Qui s'entête réussit* – maxime qui valait bien la rengaine surannée de ses prédécesseurs : *La Foi et la Droiture*. La sienne s'appliquait sans conteste beaucoup mieux à Versailles, la demeure vertigineuse de Louis XIV, devenue le cœur du monde. Là où il fallait être pour triompher du destin.

*

— Mille livres, Monsieur…

Ceyrac entendait sans comprendre. Le regard accroché au plafond du salon où Apollon, jumeau du Roi-Soleil, fendait l'azur sur un char tiré par quatre puissants étalons à qui la Magnanimité et la Magnificence tenaient compagnie, le chevalier de Mées s'imaginait faire partie du cortège. À l'instant, il était Bacchus, cet autre dieu figurant dans le tableau du peintre Charles de La Fosse. Porté par l'ivresse, le passager clandestin s'accrochait au voyage quand, soudain, à deux doigts du succès, un obstacle de poids tentait de barrer le chemin de l'ambitieux. Campant devant lui, Thierry de Millard, influent conseiller du parlement de Paris, réclamait fermement sa créance, et ce joueur redoutable ne céderait pas. Chafouin, rusé, il attirait, séduisait puis mettait en esclavage les proies naïves de la courtisanerie tournant comme les mouches des marais voisins dans les salons du château, happant les rumeurs, le qu'en-dira-t-on ou, sinon, sautant d'un sujet futile à un autre dans l'espoir de passer leur ennui, jusqu'à croiser un homme de l'étoffe de Millard. Elles succombaient alors au piège de ce comploteur hors pair maîtrisant les arcanes du palais, allié de tous, et jamais attaché à un clan, surnommé le *prince des Manigances* par ceux, jaloux et dépités, qu'il avait harponnés.

Il fallait se méfier du personnage, toujours vert, sur qui les années glissaient. Il avait connu Mazarin et fréquenté le Louvre. Maintenant, il était de Versailles, saluant d'un coup de tête les gens inutiles et ignorant ceux déjà plumés, baguenaudant lui aussi dans la galerie des Glaces, ne s'intéressant qu'à celui dont il allait tirer profit. Et le pauvre Ceyrac avait été son choix.

Le parfait gibier pour la chasse de cette nuit.

— C'est que… barbotait ce dernier, dépassé par la somme qu'on lui réclamait.

Une hésitation de trop… Mordiou, c'était lui qui avait fait le fier lorsque Millard lui avait proposé de jouer. Avait-il besoin de céder à la tentation ? Un rien d'arrogance, une manière de se montrer encore alors que la soirée battait son plein. Ceyrac était peut-être un peu ivre et, au salon d'Apollon, il y avait eu ces danses auxquelles il ne résistait pas car, dans un éclair de lucidité, il se jugeait meilleur cavalier à pied qu'à cheval, enchaînant, ce soir-là, les sarabandes, les branles à un rythme endiablé jusqu'aux derniers accords des violons du Roi-Soleil. Alors, presque seul, un peu sot, essoufflé, la perruque mal assurée, il avait atterri face à Millard qui s'intéressait étrangement à lui.

— La danse, ce n'est plus de mon âge… Profitez-en, jeune homme.

Le *prince des Manigances* s'était forcé à paraître barbon.

— Le bruit… Je m'y fais de moins en moins, avait-il ajouté en grimaçant.

L'orchestre avait disparu afin d'installer des tables. Millard avait cherché une chaise et attiré le candide en l'invitant à le rejoindre d'un geste las de la main. On avait également changé les chandelles et apporté des sucreries et des liqueurs d'Oc qui se mariaient idéalement avec les fruits confits – Sa Majesté gâtait ses invités. La nuit allait se poursuivre en son absence, ce qui allégeait l'étiquette. Les rires avaient fusé, les hommes s'étaient montrés pressants, quelques jolies femmes ingénues avaient rosi… Ceyrac, que rien ne semblait étonner, était pour sa part ravi qu'un homme aussi important lui prêtât attention. Ainsi ne lui était-il pas venu l'idée que l'on s'amusait de lui tel le chat tourmentant la souris.

— Il me reste les cartes, avait soupiré le conseiller, aussi bon comédien que Molière. Mais j'y pense… Auriez-vous la bonté de tenir compagnie à un homme gagné par la solitude ?

Le chevalier de Mées y avait vu l'occasion de se lier davantage et s'était dit qu'il n'aurait aucun mal à battre ce vieillard cacochyme. Hélas, son projet avait tourné court. Affaibli par le vin, la danse et le relâchement général, il avait été emporté par ce maudit banco avant même que le dernier cornettiste[1] n'ait rangé son instrument.

*

Mille livres…

À Versailles, nul ne devait montrer sa faiblesse. Le duc de Gesvres, toujours là, détaillait avec dédain le jeune homme ruiné à qui il avait accordé l'honneur de se montrer au Lever du roi. Un nom ajouté au dernier moment à la liste des cinquante élus du 30 juin 1685 en souvenir du valeureux père du traîne-misère. Tudieu, l'ancien n'usurpait pas son titre… Ceyrac, à son époque, avait été l'exemple de la noblesse d'épée, le rempart de la monarchie, dont, désormais, Louis XIV se méfiait. La Fronde des seigneurs l'ayant fortement marqué dans sa jeunesse[2], il jugeait que le meilleur moyen de juguler leur ambition était de les avoir sous les yeux. Mais qu'avait-il à craindre de l'actuel comte de Ceyrac amolli par l'oisiveté ? Le duc de Gesvres le comparait à son géniteur, inflexible, droit et sacrée forte tête, mais il préférait cet état d'esprit et songeait à ceux du même acabit à qui il avait refusé encore aujourd'hui la faveur d'apercevoir Sa Majesté. Il s'accusait d'avoir cédé par faiblesse ou plutôt par nostalgie – en souvenir du véritable comte de Ceyrac –,

1. Le cornet à bouquin, instrument très apprécié à cette époque, est un cuivre.

2. La Fronde des princes (1650-1653) suit la Fronde parlementaire (1648-1649). Au cours de la période, les grands seigneurs s'élèvent contre le pouvoir royal qui les affaiblit. Louis XIV en conservera une grande méfiance et c'est une des raisons expliquant pourquoi il force la Cour à vivre à Versailles. Il veut « tout son monde » sous les yeux pour mieux le surveiller.

regrettant les temps d'autrefois où la noblesse d'épée s'agenouillait devant le *primus inter pares*[1]. Il décida sur-le-champ de mettre fin à sa mollesse et promit même *in petto* de réformer sa méthode : son impitoyable sélection exigeait une totale impartialité. Dans le maelström de ses pensées surgit même l'idée qu'il devait réparer son erreur en reprenant l'invitation au Lever du roi.

Il fit un pas vers Ceyrac.

— Monsieur…

Aux tables voisines, les têtes se tournèrent, on retenait son souffle, il y avait du grain à moudre. Pour achever l'infortuné, ne manquait plus que la réaction du sieur Millard, pariant qu'elle serait cruelle, car il fusillait du regard le petit comte aux pieds nus. Qui, lui, se vit perdu.

*

— Vous me paierez demain… Ou plus tard.

Le conseiller du parlement se montrait magnanime et le fait était assez rare pour que le duc de Gesvres attende avant de trancher dans le vif.

— Nullement, fit mine de se révolter Ceyrac. J'ai sur moi…

Il plongea même la main dans la poche de sa veste. Cent livres, guère plus, y gisaient. Le solde de ce que

1. L'expression *primus inter pares* fixait les rapports entre le roi et la noblesse d'épée, rappelant l'époque lointaine où le roi était élu par les commandants des troupes. Il n'était que le premier entre ses pairs. L'hérédité a remplacé le vote et d'autres ont pris les fonctions occupées par les nobles (la justice, par exemple, la police ou les finances). Ainsi est né peu à peu l'ancêtre de la fonction publique…

l'enfant prodigue avait tiré dernièrement d'un domaine dont il n'espérait nul revenu avant la fin de l'été. Il sortirait son magot, le poserait pauvrement sur la table. Et mourrait de honte.

— Rien ne presse, insista Millard, étonnamment généreux.

— Que Dieu m'en soit témoin, je rembourserai dès demain, jura-t-on.

Bien sûr, on ne crut point le blasphémateur, pas même le duc de Gesvres qui fit pourtant mine de gober. Mais si le *prince des Manigances* était lui-même dupe, au point d'avaler les couleuvres du chevalier de Mées, à quoi bon ajouter à la confusion ? Le Premier gentilhomme de la Chambre détestait le scandale et tout ce qui altérait le rituel d'une journée ordinaire de Sa Majesté. Il remercia Millard d'un mouvement du menton. L'incident était clos. Ceyrac participerait au Grand lever du roi. Puis il irait se faire pendre ailleurs.

— Soyez ponctuel, jugea-t-il nécessaire de préciser d'un ton méfiant. Et il tourna les talons.

Si fait, Ceyrac fit le tour de la table et pencha en avant son grand buste pour chuchoter à l'oreille de son débiteur :

— Vous me sauvez deux fois. D'abord, en m'évitant une déroute, et…

— Mon service a un prix, annonça sèchement le conseiller du parlement de Paris, mais à voix basse.

— Demandez, je m'exécuterai, répondit imprudemment sa victime.

— Lorsque vous entrerez chez le roi… débuta Millard.

Le comte de Ceyrac, chevalier de Mées redressa son long cou. La fierté revenait. La dette, l'humiliation, le regard ironique des courtisans s'effacèrent. On lui parlait du futur, évoquait son destin… Bientôt, il ferait partie des gens de qualité[1].

— Demain, j'aurai cet honneur, en effet, s'enflamma-t-il, ne résistant au plaisir de toiser ceux qui, à la table voisine, glosaient à l'instant sur son infortune.

— Ne perdons pas de temps. Écoutez-moi.

Millard devenait cassant. Il vint à Ceyrac l'idée fort sotte que le conseiller n'avait jamais assisté au spectacle royal et qu'il le regrettait ; qu'en somme, il en ressentait une sorte d'amertume.

— Voici ce que vous ferez pour moi, poursuivit-il. J'y tiens autant qu'aux mille livres que vous me devez. Je pourrais même décider de les échanger contre *le peu de chose* que vous réaliserez pour moi.

C'était déjà un ordre. D'ailleurs, sans attendre l'accord du jeune paltoquet, le conseiller attira l'attention d'un valet qui bâillait à l'entrée du salon d'Apollon.

— Une plume, de l'encre et du papier.

Le reste vint rapidement. Millard écrivit un message court qu'il plia et cacheta en se servant de la cire d'une chandelle rouge qui trônait sur la table. Il apposa son sceau en se servant de la chevalière qu'il portait à la main droite et tendit le pli à Ceyrac.

— Vous serez mon coursier.

Le mot déplut au chevalier de Mées. Mais les mille livres trottaient dans sa cervelle.

— Demain, à huit heures, ce sera à vous.

Ceyrac s'y voyait.

— Venez bien plus tôt pour figurer à coup sûr au premier rang et retenez ce détail : certains passent la nuit devant la porte de Louis XIV afin d'être mieux placés.

---

1. Ainsi sont nommés ceux qui assistent au Grand lever du roi.

Ceyrac ne doutait pas que sa grande taille le servirait. Et il jouerait des coudes. Allons, allons, il dormirait dans un lit et, rasé de près, apparaîtrait frais comme un gardon.

— Comptez sur moi. Un chevalier de Mées ne bat jamais en retraite !

Millard soupira imperceptiblement. Ce crétin l'épuisait.

— Je ne demande qu'une chose : approchez Alexandre Bontemps. C'est à lui que vous devrez remettre ce message.

Ceyrac n'ignorait pas que les courtisans tentaient d'user de l'influence du Premier valet pour obtenir une faveur personnelle[1]. Il ne s'agissait donc que de cela ! Millard n'avait pas ses entrées… L'homme lui parut soudain moins intéressant. Mille livres, c'était mal payer un service que seuls pouvaient rendre les *gens de qualité*. Confusément, il entraperçut le pouvoir inouï que lui offrirait son rapprochement avec la Maison du Roi. Désormais, on chercherait son appui et lui n'aurait qu'à tendre la main.

— L'affaire est entendue, asséna-t-il, un rien dédaigneux.

— Agissez avec discrétion Approchez-vous sans prononcer de mots. Ne dites pas : « Je viens de la part de… » Bontemps se saisira du message en reconnaissant mon sceau.

Le messager n'écoutait plus. Millard, le puissant homme de l'ombre, le *prince des Manigances* en personne avait besoin de lui. Un service à mille livres… Et cette nuit, le nouveau comte de Ceyrac crut pour de bon qu'il touchait l'Éden.

---

1. Saint-Simon en parle ainsi : « C'était par lui que passaient tous les ordres et les messages secrets […] et tout ce qui était mystère. » Saint-Simon ajoute que la Cour était à ses pieds : « À commencer par les enfants du roi et les ministres les plus accrédités, et à continuer par les plus grands seigneurs. »

Chapitre 2

ALEXANDRE BONTEMPS, Premier valet de chambre de Louis, a mal au dos. À bientôt soixante ans [1], il dort au pied du roi, dans un lit étroit et inconfortable. C'est son rôle, sa mission, son sacerdoce. Et sa place. Dormir ? Somnoler serait plus juste, et toujours d'un œil. C'est une affaire d'habitude. À force, Bontemps s'est forgé une seconde nature : ses cinq sens restent constamment en éveil. S'ajoute l'intuition, comme une mère veillant sur son petit. Aussi, sans l'aide de personne, il devine si Sa Majesté se porte bien ou mal – et cela va au-delà du physique : il pourrait plonger au fond de son cœur. Alexandre sait, devance la moindre des demandes : ouvrir une fenêtre, ajouter une couverture, préparer un verre de vin coupé à moitié d'eau afin d'apaiser les viscères royaux, puis reprendre la lecture à haute voix d'un livre de prières en s'aidant d'une bougie, luttant contre l'épuisement jusqu'à ce que le souffle régulier de Sa Majesté lui commande de cesser.

Jusqu'à l'aube, il classe sans erreur les gémissements, rêves ou plaintes, que l'ombre inerte du Roi-Soleil produit

1. Alexandre Bontemps est né le 9 juin 1626.

dans son sommeil. Bontemps est le témoin intime des joies et des maux du roi absolu sur lequel il veille depuis 1659.

*

Vingt-six années de vie commune, d'intimité partagée… Aucun, aucune ne fait mieux que Bontemps la part entre sincérité et apparence. Ainsi, dans un instant, le roi sortira de la coulisse, le rideau se lèvera sur une journée ordinaire et personne ne devinera que l'ulcère qui lui a perforé le palais voilà huit ans s'est réveillé et qu'il endure un mal de tête épouvantable.

Avant d'affronter la cérémonie du Petit lever, il reste à Alexandre quelques minutes pour préparer son souverain à la vie dont l'histoire se souviendra : le lion affamé d'amour, de chair, le danseur léger comme les gouttes d'eau des fontaines de Versailles, le cavalier, le chasseur infatigable…

Chaque matin, Bontemps voit la vérité, les stigmates d'un homme de près de cinquante ans dont le corps souffre. Il connaît les faiblesses de César : la petite vérole contractée à neuf ans, la tumeur apparue sur un sein, le crâne chauve depuis l'âge de dix-neuf ans et dont la cause serait une fièvre contractée à la bataille des Dunes[1]. Dysenterie, rougeole… la liste ne cesse de s'allonger pour le *Miraculé*, puisque Louis est aussi appelé ainsi[2].

---

1. On peut lire le récit romancé de ce malaise étrange (et suspect) dans *L'Éclipse du Roi-Soleil*, même auteur, même éditeur.

2. On peut parler, en effet de *Miraculé*. Louis XIV a échappé plusieurs fois à la mort. Enfant, il faillit se noyer et, aux maux qui sont évoqués, il faut ajouter la fistule dont il fut opéré, les crises de goutte, les rhumatismes et autres coliques néphrétiques. Louis XIV fit preuve d'une formidable contenance et d'un grand courage face à la douleur et à la maladie.

Attendri, le valet voudrait que le seigneur paresse, se laisse aller, écoute ses douleurs. Est-ce impossible à celui qui peut tout ? Contre vents et marées, il ira comme hier, comme toujours. Il se lèvera, se soumettra à l'épreuve du Lever, acte I d'une série qui le mènera de repas en conseil, d'audience en chasse, de promenade en prière, jusqu'au souper du Grand couvert, puis au Coucher où, pour retrouver la liberté, il lui faudra recevoir l'élu ayant l'insigne honneur de tenir, ce soir, le bougeoir. Alors, seulement, le rideau retombera, libérant le maître et le serviteur. Et Bontemps, épuisé, alors que la journée commence, sourit pour donner du courage à son roi.

*

Il reste peu de temps avant que la frontière les séparant de Versailles ne s'efface. Derrière l'épais tissu, ultime muraille isolant le lit royal de la Cour, des pas s'entendent. Ils sont là, impatients, ils veulent voir et, ce matin encore, Alexandre s'arrangera pour les tromper. En silence, il aide Louis à ôter sa chemise de nuit que la fièvre nocturne a trempée de sueur, masse ses bras, ses jambes afin que le sang vienne. Dans un instant, le souverain apparaitra, digne et solide, et rien ne trahira sa vraie nature. Profitant de cet ultime moment d'intimité, les deux échangent un regard complice. Leur pacte est solide. Ils sont amis, mais Le Nôtre l'est aussi, et ce mot, amitié, convient-il ? La confiance sonne mieux. En échange de cette complicité, Alexandre recueille les secrets de Louis, et c'est sa récompense. Il les emportera dans la tombe car le commensal a juré de protéger le Soleil jusqu'au crépuscule [1].

---

1. Saint-Simon le décrit encore ainsi : « Homme du secret domestique, qui sait tout du roi, de ses habitudes, de sa vie privée et, fait

— Sire, voilà l'heure…

Ces mots, Bontemps les prononce tous les matins. Il est huit heures, le rideau du lit se lève. Le Premier gentilhomme de la Chambre se montre, entouré par six garçons de chambre.

Le spectacle commence.

*

Monsieur, frère du roi, est présent. On le sent mal éveillé. La nuit fut courte, le réveil brutal. Philippe, excellent cavalier et redoutable soldat, aime s'amuser. Il se présente juste à temps et se glisse aux côtés du Grand chambellan, profitant du branle-bas de combat provoqué par l'arrivée du barbier, du grand maître de la garde-robe, du valet des perruques… Ils sont déjà vingt autour du roi qui ne connaîtra nulle solitude jusqu'au soir.

Bontemps s'est effacé d'un pas. Ainsi, il observe mieux la scène. Avant que le roi ne s'endorme, il lui rendra compte de ce qu'il a vu et entendu car son talent est de disparaître dès que le roi ne lui appartient plus et se donne aux autres. Il y a d'abord le père François d'Aix de La Chaise, le confesseur, arrivé de Paris très tôt ce matin. Dans un instant, un aumônier célébrera un premier office. Puis Louis XIV se tournera vers le barbier, puis un autre lui lavera les mains, le Grand chambellan élèvera le bénitier et lui se signera, et la lente

rarissime, ne médit ni ne colporte aucun ragot. » Bontemps fut également l'intendant de Versailles et le secrétaire général des gardes suisses. Du fait de ces fonctions, il était donc plus présent à Versailles qu'un autre Premier valet (ils étaient quatre, se partageant l'année par quartier) et n'ignorait rien de qu'il se produisait dans le palais. Preuve de la confiance que lui accordait Louis XIV, il fut l'organisateur du mariage secret et morganatique avec Madame de Maintenon célébré par La Chaise (1683).

procession se poursuivra jusqu'à ce que le Petit lever s'achève, commencement d'une journée parfaitement similaire à la veille. *Avec un almanach et une montre, on pouvait, à trois cents lieues d'ici, dire ce qu'il faisait.* Il est huit heures trente. Le Grand lever commence.

*

Désormais, ils sont cinquante. Bontemps passe en revue les têtes connues. François VII de La Rochefoucauld, titulaire de la charge de Grand veneur, ne rate pas son entrée [1]. Il claque les talons. L'air martial lui vient de son habitude à commander les chiens. Il est soldatesque comme Jules-Armand Colbert, marquis de Blainville, qui s'est glissé à ses côtés. Lui, c'est un des fils du regretté Jean-Baptiste Colbert, mort en 1683. Sa fortune a servi à acheter la charge de grand maître des Cérémonies. Mais l'homme est plutôt fait pour la guerre. Il préfère le son du canon à celui des cloches des églises célébrant les naissances royales. Pourtant, son rôle est de les organiser… Le marquis de Blainville peine à cacher son impatience alors que le Grand chambellan présente lentement une nouvelle chemise au roi. Blainville rongera son frein. Il faut encore habiller Sa Majesté de la tête aux pieds, un cérémonial mettant en lumière le grand maître de la garde-robe.

Fichtre, le moment est long. D'abord, le haut-de-chausse, puis la veste et le justaucorps. Blainville trépigne, il reste à ceindre le roi de son épée. Et Bontemps s'amuse. Le fils du *Nord*[2] n'est pas madré comme Michel Sublet,

1. Le Grand veneur s'occupe, entre autre, d'une meute de cent chiens dédiés à la chasse.

2. Surnom donné à Colbert par Madame de Sévigné.

marquis d'Heudicourt et Grand louvetier de France. Un courtisan doté d'un caractère aimable, parfaitement affable, ne comptant nul ennemi et, plus important, proche du roi. Les mauvaises langues attribuent cette faveur à son épouse qui fut, elle aussi, une intime du souverain. Mais le temps du libertinage est passé. *Maintenant*, Maintenon veille. Et son parti dévot aussi.

*

Plus tard, chaque geste, chaque mot, chaque silence, le simple haussement d'un sourcil fera l'objet de commentaires. On spéculera sur les gens en grâce, sur ceux ostensiblement oubliés. On précisera que le roi s'est penché pour détailler ses souliers, qu'il changea de perruques, la seconde étant plus haute, qu'on s'y prit à deux fois pour lui ôter sa chemise de nuit car il semblait gêné, que son bras parut lourd, qu'une fois installé sur sa chaise d'affaires [1], il y resta fort longtemps – ce qui laissera penser que sa digestion ne fut pas bonne, qu'un lavement était approprié – ce qui fut heureusement fait puisqu'il but par la suite le bouillon sans effort. Les présents interpréteront les doctes hochements d'une armée de chirurgiens, la mimique contrite de celui qui huma le fumet des selles recueillies au fond de la chaise d'affaires. Et l'on en déduira n'importe quoi. À Versailles, il faut meubler le temps.

Pour l'heure, les gens de qualité se pressent pour approcher de près. Chacun a donné son nom au valet qui campe à l'entrée de la Chambre du Roi. Et il n'en est qu'un dont Bontemps ignore tout. C'est un jésuite, à coup sûr,

1. Il s'agit d'une chaise percée – ou plus communément d'un pot de chambre.

sa tenue le dénonce et il ne lâche pas La Chaise. Le fidèle serviteur du roi n'a pas confiance. C'est une question d'expérience, d'habitude, peut-être d'intuition, de celle qui fait désormais sa nature. Le jésuite garde la tête baissée, prenant l'air du dévot qui plaît tant désormais à la Cour et à Madame de Maintenon. Il est vieux, sec, ridé, la mâchoire serrée et ses mains se joignent pour montrer qu'il prie. Supplie-t-il pour son salut ou celui du roi ? Un instant, son visage se redresse. Ses yeux sont gris, effroyablement froids. Il jette un regard circulaire, observe la scène, détaille les présents à la manière du prédateur. Un instant, il accroche Bontemps et se détache aussitôt comme s'il craignait l'homme. Qui est-il ? Après l'office, il interrogera La Chaise.

En revanche, quelqu'un brille par son absence. Louis de Bélanger, comte de Ceyrac et chevalier de Mées, ne s'est pas présenté au Grand lever du roi.

Chapitre 3

LE PAVEUR VAUTRON aime quand le calme règne au château. Le matin, les couloirs et les salons sont vides. Ceux qui n'ont pas la chance d'être invités au Grand lever attendent dix heures pour se réunir dans la galerie des Glaces où défilera le roi. Le trajet est connu, immuable, sans surprise. Louis le Quatorzième arrivera de ses appartements pour se rendre en sa chapelle ou tenir conseil. Au passage, les courtisans tenteront d'attirer son regard, d'aucuns s'aventureront à tendre un placet, un écrit sur lequel ils auront travaillé durement, pesant chaque mot, chaque virgule, relisant à haute voix leur tirade maigrelette, hésitant sur l'ultime ſormule qu'ils voudraient royale, brillante, respectueuse. Remarquable, en somme, dans l'espoir de l'être aussi un peu.

Depuis l'aube, les courtisans, établis ou pas [1], s'apprêtent dans les appartements que le roi leur réserve au-dessus des écuries ou aux communs. Pour certains, l'espace manque, on étouffe l'été, grelotte l'hiver et le point de vue est triste puisque les fenêtres (s'il y en a) tournent le dos au château

1. Un courtisan *établi* est celui qui possède une charge, l'une de celles dont rêve le marquis de Ceyrac. Ces charges sont achetées, et se vendent chèrement pour les plus prestigieuses ou les plus recherchées.

et aux jardins. La compagnie ne manque pas car les rats y nichent et la propreté est une notion incertaine, obscure comme leur refuge. Mais qui se plaindrait quand d'autres logent dans des combles insalubres, partageant un réduit avec la petite domesticité. Pour autant, s'estiment-ils malchanceux ? Ils pensent à la masse cantonnée dans de vagues faubourgs, à ceux aussi qui arrivent de Paris, bien obligés, résider ici est si compliqué. Pour rien au monde, les établis n'échangeraient leur place avec les courtisans qui, afin de saluer le roi dans la galerie des Glaces, partent la veille et dorment cahin-caha dans un carrosse.

*

Vautron ne rencontre pas ce genre de difficultés. Il vit à l'*Auberge de l'Ours*, rue Ménard, près de la place d'Armes. Depuis quand ? Seul Mathusalem le sait : le paveur semble aussi vieux que le chantier. Son expérience lui donne un avantage : il connaît les rouages de Versailles. La mécanique huilée de l'étiquette – ces conventions réglant avec minutie la société royale – n'a aucun secret pour lui. Il sait qu'il ne sera pas dérangé dans son travail avant que ne sonnent dix heures. Alors, depuis l'aube, aidé par un apprenti de l'entreprise Pontgallet, il s'active dans l'Escalier des Ambassadeurs où un carré de marbre a été descellé.

Peu avant, il a dû s'interrompre afin de laisser passer le flux des gens de qualité se pressant pour rejoindre la Chambre du Roi où se tenait le Grand lever. À présent, le voilà comme chez lui, et combien il se sent à l'aise ! Il dispose de deux bonnes heures pour finir la besogne avant que les autres, le gros du régiment des courtisans, n'investissent « son » domaine. Et si les joints ne sont pas secs, il bataillera pour garder la place. Ils vont, viennent (ils, ce sont les courtisans), piétinent sans vergogne le ciment frais, ne s'excusent pas et ce sont les mêmes qui pestent et marmonnent, clabaudent, enragent parce que le château est perpétuellement en chantier. Qu'y peut Vautron s'il leur faut baisser la tête pour passer sous une échelle ou emprunter une passerelle afin de rejoindre les appartements royaux ? Que leur répondre si, chaque jour, le chemin varie parce que telle pièce, tel couloir fait l'objet d'une énième transformation ? Puisqu'ils voient le roi, qu'ils aillent se plaindre à lui – ou à l'architecte, Jules Hardouin-Mansart ! Tant d'agacement pour si peu. Des enfants gâtés...

Vautron rit dans sa barbe poussiéreuse. Les désagréments que supporte l'oisif n'ont aucun rapport avec ceux que lui a connus. Mordiou, autrefois, c'était autre chose ! Le voici dans son meilleur rôle : plonger dans l'histoire de Versailles. Il le fait généralement le soir, dans la salle commune de l'*Auberge de l'Ours* où on se réunit autour de lui ; et les plus jeunes ont tort de sourire en prétendant que le radoteur invente. Tout est vrai dans ce qu'il raconte.

*

Versailles à ses débuts... Personne ne veut croire qu'il y avait ici, à la place des jardins, un marais insalubre à perte de vue. Le château ? Il faudrait l'imaginer sans ses ailes, sans sa galerie, et surmonté d'un toit en pente – et se mettre en tête, une bonne fois pour toutes, qu'au commencement, se dressait, ici, un relais de chasse construit par Louis XIII. Le conteur tend le bras, direction plein ouest, pile sur le château. On écarquille les yeux. Avant Versailles, il n'y avait rien.

— Si ! prétend-il, et c'est encore là. En dessous…

Vautron baisse la voix afin qu'on écoute davantage.

En lieu et place du palais aux milliers de pièces, on trouvait une bâtisse de quatre chambres à peine, des douves, des herbes hautes montant le long des murs, des ravins, des bosses, et nul bosquet, aucune fontaine. Il ajoute qu'il se trouvait là quand le château du père du Roi-Soleil a disparu, englouti par celui que bâtissait son fils. Mais la vérité, la voici : le cœur du père sommeillerait dans l'écrin qu'a construit autour Louis Le Vau. Et si quelqu'un demande qui est donc *Le Veau*[1], Vautron s'emporte :

— Bon sang ! Le premier, Premier architecte de Versailles.

Peu à peu, la salle entre dans son histoire. Le conteur sait que l'auditoire accroche. Et la soirée est encore longue…

— Le Vau valait bien le nouveau, Jules Hardouin-Mansart, soutient-il en crachant sur le sol en terre de l'*Auberge de l'Ours*. Et peut-être qu'il était encore bien meilleur. Tudieu, fallait y penser : envelopper l'ancien château, c'est-à-dire construire autour, pour que le passé des rois ne disparaisse pas. Imaginez !

Certains s'y essayent…

— En un rien de temps, le château a doublé, triplé de taille. Après, on a ajouté les ailes, les communs, les écuries, et faut être honnête. Tout ça, c'est Hardouin-Mansart qui l'a fait…

1. C'est ainsi qu'il faudrait orthographier le nom du père de l'architecte.

Il marque un silence avant d'ajouter fièrement :

— Et aussi les Pontgallet.

*

Vautron est inépuisable lorsqu'il attaque l'histoire de cette famille. D'abord Nicolas Pontgallet, le maître bâtisseur, et surtout son épouse, Marguerite qui a repris le flambeau – c'est elle qui aurait imaginé l'Appartement des Bains de Sa Majesté. La pauvre est morte d'épuisement, et à moitié folle, malgré le soutien du père Le Faillon, un sacré compagnon qui s'était battu comme un chien pour aider la veuve avant que lui-même ne soit salement blessé – invalide, plus de jambes, une sale chute, prenez-en de la graine, les apprentis. Dans ce clan plus soudé que les doigts de la main, Jean, le fils de Le Faillon, n'avait pas hésité à renoncer à sa vocation de peintre pour sauver l'entreprise.

— Faut dire aussi que, pour le décider, il y avait Amandine, la petite-fille Pontgallet. Une femme dont la beauté rend jalouses les marquises et les duchesses de la Cour… C'est l'épouse de Jean.

Il soupire lourdement :

— Ces gens ont toujours relevé leurs manches. Pourtant, c'est pas Dieu possible ! le nombre de malheurs qu'ils ont endurés.

C'est le moment où Vautron est certain de son succès. Il va parler du *Roi noir*. Mais qui ne connaît pas la légende de cet homme qui, autrefois, avait mis Versailles en coupe réglée [1] ? Les novices qui n'ont rejoint le chantier qu'au

1. On retrouvera le récit mouvementé de ces aventures dans *Un jour je serai roi* et *Le Roi noir de Versailles*, tome 1 et 2 de la série *Le Palais de toutes les promesses*, même auteur, même éditeur.

mois de mai dernier se tournent vers les plus anciens qui répondent d'un mouvement du menton. Faut plutôt regarder Vautron et ouvrir les oreilles.

— Réalisez bien qu'en ce temps-là, c'était autre chose par ici, répète-t-il pour ceux qui avaient perdu le fil, tandis que les autres s'impatientent – il aborde le meilleur.

Les rangs se resserrent. Ce soir encore, Vautron a gagné son pari. Il va dire un mot sur la ville d'autrefois lorsque ce n'était qu'un bourg et que les *Sans Aveux*, les catins, les coupe-jarrets se mêlaient aux bâtisseurs. Et bon sang, son histoire a du panache !

— Bons ou mauvais, un homme les dominait tous...

*

En ce temps-là, Versailles se résumait à deux quartiers, et, sur l'un, régnait Toussaint Delaforge, surnommé le *Roi noir*, et son allié, le boiteux Ravort. Ils tenaient les tavernes borgnes, le jeu, les filles, ils imposaient leur loi. La famille Pontgallet, menée d'une poigne ferme par Marguerite, appartenait à l'autre rive. On y trouvait les artisans, les apprentis, les compagnons et leurs maîtres. Au sud, les honnêtes gens ; au nord, les brigands ; c'était un peu ça. Tout opposait les deux mondes et pour corser l'affaire, s'ajoutait une haine irréconciliable entre Pontgallet et Delaforge, un ancien apprenti de feu Nicolas, époux de Marguerite : il avait tué leur fils qui menaçait de révéler ses ignominies. Il volait son protecteur qui, lui, le considérait comme un second fils.

Et ce formidable désordre se nourrissait d'un autre imbroglio : Amandine était née d'une liaison brutale et sans suite entre Toussaint et Anne, la fille des Pontgallet. Voilà qui brouillait davantage les cartes et freinait la vengeance de Marguerite, prisonnière de cette alliance diabolique dont elle avait voulu faire le secret le mieux gardé du monde. Pas même le *Roi noir*, pourtant le premier intéressé, ne le savait. Mais pouvait-on éternellement cacher une vérité aussi cruelle ? Un nouveau drame avait mis le feu aux poudres.

Ravort, cet esprit tordu, répétait que Marguerite détenait la preuve des turpitudes passées de Toussaint Delaforge. Elle menaçait donc leur empire interlope et, pour s'en défaire, il fallait éliminer sa famille. Amandine faisait partie du projet. Forcément. Et Ravort était décidé à l'exécuter. Alors, pour sauver l'enfant, sa grand-mère s'était résolue à avouer à son père ce qui les unissait. Ensuite, irait-il jusqu'à sacrifier sa propre fille ? C'était prendre, en effet, un grand risque que de le lui apprendre. Il n'avait aucun cœur, ses mains étaient couvertes de sang. Mais en comprenant ce que représentait Amandine pour lui, une étonnante conversion s'était produite. Le Saint-Esprit, assure Vautron, s'était tourné vers lui et l'avait sauvé.

— Le pécheur a sacrifié sa vie pour que vive Amandine.

Il marque un silence. Parfois, il marmonne une prière ou évoque les voies impénétrables du Seigneur. On le soupçonne d'avoir eu affaire à Dieu dans le passé – ce qui est vrai : il a été prêtre dans une vie antérieure[1]. Puis il se signe… Et reprend. Après un terrible combat au cours duquel Ravort y était passé, le *Roi noir*, mortellement touché au bord de l'*étang puant*, non loin de ce qui était devenu la Pièce d'Eau des Suisses, avait été avalé par la tourbe.

À cet instant, les plus inventifs se mettent à frissonner. Ils songent aux hommes qui moururent pour construire

---

1. Voir *Les Glorieux de Versailles* (*Le Palais de toutes les promesses* : tome 3).

le bassin. La mauvaise fièvre, les miasmes, les humeurs... Soudain, le fantôme du *Roi noir* approche de l'*Auberge de l'Ours*. Il fait nuit. Et Vautron s'amuse...

— Voulez-vous toujours entendre la suite ?

Qui se priverait de ce plaisir ? Selon le vieux paveur, après ces événements tout avait changé. Grâce à la poigne du policier Nicolas de La Reynie, la ville s'était débarrassée de ses canailles et avait appris à devenir royale. Les beaux hôtels avaient poussé, les bonnes manières s'y étaient propagées, l'étiquette était devenue la Loi. Et voilà ce qu'était devenue Versailles : le centre du monde, la cité du Roi-Soleil. Et c'était pourquoi tant de gens importants s'y pressaient.

*

Comme chaque soir, Vautron n'ajoute rien et, pour dire vrai, le bavard ne va jamais au bout de son histoire. Il s'arrête à la légende du *Roi noir* gagné par l'Esprit saint sans expliquer ce qui l'unissait vraiment à l'enfant. Ce fut un geste généreux... Point final... Et qu'un sanguinaire se soit sacrifié pour sauver la gamine ajoute à sa légende. Bien sûr, on le préfère mort, mais quel homme, quelle abnégation ! De fait, le quidam serait surpris d'apprendre que le *Roi noir* est vivant, réside en Espagne, et garde un œil sur sa fille ; un autre sur Versailles. Vautron se couperait la langue plutôt que de l'avouer, comme il ne crie pas sur les toits qu'il a bien connu le *Roi noir*. C'est même lui qui l'a arraché à l'*étang puant* et sauvé de la mort en le confiant aux sœurs de Vincent-de-Paul qui ont guéri ses plaies. Le paveur bavard a appris à se taire, quand il le faut. Ainsi, il n'ignore pas que Toussaint se fait désormais appeler La Fragua. Riche, puissant – mieux, honorablement connu – il navigue entre la Nouvelle-Espagne [1] et une hacienda qu'il possède à Cadix, et combien ceux qui l'ont croisé tomberaient à la renverse en découvrant la stupéfiante conversion du phénix !

Seule une poignée d'intimes connaît la vérité. Outre Vautron, Jean Le Faillon est au courant. Amandine, en revanche, ne sait pas qui est vraiment le *Roi noir* pour elle. C'est son sauveur, sa *bonne étoile*, voilà tout. Son père l'a voulu ainsi, même s'il n'a cessé de lui venir en aide. Pour le monde, il est mort, et c'est mieux ainsi. Amandine n'a pas à subir le passé d'un père. Plus grave, lui apprendre qui il est l'obligerait à assumer le sang qui coule dans ses veines. Combien l'appelleraient la fille du diable ? Il est une autre raison qui force Toussaint à se taire. Au temps où il était le *Roi noir*, il a tué Léon, le mari de la mère d'Amandine. Un homme bon qui endossa les habits du père pour faire le bonheur d'Amandine et doit le rester à jamais. Comment Amandine pardonnerait-elle le crime de celui qui fut si longtemps son protecteur ? Pour Delaforge, la dette est lourde, le supplice encore plus. Mais s'il a renoncé à sa fille, ce n'est pas pour autant qu'il ne veille point. Il a d'abord sauvé l'entreprise Pontgallet de la ruine en confiant à Jean Le Faillon la restauration de Saint-Val, son domaine situé à quelques lieues de Versailles. Puis il a envoyé d'Espagne un médecin arabe qui a soigné Jean, blessé à la main et condamné à ne plus jamais peindre. Vautron a peut-être raison de parler de la grâce divine et lui qui connaît le passé de Toussaint y voit le miracle de la rédemption. Tout n'est donc pas sombre chez cet homme. Peut-on même juger celui qui naquit dans une cave, fut orphelin dès le premier jour et apprit plus tard

1. Le Mexique.

que sa mère avait été violée par un jésuite aux yeux gris, menteur, sombre, ignoble, intraitable ? Ce père-ci, Joseph de Marolles, tout juste mauvais géniteur, méritait la mort. C'était le châtiment du *Roi noir*. Or, Toussaint avait rompu son pacte avec le diable en ne tuant pas le monstre. Oui, il avait gagné le pardon et nul ne pouvait mieux le défendre que Vautron, dépositaire muet de la vraie vie du *Roi noir*. Mais l'officier de police La Reynie n'a-t-il pas lui aussi accordé son pardon ? Sinon, comment expliquer l'étrange comportement de ce lieutenant intraitable qui a « stupidement » laissé s'enfuir Delaforge alors qu'il était à sa main. Hasard, erreur ou volonté ? En matière de secret, l'homme est plus madré que le vieux paveur. Lui non plus ne parlera pas. Et les deux vont ainsi. Pour Vautron, sa vie lui suffit. Il ne demande rien de plus parce que son âme est chargée de souvenirs lourds et ténébreux. Alors, un beau morceau de marbre à sceller ? Et le voici satisfait.

— Assez rêvé !

Il houspille son apprenti parce que le temps passe. Faut pas gâcher le travail. D'autant que c'est rare de travailler pour le roi. Depuis que Hardouin-Mansart a pris les rênes, c'est même la première fois. L'entreprise Pontgallet est devenue le mouton noir de la surintendance des bâtiments – et c'est la faute à la regrettée Marguerite. Elle était toujours à grincher, à se plaindre, à traiter l'architecte de calculateur, d'arriviste. Au total, l'autre s'est vengé. Quoi de plus normal ? Mais voilà que le marbre de l'Escalier des Ambassadeurs s'est fendillé. Et, par un fait exprès, il s'agissait de la partie réalisée en son temps par l'entreprise Pontgallet. Bien sûr, la surintendance a exigé qu'on répare gratis. Jean Le Faillon a accepté sans broncher dans l'espoir que les relations s'apaisent. Et ce sera parfait, irréprochable. Foi de Vautron ! le vieux paveur de Versailles.

Depuis quand sont-ils dans l'Escalier des Ambassadeurs ? Il s'inquiète. La cavalcade des courtisans va reprendre. Un coup d'œil au travail. Il n'y a qu'à laisser sécher… Or c'est le moment choisi par un échalas en tenue d'apparat pour se jeter, pieds en avant, dans le carré de marbre fraîchement posé. La dalle n'y résiste pas. Elle glisse d'un pouce ou deux et cela suffit pour le déséquilibrer. Il est huit heures trente, à deux minutes près, et il tombe dans l'escalier, le chevalier de Mées, il se cogne, se fait mal.

À chaque marche, ses rêves de grandeur dégringolent.

Chapitre 4

« VOUS EN SEREZ DEMAIN. Soyez précis. » L'ordre du duc de Gesvres... S'ajoute celui du *prince des Manigances* : « Vous le ferez, c'est certain. » Ceyrac a en effet promis de donner le message à Bontemps. Mais rater le Lever du roi ou manger la commission du conseiller, qu'y a-t-il de plus grave ? Il n'y avait pas plus simple que d'être à l'heure. Sur place, d'attirer le regard du Premier valet, de tendre la lettre. Mais l'Escalier des Ambassadeurs a été sa roche Tarpéienne. Il l'escaladait, y était. *Arx Tarpeia Capitoli proxima*[1]...

L'instant d'avant, il appréciait ces marches à l'aune des manœuvres auxquelles il s'était soumis pour toucher le Graal. Il avait approché le parti dévot qui plaisait à Maintenon, choisi un confesseur sévère, se promettait d'user du cilice et de la haire[2] pendant le carême car le roi faisait de même. Il se montrait à la messe, prenait soin de n'être caché par aucun pilier – qu'on le voie !

1. La roche Tarpéienne (d'où, à Rome, l'on jetait les condamnés) est proche du Capitole (sommet du pouvoir). Ainsi, plus on vise le sommet, plus la chute sera lourde.

2. Instruments de pénitence pour se faire pardonner ses fautes. La haire est une veste en poils portée à même la peau. Le cilice, une ceinture aussi douloureuse.

Il avait versé une sorte de pot-de-vin à un *valet de rien* de la Chambre qui lui avait promis de l'informer si une charge, même petite, n'importe quoi !, se vendait[1]. Dieu savait combien cet oisif avait œuvré, supplié, plaidé, sué sang et eau afin de se mêler, ce 30 juin, aux initiés. Être un de ceux qui partageaient, n'eût été qu'un jour, l'intimité de Louis XIV et rater ce moment parce qu'un valet ne l'avait pas secoué assez fort, avant que cette chute... Crâne en sang et vêtements déchirés. Impossible d'affronter l'huissier.

*

À la Cour, le ridicule tue. Or il s'était vanté la veille qu'il serait de ceux qui humeraient l'effluve parfumé du bouillon qu'un gentilhomme tendrait à Sa Majesté à son réveil, avant d'entendre le cliquetis du rasoir du barbier plongé dans une bassine d'argent, une fois taillé le poil royal. Mais ce tableau inouï lui échappait pour une raison incroyablement sotte.

Il ne s'était pas réveillé.

Avant d'ouvrir l'œil, il rêvait à ces mots : *Sire, voilà l'heure* – la formule récitée chaque matin par Alexandre Bontemps. Ceyrac n'en réclamait pas tant pour se sortir du méchant lit installé dans une pièce guère plus grande que la stalle d'un cheval puisqu'il loge au-dessus des écuries, place d'Armes. Il n'avait eu droit qu'à un léger raclement de gorge du valet. Sans effet lorsque l'on dort du sommeil du juste, héritant pour finir d'une secousse sur l'épaule, un brin familière.

— Monsieur le comte...

---

1. Les charges changent de main et s'achètent.

Le valet se tenait devant lui, l'air amusé, presque narquois, portant à bout de bras la chemise, la perruque, la veste, et tout le saint-frusquin or et argent d'une belle tenue – sans oublier l'épée d'apparat. Hélas, rien n'alertait Ceyrac, cherchant toujours à quoi rimait ce déguisement.

— Que voulez-vous ? avait-il balbutié.

Le valet avait pivoté la tête du côté gauche. L'haleine du chevalier de Mées était terriblement chargée.

— C'est le jour...

— Quel jour ? Quoi donc ?

Et l'on perdit encore de précieuses secondes qui, bout à bout, fabriquaient une tragédie.

— Le Lever du roi.

*

Quatre mots agissant comme la foudre. Ah, quel sursaut ! Ceyrac avait bondi, nu, hors de sa couche, constatant que, *primo*, ses pieds étaient affreusement sales et, *secundo*, que le jour en effet était bel et bien levé. Alors, il entendit la cloche. Elle venait d'en face, de la place d'Armes, du château en réalité. Elle lui massacrait le crâne, l'avertissait d'un danger : le carillon de la chapelle royale cinglait les coups. Huit, plus meurtriers que la hache du bourreau. *Sire, voilà l'heure*, glissait, là-bas, Bontemps. Aux écuries, la journée du chevalier de Mées débutait par une déroute.

Tenue en bataille et rage au ventre, il s'accrochait encore à un dernier espoir. Bontemps avait tardé à ouvrir le rideau, le roi réclamait plus de repos. Oui, Ceyrac pouvait encore se présenter à l'huissier, puis, calé au fond de la pièce, il aviserait. Sa taille qui s'accommodait si mal à l'escalade lui servirait alors pour dominer les autres. À chaque marche, il s'efforçait d'y croire, même si son regard noyé de sueur se brouillait. Si bien qu'il ne fit pas attention aux maçons œuvrant sur ce palais sans fin. On les voyait partout, on vivait tant avec qu'il ignora le message d'un paveur l'invitant à détourner sa course. Tout droit ! pestait le chevalier de Mées. Son sort n'était pas scellé. Aveuglé par ses furieuses pensées, il sauta sur la plaque de marbre jointée de frais. Le beau méli-mélo, lui et son épée, quand ils tombèrent à la renverse.

L'imbécile ! avait grommelé Vautron en voyant l'immense dadais les quatre fers en l'air. Et la scène allait rester car, à dix heures, elle flottait déjà dans la galerie des Glaces. Ceyrac venait d'hériter d'un surnom : le *duc de Méli-Mélo*. Qui, désormais, allait lui coller à la peau.

Chapitre 5

CEYRAC NE SERA PAS non plus de ceux qui goûteront au défilé du roi dans la galerie des Glaces. Aux dernières nouvelles, il fuyait en direction de la cour de Marbre, boitillant, front bandé, le jabot couvert de sang. Aussi grand que maladroit, le *duc de Méli-Mélo* !

Dans ce monde clos, la moquerie circule vite, de bouche en bouche, pour le plaisir de faire mal, dans l'espoir qu'en blessant le premier on s'évitera d'être touché, et, ce matin, la glose va bon train. Ainsi, se nourrit l'oisiveté. Personne ne sait qui a vu la scène, mais le hâbleur assure qu'on aperçut cul nu le chevalier de Mées, la rhingrave[1] fendue en deux, suppliant qu'on lui prête un froc car le roi l'attendait… Millard, abrité par une épaisse muraille d'épaules (il préfère l'ombre), écoute les médisants en rongeant son frein. Il doit trouver Ceyrac et le pli destiné à Bontemps. Mais quitter les lieux alors que Louis XIV s'y affiche serait une faute impardonnable. La méchanceté ferait le reste.

Alors, la procession menée par Louis XIV déambule dans les appartements, et Millard suit la harde bien que ce ne soit pas son genre. Au moins, en se glissant dedans,

1. Une culotte en forme de robe qui couvre la taille.

il observe les faits et gestes du microcosme où se jouent les intrigues de Versailles.

Chaque matin, il dénombre les gagnants et les perdants, retient le nom de ceux que Sa Majesté va flatter et de ceux qu'elle ignorera. La méthode est parfaitement réglée. Un regard royal, plus rarement un sourire, suffit pour se classer parmi les favoris. Le *nec plus ultra* est de s'approcher à toucher Sa Majesté. Le placet sert à cela. On tend un message, et si le roi s'en saisit, l'audacieux est déjà récompensé.

*

Il court toutes sortes d'histoires sur ces placets. Lors de la très noire Affaire des Poisons, il fut même raconté qu'on chercha à tuer le roi en glissant du poison dans les plis d'une de ces lettres cachetées. De telles menaces en inquiéteraient plus d'un. Mais lui ne cède pas. C'est un lion ! La scène se répète donc, comme hier, comme demain. Des corps s'agitent, approchent, il faut faire vite. Le roi a rendez-vous avec Dieu, son seul maître, dans sa chapelle. Il y écoutera Lully et entendra Bossuet.

En voilà un qui se lance, remarque Millard qui ne manque rien de la scène. Il connaît ce courtisan, Étienne de Belfort, solide seigneur des marches de l'Est. On le dit réfractaire à l'absolutisme, défenseur de la cause des régions, partisan des *bonnets rouges* qui se révoltèrent en Bretagne contre le poids de la fiscalité. Le roi n'a pas un mouvement pour lui. Belfort s'arrête à un pas du prince, le bras à moitié dressé, la main serrant le placet. La tête du cortège est passée, César détourne la sienne, se fixe sur un autre choix et il faut la science acérée du conseiller pour deviner à qui s'adresse le coup d'œil furtif du souverain. Pour cela, Thierry de Millard se désintéresse du roi que tous fixent éperdument, pétrifiés par l'iris du maître, plus foudroyant que l'éclat de la Gorgone[1]. Il cherche celui ou celle qui, dans la masse, se distingue des exaltés. Et dans la haie d'honneur, ce tout indissociable, il repère le visage qui pâlit car Louis XIV s'y est intéressé un instant. L'échange est invisible pour les autres ; c'est le génie du prince d'extraire de la foule celui ou celle qu'il a choisi – et celui de Millard de capter son secret.

*

Il s'agit d'une jeune femme et Dieu, qu'elle est belle. Louis a toujours eu bon goût. Si le lion s'est assagi et compose ses nuits avec la sévère Maintenon, l'envie, la flamme, le désir au ventre sont là. Il faudrait peu pour qu'il rugisse encore. Millard ne connaît pas l'élue. En revanche, il sait qui est l'homme du même âge, dans les vingt-cinq ans, qui lui tient la main : l'architecte Jean Le Faillon. Il l'a fait travailler. Sont-ils amants ou mariés ? Ils n'ont pas la tête des courtisans et semblent intimidés, mal à l'aise, étrangers au tralala. Un coup d'œil à la taille. Celle de la femme est fine et Le Faillon porte une épée fixée à un baudrier[2]. Il suffirait de la saisir, de forcer le barrage, de se jeter en avant. La foule est si proche… Mais un lion craint-il ses sujets[3] ?

— Monsieur le marquis, murmure Thierry de Millard à son voisin d'épaule.

---

1. Personnage mythologique dont le regard pétrifie celui qui ose l'affronter.

2. Sorte d'écharpe passant par l'épaule à laquelle on accroche l'épée.

3. On peut, en principe, se présenter au roi à condition de porter un chapeau et une épée que l'on peut louer à Versailles. Mais des milliers de curieux s'invitent chaque jour à Versailles… Beaucoup d'appelés et peu d'élus.

— Plaît-il ? répond-on.

Le marquis de Biège, aussi bien informé que bavard, tient la chronique mondaine de la Cour. Rien ne lui échappe. Millard se place toujours près de lui lorsqu'il se trouve à Versailles. Il gagne un temps fou.

— La jeune femme… Vêtue d'une robe de soie jaune.

— Ce matin, les belles roses ne manquent pas… De qui me parlez-vous ? répond le marquis déjà à son œuvre : persiflages et potins.

— En face. Devant le grand chandelier en argent…

— Eh bien ! Monsieur le conseiller, auriez-vous recouvré la verdeur de votre jeunesse ?

C'est le revers de la médaille. On s'adresse à Biège pour apprendre, et lui s'en sert pour nourrir sa chronique des ragots.

— Il est des plantes que l'on cueille et d'autres qu'on aime simplement regarder. Ne vous méprenez pas, cher marquis, je ne suis plus qu'un vieux botaniste…

— Alors, méfiez-vous de ses épines. Et de son mari. On le dit très jaloux, clabaude son vis-à-vis.

— Ainsi, vous les connaissez ? progresse Millard sans avouer qu'il connaît déjà l'époux.

Qu'est-ce qu'ignorerait le marquis de Biège ?

— Parlons d'elle, en premier, se redresse-t-il aussitôt car il entre dans son meilleur rôle – médire –, et le roi s'en va plus loin. Amandine Le Faillon est la petite-fille d'une famille de bâtisseurs. À sa gauche, le mari, Jean Le Faillon, peintre au talent prometteur et architecte jalousé par le premier d'entre eux, Jules Hardouin-Mansart.

Le marquis soupire :

— Tout nouveau, tout beau. On l'annonce comme la future coqueluche de Versailles. Mais je crains, soupire-t-il, qu'il hérite en retour d'une mauvaise fièvre. Il n'a pas le gabarit. Je le vois comme le sang neuf de l'excellent gigot qu'on me servit hier. Hardouin-Mansart va le dévorer.

Sa main se pose sur celle du conseiller :

— En revanche, sa femme, j'en ferais bien ma gourmandise d'un soir…

La pression du poignet augmente :

— Mais dites-moi, Monsieur le conseiller, ne vous a-t-il pas semblé que le roi…

Le visage de Millard reste impassible lorsqu'il se tourne vers le marquis de Biège :

— Je vous demande pardon…

— Tudieu, vous avez capté le regard appuyé sur la belle !

— Aucunement.

— Je vous connais, Millard. Rien ne vous échappe !

— C'est donc qu'il n'y avait rien à voir.

— Voilà que je prendrais des vessies pour des lanternes ? bougonne Biège dans sa barbe.

— La mienne ne peut attendre, expire Millard. Pardonnez-moi, Monsieur le marquis.

*

Millard s'est délesté de Biège, mais parler de sa vessie au marquis des médisances… Il en fera son plat principal au dîner. Figurez-vous que, ce matin, j'ai croisé le conseiller Millard, et devinez quoi ? Ce monsieur que l'on nous disait redoutable ne sait tenir une conversation debout… Qu'il raille. On se méfie moins d'un supposé vieillard, et celui-ci est à d'autres pensées. Il ne va pas se jeter aux trousses de Ceyrac, même si Biège s'étonnerait d'apprendre que le conseiller marche toujours d'un bon train. De même, sa vue est bonne et l'incontinence ne le menace pas puisqu'il recolle au cortège. Mais le roi ne l'intéresse pas. Il suit, à dix pas, un homme habillé de noir. Sec, grand, la peau parcheminée. C'est la même silhouette qui inquiétait Bontemps au Lever du roi. Le jésuite se colle au père La Chaise, il marche, la nuque raide et la tête bougeant par à-coups à la façon d'un faucon observant sa proie. La sienne, c'est la Cour, les gens de qualité heureux de voir leur roi. Il les juge, les méprise, les hait, et Millard sait qu'il les a condamnés : mécréants, vaniteux, oisifs à la solde du tentateur ! Cet homme est l'envoyé de ceux qui veulent vider Versailles de ses impuretés, tel Hercule s'attaquant aux écuries d'Augias. Voici l'œuvre des dévots et de Maintenon, leur égérie, s'inquiète Millard. Une flamme noire, écrirait Racine, et si près de La Chaise, et si proche du roi.

*

Le conseiller n'est pas le marquis de Biège. Ce à quoi il s'intéresse a peu à voir avec les fariboles d'une cour paresseuse. Il se préoccupe des intrigues, des cabales, du pouvoir de nuisance et, galerie des Glaces, un danger vient de surgir. La soutane lustrée, symbole de la pauvreté, n'a rien d'inquiétant. On ne s'en méfie pas. Comme les autres, Biège ne l'a point même vue. Pourtant, c'est d'elle, du mal qu'elle dissimule, dont Thierry de Millard parlait dans le mot qu'il destinait au valet Bontemps :

Prenez garde à Joseph de Marolles. Il sera ce matin au Lever du roi. Il accompagne La Chaise. C'est le pire de tous. Gardez l'œil sur lui.

Mais cette lettre, le comte de Ceyrac ne l'a plus. Disparue, ou plutôt perdue. L'échalas, étourdi par tous les événements, s'en est défait. Elle a glissé de la poche déchirée de sa veste lorsqu'il s'est étalé sur le marbre de l'escalier. Vautron l'a ramassée, en bon curieux, il l'a ouverte. C'est si bon de se moquer un peu…

En lisant ce nom, *Joseph de Marolles*, la bile est remontée dans la bouche du vieux paveur. Les abysses s'ouvraient. Le *Roi noir* en surgissait accompagné du diable. Et Vautron maudit ce jour de juin 1685 qui avait pourtant si bien commencé.

Chapitre 6

LE 30 JUIN EST UN SAMEDI – un jour important pour le roi. Après avoir écouté le sermon de Bossuet où il fut question du *destin des empires et de la responsabilité des grands personnages dans leur décadence morale*, il s'en retourne dans ses appartements pour tenir le conseil des Finances. Il n'y retrouvera pas le regretté Colbert.

Le contrôleur général des Finances et le surintendant des bâtiments du roi était un serviteur précieux, d'une fidélité à toute épreuve ; un alchimiste qui, s'il ne transformait pas le plomb en or, savait manœuvrer les créanciers et le Trésor. Combien de fois l'a-t-on vu congestionné, presque saisi d'apoplexie par les dépenses somptuaires ordonnées par Louis XIV ? Versailles, un tonneau sans fond ! Qui se souvient de ce qu'il endura lorsqu'il fut décidé de détourner les eaux de la Seine pour alimenter les bassins et les fontaines ? Pas un jour sans que ne surgisse le projet d'une aile, d'un ajout extravagant, d'une grotte décorée de coquillages, d'un pavillon chinois de porcelaine, d'une ménagerie pour abriter des bêtes féroces, quand ce n'était pas détruire pour reconstruire sitôt et changer d'avis en imaginant une nouvelle allée consacrée à l'Olympe ou un labyrinthe décoré de trente-neuf fontaines, refuge de centaines d'animaux de métal en souvenir du poète Ésope[1]...

En somme, Colbert éreinta sa vie à endiguer, sans y parvenir, les fantaisies nées dans l'esprit inventif d'un roi et de ses artistes, Le Brun, Le Vau, Le Nôtre, et maintenant l'architecte Jules Hardouin-Mansart, plus décidé que jamais à réinventer le monde. Combien de fois le surintendant a-t-il supplié Sa Majesté de renoncer à cet ancien marais où planait l'ombre de Louis XIII, de régner au Louvre comme ses prédécesseurs ? Rien n'y changeait. Aussi absolu que têtu ! Et ce que le roi voulait... Dieu fut témoin que tous vécurent une aventure hors du commun. Construire Versailles, un rêve dont on jurait qu'il serait impossible. Et, sans Colbert, il n'aurait pu aboutir car il fallait beaucoup de raison au milieu de tant de folie. Ce fut le rôle crucial du *Nord.* Le roi fixait le cap, lui gardait... la boussole.

Mais si le personnage manque, n'est-ce pas la fantaisie de l'époque que Louis XIV regrette le plus ?

*

Louvois a succédé à Colbert et ce n'est pas un hasard si le caractère de cet homme colle parfaitement aux temps nouveaux. Il est dur, intraitable, militaire dans l'âme, intransigeant dès qu'il s'agit de défendre la foi catholique. Il n'est pas comme ces dévots qui seraient athées si le roi

1. Imaginé par Perrault, le Labyrinthe symbolise le parcours de la sagesse. Aux trente-huit (puis trente-neuf) fontaines s'ajoutaient donc trois cent trente-trois animaux en plomb polychrome, le tout s'inspirant des fables du poète Ésope. Cette merveille de l'art animalier fut détruite et remplacée par le bosquet de la Reine.

l'était [1], mais dirige d'une main de fer, use des dragonnades qui persécutent les protestants et les poussent à se convertir. D'un ton sûr, il défend les bienfaits de sa méthode, jure qu'il n'existe presque plus d'adeptes de l'Église réformée. C'est mentir. Mais Louvois croit aux avis droits et carrés. Il a un plan : extraire l'engeance protestante. Éliminer serait plus juste.

Louvois procède un peu de la même façon à Versailles car il est le surintendant des travaux. Tout doit être net, programmé, militaire – carré et droit, au risque de se répéter. Et rien ne va moins bien à l'histoire de ce palais…

Il fut un temps où les lieux étaient fêtes et plaisirs. On s'y rendait depuis Paris et Saint-Germain pour admirer le génie d'un Molière, d'un Lully, d'un Vigarani, artificier et intendant des Plaisirs du roi. On dansait, mangeait, buvait et faisait l'amour à l'exemple d'un souverain empressé de rejoindre ses maîtresses. La Vallière, Montespan, tant d'autres, éblouissaient de leur beauté ce paradis secret. Le Vau, Le Brun, Le Nôtre accompagnaient leur mécène dans les jardins encore sauvages. Le quatuor rivalisait d'audace, décidé à tenter l'impossible. Ils bâtissaient le *palais de toutes les promesses* et aucune ne leur semblait inaccessible.

*

Aujourd'hui, Louis XIV, enfermé dans des pensées qu'il ne partage pas, se veut impavide. Il entre dans la salle où Louvois attend debout, sourire aux lèvres, s'efforçant de parler calmement afin de tromper son monde, car il n'a

1. « Un dévot est celui qui sous un roi athée serait athée », Jean de La Bruyère.

pas la finesse de Colbert. Françoise d'Aubigné, marquise de Maintenon, ne supporte pas elle-même l'intolérance que dissimule François Michel Le Tellier, marquis de Louvois, derrière une fausse bonhomie. Mais lui, en retour, ne se prive pas de rendre la monnaie de sa pièce à l'épouse morganatique, ce modèle de vertu qui s'efforce de faire oublier qu'elle naquit dans la prison où son père était enfermé pour dettes de jeu et qu'elle fut mariée à Scarron, un poète scabreux et infirme[1].

Le portrait est dur. Mais à Versailles, personne n'échappe à la méchanceté.

Voilà donc, fulmine encore Louvois, frangé de son titre de marquis, que l'ancienne gouvernante des bâtards du roi et de la Montespan s'autorise à donner des conseils, à s'immiscer dans les pensées du Roi-Soleil au point de rêver au trône de France[2]. Agir sur sa conscience, elle, la *belle Indienne*[3] ? Mais La Chaise est fait pour cela ! Le rôle de cette femme sans rang, soumise au secret, est de calmer l'ardeur du roi ! Et son regard éteint en dit assez sur l'ampleur de la besogne[4].

*

Dans la salle du conseil, rien de ces luttes intestines ne transpirera. Louis XIV s'assoit. Louvois marque un temps

1. Scarron est l'auteur du *Roman comique*, son œuvre la plus connue.

2. Louvois serait mort (1691) avant sa disgrâce pour s'être opposé à l'annonce officielle du mariage du roi avec Madame de Maintenon.

3. En souvenir de la Martinique où elle passa une partie de son enfance.

4. Soumise au devoir conjugal, Madame de Maintenon s'est souvent plainte de l'ardeur de son mari…

avant d'en faire autant. Derrière la courtoisie obséquieuse du conseiller se cache du ressentiment et le roi n'ignore rien de ce qui oppose et déchire les membres de son entourage. Mais dans ce monde clos, peut-il en être autrement ?

Ce samedi, le roi s'en tiendra à ses habitudes : en dire le moins, ne prendre parti ni pour les uns ni pour les autres. Il écoutera Louvois parler des progrès de la discipline dans l'armée, de la soumission des officiers, du reflux des dragonnades puisque leur nécessité se ferait moins sentir, des ordres qu'il a donnés pour interdire les fripouilleries des soldats qui volent, violent et pillent. Il s'exprimera peu sur Versailles où les travaux se concentrent sur l'aile Nord et le grand Commun. Tout va, tout se déroule bien et il faut au moins cela pour justifier sept millions de livres dépensées cette année encore. Il passera très vite sur les nouveaux bâtiments de la surintendance, s'évitant le reproche de se servir en premier, et en viendra aux travaux de l'Eure car c'est son projet, sa chose : détourner cette rivière pour alimenter les bassins de Versailles. Où tous les autres ont échoué, lui réussira.

L'eau de Versailles ! Des années d'espoir et autant d'échec car la nature se rebelle, le roi a trouvé son maître. Pourtant, il veut toujours plus de fontaines, de bassins, de jets caressant l'azur ; il veut entendre la symphonie qui convient à sa mesure, imagine le ruissellement de camaïeux argent et or, l'éruption continue d'éclats multicolores et de sons harmonieux qui soumettront le chant des oiseaux, triompheront du bruissement des feuilles dans les arbres, de la colère des tempêtes. Il veut l'harmonie de Lully, les éclats de rire extravagants de Molière, la grandeur classique de Racine. En somme, il réclame la preuve d'un règne étincelant. Et l'eau refuse de se rendre.

Après avoir épuisé les étangs alentour, puis détourné la Seine, puis entrepris la construction d'une pompe monumentale afin d'élever le fluide plus précieux que la myrrhe au-dessus des monts et des bosses qui barraient la route de Versailles, la vérité humaine si imparfaite se montre. L'eau manque, la source se tarit. L'incroyable profusion de canaux, d'aqueducs et de réservoirs formant ce que l'on nomme communément la Machine de Marly est en deçà de tout. Les morts et les blessés n'ont servi à rien – ou presque[1]. Il faudrait deux, trois fois plus de volume pour que les jardiniers cessent leur jonglerie – ouvrir et fermer les robinets au fur et à mesure que le roi et la Cour se déplacent dans les jardins car les réservoirs, faute de débit, n'alimentent les bassins que tour à tour. Et puisque l'eau est un souci, il faut ajouter au plaisir du roi les besoins impérieux d'une ville qui se développe rapidement. L'eau, ce bien vital, manque partout – un comble si l'on sait que Versailles repose en partie sur des marais…

Le roi aurait-il échoué, ce qui expliquerait son air alangui ? Foi de Louvois, il sera dit que rien ne résistera à Louis le Grand. Le puissant conseiller détient la solution… Oui, il fera mieux que Colbert dont l'ombre imposante plane sur lui.

*

Bergeron, Mazière, Pontgallet, les vieux maîtres bâtisseurs en sont les témoins. À propos de l'eau, tout ce qui fut entrepris a tourné en catastrophe. On a fait appel à de très grands experts, au savoir d'ingénieurs venus des

1. Voir *Les Glorieux de Versailles*, même auteur, même éditeur.

contrées du Nord. On a dépensé des sommes folles, meurtri, blessé, tué des hommes. Rien n'y a fait. Les canaux s'effondrent, s'embourbent, le gel de l'hiver fend les piliers de bois, la pluie d'automne les pourrit, la rouille dévore le fer, les machineries se grippent.

Louvois balaye les arguments, parle de défaitisme. Ce qui a manqué jusqu'à présent ? L'ordre et la discipline militaires. Et un plan ! Or, les travaux du mathématicien Philippe de La Hire sont aussi limpides que l'eau de la rivière de l'Eure qui abondera bientôt les bassins royaux. C'est mathématique. Louvois réussira car il dispose d'une botte infaillible : Sébastien Le Prestre, marquis de Vauban et auteur des forteresses protégeant le royaume de ses envahisseurs, construira l'ouvrage monumental reliant l'Eure à la ville royale. Qui douterait du maréchal, expert reconnu des places inexpugnables ? Au génie civil s'ajoute une autre idée : faire appel à l'armée qui ne manque pas de bras et ne fait pas assez la guerre. Rien ne nuit plus à l'esprit du soldat que le manque d'activité. À quoi bon le payer à ne rien faire ? Surgissent à bon compte des milliers d'auxiliaires saisissant pelles et pioches aussi sûrement que l'épée et le mousquet, obéissant au doigt et à l'œil et, par-dessus tout, durs au mal. Des hommes, pour finir, à qui la révolte est interdite sous peine d'être marqués au fer, saignés (nez coupé), condamnés aux galères ou, s'il le fallait, exécutés sans procès. Aussi, ce samedi 30 juin 1685, Louvois sourit-il pour de bon. Il détient la recette d'une œuvre qui réussira.

*

Le surintendant des bâtiments devrait pourtant se méfier. Vauban, avec tout le prestige qui l'entoure et le mérite qu'on lui attribue justement, s'est frotté au sujet. Le marquis, commissaire général aux fortifications, a approché les innombrables difficultés survenues sur le chantier de la Machine de Marly. Il mesure donc les risques qu'engendre le nouveau projet et a même rédigé un épais mémoire, le *Devis des ouvrages de maçonnerie qu'il convient de faire pour la construction du grand aqueduc que le roi a ordonné de faire pour conduire à Versailles les eaux de la rivière Eure.* Mais rien n'arrêtera Louvois. Vauban et ses fidèles seconds, les ingénieurs Robelin, Mesgriny, Parisot, ont de l'expérience pour mille. Ils tailleront des croupières à une rivière capricieuse, creuseront des canaux, édifieront des écluses de pierre dont les petits-fils de leurs petits-fils admireront les effets lorsque le soleil couchant épousera dans mille ans les reflets du Grand Canal.

Poète (ou rêveur)… Est-ce ainsi que l'on réussira une telle aventure ? Louvois, qui n'a nul penchant pour l'art et ses caprices, détient une dernière carte : il confiera la direction du chantier au marquis d'Uxelles. Un dur. Un militaire.

— J'ai foi en cet homme, annonce fièrement Louvois. Avec lui, Sire, nulle cabale, nulle fronde… Le chantier marchera au pas.

La *fronde*… le mot est maladroit. Il agace Louis XIV. Le souvenir des troubles qui gâchèrent sa jeunesse ne le lâche pas. Versailles est aussi fait pour cela : tenir la noblesse en laisse, l'avoir sous les yeux, chaque jour. L'inconfort d'une vie réglée par l'étiquette où tout se sait et se voit est le prix qu'il paye, comme un juste retour des choses. En se montrant, le roi sait qui l'entoure. À croire que la galerie des Glaces a été conçue dans ce dessein.

— Le chantier de l'Eure, j'y mets tout mon honneur !

*

Bien que ni poète ni rêveur, Louvois s'essaye à présent à l'alexandrin, et son audace le rend imprudent. Promettre que tout ira ? Seul le futur connaît la réponse – et peut-être le grand roi, habitué aux sortilèges des lieux. La vraie nature versaillaise lui a réservé tant de surprises.

Qu'en sera-t-il d'un canal long de quatre-vingts kilomètres qui devra surmonter, entre autres accidents, la vallée de l'Eure ? Louvois espère construire un aqueduc de dix-sept kilomètres, Vauban n'est pas du même avis. Louis XIV ne tranche pas. Pas encore. L'armée ne fait que commencer. Elle est à Pontgouin, au bord de l'Eure, à huit lieues de Chartres, et cela semble si loin de la salle de conseil. Mille huit cents hommes terrassent et creusent. Et c'est aussi pour enterrer les premiers morts.

Le régiment du Languedoc sera particulièrement touché. Il est vrai qu'on y compte beaucoup de protestants, affectés en priorité aux travaux inhumains. Ainsi, Louvois *donne chair* à sa doctrine. Les réformés sont de moins en moins nombreux. Mais, catholiques ou pas, la litanie débute. Six mille crèveront de fièvre, rien que l'an 1687. Patience, le chantier n'a que deux mois… On a creusé un demi-kilomètre, gagné six centimètres de pente. Belle victoire des arpenteurs – et nul merci aux ingrats, aux forçats, aux indigents qui seront jusqu'à trente mille au plus fort du combat[1]. Une armée de bras dociles et de bouches muettes. Le conseiller Louvois aime. Il triomphe,

1. Dont plus de vingt mille soldats.

aujourd'hui, mais le roi ne lui prête qu'une oreille distraite alors qu'on lui vante les progrès réalisés [1].

Louis pense au visage qu'il entraperçut ce matin dans la galerie des Glaces. Le fidèle Bontemps est en train de se renseigner. Il apportera bientôt le nom de la belle inconnue en robe de soie jaune au lion inépuisable.

1. La guerre contre la ligue d'Augsbourg (1688-1697) oblige le roi à rendre l'armée à son métier. Le chantier s'interrompt. Il ne reprendra jamais.

Deuxième partie

La plupart des femmes ont toujours assez d'esprit pour se tirer d'une situation difficile. Mieux vaudrait qu'elles aient eu celui de l'éviter[1].

1. Madame de Sévigné.

Chapitre 7

SE LAISSER PORTER par les cris de joie d'Antoine, voilà ce qui émeut le plus son père, Jean Le Faillon. Il entre au château de Saint-Val en ouvrant bruyamment la porte.

— Ça sent la chair fraîche ! gronde-t-il en forçant la voix.

Il tape la semelle de ses bottes sur le marbre noir et blanc mais se garde bien de progresser plus avant. En haut, la brave Magdeleine qui veille sur Antoine lorsque ses parents sont absents entre alors dans le jeu :

— As-tu entendu ?

*

Le gamin se frotte les yeux. Magdeleine caresse ses cheveux.

— Quelqu'un arrive… Qui ça peut être ? dit-elle d'une voix faussement inquiète.

À bientôt quatre ans, Antoine est déjà vif. Il saute du lit, enfile seul ses bottes taillées comme celles de son père dans le bon cuir de maître Simon Clarentin, un chapelier de Paris qui tanne, coupe et coud les solides peaux expédiées par bateau de la Nouvelle-France.

— Peut-être devrais-tu prendre l'épée ? insiste Magdeleine.

Le garçon approuve d'un franc mouvement du menton et s'empare du morceau de bois taillé par son père dans une branche de chêne. Alors, solidement équipés, ils descendent à pas de loup, et gare si l'un d'eux se présente !

— Reste derrière moi, chuchote Antoine puisque l'homme, c'est lui.

— Que vas-tu faire ? demande Magdeleine, même si elle connaît la réponse car leur numéro est parfaitement réglé.

Le tout-petit montre la table du vestibule.

— Je vais me cacher là.

— Bonne idée…

Le père, qui les a forcément entendus, fait mine de rien. Il ferme la porte de Saint-Val, prend soin de ne pas voir les trois mèches blondes qui se cachent derrière la table. Il gagne du temps afin que tout soit en place pour la scène finale.

— En garde !

On jurerait que Jean a été surpris.

Antoine campe sur ses jambes à la façon d'un lutteur, décidé à en découdre. Si l'attitude est celle d'un enfant, Jean note l'air de ressemblance avec Toussaint Delaforge. Le petit-fils du *Roi noir* et de l'ancien lutteur des arènes de Paris le défie. À cet instant, personne ne peut douter que le sang du grand-père coule dans ses veines. C'est le même regard bleu teinté de gris lorsque la hargne monte, le même appétit pour la vie, la même silhouette racée et fine.

La lignée de feu se montre – Toussaint, Amandine, depuis peu Antoine – et Jean, fasciné, s'émeut chaque jour d'y être mêlé.

*

Jean a épousé Amandine Pontgallet par amour. Ça n'avait pas été simple car elle rêvait du château de Versailles et se voyait princesse. Son entrée dans la demeure du roi se faisait donc par la grande porte, au bras d'un marquis. Un rêve d'enfant qui avait très mal tourné.

En s'approchant trop de la lumière, elle s'y était brûlé les ailes. Un valet avait abusé d'elle – violée était un mot plus cruel, mais tristement juste. Et puisqu'il était écrit que son calvaire ne faisait que commencer, s'étaient ajoutées la chute de la maison Pontgallet et la détresse de Marguerite, maîtresse femme et grand-mère d'Amandine.

Vautron ne mentait pas quand il affirmait que Jean Le Faillon avait renoncé à la vocation de peintre qui lui tenait à cœur afin de se porter au secours d'Amandine. Cela avait été assez simple pour lui : il l'aimait déjà au temps où il était Petit-Jean, un peu moins grand qu'Antoine et guère plus âgé.

*

Le malheur, comme le bonheur, n'arrive-t-il jamais seul ? Il fallait le croire. Amandine ne regrettait pas d'avoir cédé à Jean, un jeune homme attachant, rassurant, protecteur et honnête, avec qui la vie se voulait douce et simple. L'amour avait grandi progressivement et si, pour elle, ce n'était peut-être pas tout à fait aussi fort, elle éprouvait en retour une immense tendresse teintée de remerciements car il l'avait acceptée telle qu'elle était, salie par un valet, enceinte du violeur avant de perdre le fruit de cette tragédie. Malgré tout, ils auraient pu vivre enfin heureux si les épreuves ne s'étaient enchaînées.

Aux désastres précédents, à la ruine et à la faillite, s'était donc ajoutée l'irrémédiable blessure du père de Jean, compagnon des Pontgallet, paralysé depuis sa chute d'un échafaudage. Parce que la liste n'en finissait pas, Jean s'était lui-même salement estropié la main, ce qui l'avait obligé à renoncer à la peinture alors que son art rencontrait le succès grâce à son ami Pierre Lobiot, un artiste de Paris moins doué, mais habile négociateur.

Tout semblait perdu pour eux lorsque le père d'Amandine était réapparu sous les traits d'un Espagnol immensément riche. Et qui aurait cru qu'il se montrerait pour sauver à nouveau une gamine aux yeux bleu et gris ?

Comme le vieux paveur Vautron, Jean Le Faillon pouvait expliquer le cran insensé du *Roi noir* : un geste dicté par l'amour paternel, une nouvelle prouesse qu'aurait maudite Marguerite si elle avait pu échapper à sa folie. Il lui aurait fallu bénir pour la seconde fois celui qu'elle haïssait le plus. Mais elle vivait désormais avec ses fantômes et sa colère, n'ayant plus à supporter le détestable Janus, tantôt sauveur et tantôt destructeur.

Hélas, quelqu'un d'autre ne lâchait pas Delaforge, car il semblait écrit que les crimes du passé ne resteraient pas impunis. Confier à Jean la restauration de Saint-Val, puis offrir le domaine à Amandine avait fait grand bruit à Versailles. Une générosité suspecte, irrationnelle, qui avait attiré l'attention de La Reynie, le Premier lieutenant de police du roi – celui à qui Toussaint avait échappé en disparaissant dix ans plus tôt dans l'*étang puant*. Or, un être froid et logique comme le policier acceptait difficilement la disparition *miraculeuse* du *Roi noir*. Un tour de passe-passe ? Il s'en tenait à son principe : un mort ne l'était que lorsqu'il se constatait. La foi du policier se rapprochait de celle de saint Thomas.

*

S'il n'avait pas été arrêté par La Reynie, Toussaint aurait-il avoué à Amandine qu'il était son père ? Sans doute, même si cela le forçait à reconnaître ses fautes, à dire tout le mal qu'il avait fait, prenant le risque qu'elle ne lui pardonne pas et qu'il la perde à jamais. Mais il n'eut pas le droit d'affronter ce moment de vérité. Le *Roi noir* s'était fait coincer peu avant de rencontrer Amandine, à deux pas de ce château dont ils avaient l'un et l'autre tant rêvé. Et n'était-ce pas mieux ?

De ce rendez-vous manqué restait toutefois une lettre de Toussaint Delaforge, alias La Fragua, destinée à sa fille. Plus ému qu'il ne l'aurait voulu après l'avoir lue, La Reynie avait accepté de la remettre à Jean qui s'était fait messager.

Amandine n'avait pour toute vérité que celle qui existait dans ces lignes :

Ma très chère Amandine,

Je m'appelle Don de La Fragua et ce nom n'a guère d'importance. Apprends seulement que je suis riche, très riche même, et que je le dois à celui que tu as connu comme le Roi noir. *J'écrirais même que, sans lui, je n'existerais pas. J'en parle mieux que quiconque pour l'avoir connu voilà fort longtemps et t'assure que tout ce que l'on te racontera sur lui sera faux ou en dessous de la vérité – surtout si c'est pour en dire du mal…*

Le Roi noir *a commis des fautes impardonnables. Il est responsable et coupable d'exactions qui ont blessé, meurtri les hommes. La liste est si longue que je renonce à la produire. Crois-moi : ce fut un homme pour qui le pardon est impossible. Mais il est une chose qui le rachète à mes yeux : l'amour qu'il te porte.*

J'ai eu moi-même bien du mal à le comprendre. Comment un être si violent et si froid a-t-il pu capituler devant une petite fille ? Tu n'avais pas dix ans lorsqu'il t'a connue. C'était au cours d'une nuit étrange, m'expliqua-t-il. Vous étiez seuls, au milieu des étoiles… Il en parlait avec émotion et, pardi, ceux qu'il faisait trembler de peur ne l'auraient pas reconnu…

Ce fut pour lui un moment exceptionnel. Peut-être le seul où il renonça à la violence – son pain quotidien. Depuis sa naissance, il ne connaissait que la haine, la colère des autres, y répliquant par la haine et la colère. Il n'avait fait que détruire et, soudain, la main, le regard d'une enfant lui donnaient à voir autre chose : l'innocence de l'amour. Il m'a dit que, cette nuit, il n'y avait que deux étoiles dans le ciel, la tienne et la sienne et qu'elles s'étaient unies à jamais… Il n'avait jamais été plus sincère. Crois-moi, Amandine, si je te jure que le Roi noir *t'a aimée comme sa fille.*

J'aurais voulu te l'expliquer de vive voix, mais les circonstances me forcent à me tenir éloigné. Je suis La Fragua et cela n'a aucune importance. Ce qui compte, c'est lui et toi – vous deux, les deux étoiles – et ce que je me dois encore de te confier.

*Sa croix serait plus facile à porter s'il savait que tu l'as aussi un peu aimé. Je n'entendrai pas ta réponse, mais lui, d'où il se trouve, il le peut. Deux étoiles se comprennent forcément, d'autant qu'il ne t'a jamais perdue de vue et te protège aussi. C'est pour cela qu'il se trouvait à l'*étang puant, *car tu ne sauras jamais quand il surgit… Et ne crois pas qu'il soit mort ! N'écoute aucun des racontars qui* *circulent sur lui. Moi seul sais. Il t'a aimée. Il t'aime encore parce que tu es aussi précieuse que son sang.*

La dernière fois que je l'ai vu, il se portait à merveille. Son étoile brillait dans le ciel et, si tu lèves les yeux, tu la verras encore. Avant de partir pour un lointain voyage, devine de qui il a parlé ? Il te trouve si jeune, si fragile, et si précieuse. Mais il s'est toujours comporté comme ces pères inquiets pour un rien.

Ne lui en veut pas d'endosser le rôle du protecteur. Il prétend ne pas avoir connu de bonheur plus parfait que les quelques heures passées auprès de toi. C'est peu, mais les autres, brutales, sordides, bestiales, ne comptent pas à ses yeux. Aussi, il faut comprendre son inquiétude. Et ses excès… Le Roi noir est ainsi. Emporté et radical ! Et puisque je lui dois tant, me voici obligé de respecter sa volonté : il fait de toi son héritière. Moi, La Fragua, je ne mentais pas lorsque j'ai promis à Jean Le Faillon que Saint-Val serait à toi. Garde bien ce domaine… Ta bonne étoile *te surveille… Et peut-être te rendra-t-elle visite dans ce monde-ci ou dans un autre.*

Permets-moi, ma très chère Amandine, de t'embrasser au nom du Roi noir. *Je le ferai moins bien que lui, mais il te reste l'amour que te porte Jean. J'ai pu l'apprécier. Il est le meilleur des hommes. Alors, sois heureuse puisque tu le mérites enfin.*

Don de La Fragua pour le Roi noir

*

À part l'amour, rien n'était vraiment dit. Pour comprendre le message de son père, à la fois La Fragua et *Roi noir*, il fallait lire entre les lignes, sinon, mettre Amandine sur la voie, chuchoter à son oreille ce qu'elle ne pouvait deviner. Jean ne l'avait pas fait. Delaforge le lui avait interdit, son autorité restant indiscutable.

Jean communiquait avec lui, l'informait de sa vie, de celle de son épouse, lui faisait découvrir qu'il était grand-père, répétait très souvent qu'Amandine était de plus en plus belle. Toujours en secret, cachant la vérité à cette jeune femme devant qui ils étaient, chacun à leur façon, en adoration, il lui racontait qu'il connaissait un franc succès en tant qu'architecte et dessinateur, Saint-Val lui servant de modèle. Les clients accouraient.

Qu'en somme, ils étaient heureux.

Jean n'écrivait pas aux galères, au Ciel ou aux anges, en précisant sur ses missives : aux bons soins de Toussaint Delaforge et que Dieu pardonne à son double, le *Roi noir*. Vautron avait encore raison. L'ancien écorcheur était vivant, résidait honorablement à Cadix et traversait l'océan une fois l'an pour gagner la Nouvelle-Espagne où il possédait d'immenses terres.

Toussaint Delaforge était libre.

*

Étonnant exploit que d'échapper aux mailles du filet de l'implacable La Reynie ! Qui y croirait ? À moins que le policier ait décidé, dans un moment de faiblesse ou d'humanité, de rendre lui-même la justice parce qu'il la trouvait hésitante et parfois injuste lorsqu'il s'agissait de fermer les yeux, d'absoudre, par exemple, les puissants dans la maudite Affaire des Poisons. Aurait-il été jusqu'à conclure une sorte d'accord équilibré avec le *Roi noir*, un donnant, donnant ? Comme l'engagement de ne jamais remettre les pieds en France – entendez-vous, Delaforge, jamais ? Une punition peut-être plus lourde que celle de perdre la liberté parce qu'elle lui interdisait de revoir ceux qu'il aimait. Mais aussi, à quoi bon tenter d'enfermer un lascar qui n'aurait eu de cesse de vouloir s'évader ? Et n'avait-il pas racheté une partie de ses fautes en se jetant dans la gueule du loup pour sauver son enfant ? En somme, toutes sortes de questions pour se sentir un instant, un peu moins policier et finalement plus humain.

*

Voilà où ils en sont : le bonheur pour Amandine et Jean dont est douloureusement éloigné Toussaint. S'il lui venait l'envie de les retrouver, La Reynie frapperait. Et pour convaincre le *Roi noir* que sa probité n'a pas fléchi, il a précisé, au moment de le relâcher, qu'il s'en prendrait à eux, pas à lui.

Un temps, Jean a espéré qu'ils pourraient, Amandine et lui, entreprendre un beau voyage en Espagne. Ils y retrouveraient Toussaint qui apprendrait à connaître sa fille et serrerait dans ses bras son petit-fils, Antoine. Mais cela aussi lui est impossible. La Reynie a ordonné de couper les ponts. Pour toujours. Et il est certain qu'il se montrera inflexible, car le joug de la justice exige qu'il ne cède jamais plus à la faiblesse.

*

Jean regarde Antoine qui baisse son épée de bois avant de se jeter dans ses bras. Un jour, lui racontera-t-il la véritable histoire des chevaliers, celle du *Roi noir* et de Toussaint Delaforge ?

Amandine les rejoint, tous trois se serrent et s'embrassent et ne font plus qu'un seul cœur. À quoi bon le rompre, même s'il y manque quelqu'un [1] ?

---

1. Ses aventures précédentes sont contées dans *Les Glorieux de Versailles*, même auteur, même éditeur.

Chapitre 8

SAINT-VAL EST UN RÉGAL. Profondément remanié par le coup de crayon de Jean Le Faillon, le domaine revit. Longtemps laissé à l'abandon par le chevalier de Saint-Val, son ancien propriétaire, le château est bâti au cœur de terres riches et grasses où se repaît le bétail. Jean a travaillé dur pour le débarrasser des lourdeurs passées. Agrandie, épurée, accueillant désormais les caresses du soleil grâce aux larges fenêtres ouvertes à l'ouest et à l'est, la bâtisse se donne désormais des airs d'élégante gentilhommière. Saint-Val respire.

Ni donjon, ni douves, ni pont-levis, nulle meurtrière, rien de martial, oublié le temps maudit où le petit peuple des paysans courait s'y réfugier, fuyant les hordes de mercenaires, désœuvrés après les guerres, et les chauffeurs, ces bandits de grand chemin[1]. Plus aucun soubresaut ne vient troubler la quiétude d'un havre de centaines d'acres[2] ceinturé de murs derrière lesquels se cache un ruisseau au cours

1. Les chauffeurs brûlaient les pieds de leurs victimes dans les cheminées pour leur faire avouer où ils cachaient leur fortune.

2. Unité de mesure correspondant à la surface arpentée par un bœuf au labour. Une acre équivaut à deux journaux de bœuf, soit 50 ares environ, la superficie parcourue variant selon les régions, les reliefs et la variété des bêtes.

argenté. Chaque parcelle est affublée d'un nom champêtre – *l'Arbre couché*, *Sous le vent* ou *Au vent*, *Carouge* (pour la teinte automnale de l'acacia planté au siècle dernier), *la Mare aux perdrix*, *le Couchant* ou *le Levant*, et tant d'autres encore afin que les natifs se retrouvent. Sous l'immense chêne du pré de l'*Angélus*, les journaliers des fermes cassent la croûte. On entend la cloche de la chapelle Sainte-Marie ; elle passe par-dessus la bosse de la *Génisse* et raconte les heures, scande les saisons et les travaux. Si le timbre est timoré, c'est qu'il pleuvra bientôt. Alors, le gibier sortira des bois alentour.

Seul le petit Antoine s'entête à croire que le domaine vit sous la menace d'envahisseurs. C'est pour cela qu'il ne lâche pas l'épée. Il adore se faire peur, et qu'il est bon d'imaginer ce château pris d'assaut, fourmillant de passages secrets. Sa quête, la voici : il trouvera le trésor des chevaliers de Saint-Val, oublié quelque part et sommeillant derrière les murs épais de son royaume.

Grâce au ciel, il n'en a pas encore fait le tour. C'est grand pour de si petites jambes. Ses conquêtes territoriales se limitent à la cuisine, le domaine que gouverne Magdeleine, mais il envisage, en secret, un nouveau projet : explorer les caves, ténébreuses comme les mystères. Antoine ronge son frein. Il s'y aventurera, c'est certain, après avoir fêté ses cinq ans, parce que alors il sera costaud, plus que son père ! Mais atteindre cet âge respectable lui semble difficile tant grandir est compliqué.

*

Chaque matin, il va à la fenêtre de sa chambre, espérant que le jour est enfin venu où le nez, les yeux, surtout le menton, vont passer au-dessus de l'encadrement et qu'il contemplera sans l'aide de personne – il ne veut plus être porté comme un bébé ! – l'allée immense scindant le parc du château en carrés parfaitement brodés de buis que le brave jardinier Marcel entretient à l'année, maudissant la courbure des dessins qui martyrisent son vieux dos. L'allée, Antoine imagine qu'elle conduit au bout du monde, en Espagne à coup sûr, pays de leur bienfaiteur, La Fragua. Là-bas, il existerait des océans beaucoup plus grands que le bassin central où paressent des carpes désabusées que rien n'effraie, pas même l'épée de Messire Antoine. C'est par l'allée, ce chemin bien droit, cendré sur le milieu et bordé de graviers blancs, que serait parti, il y a longtemps, le chevalier de Saint-Val. Il aurait vendu ses terres à La Fragua qui lui-même les aurait offertes à ses parents. Rien n'étonne le petit seigneur. Aussi, ne bronche-t-il pas lorsque son père assure que le chevalier de Saint-Val et La Fragua vogueraient sur de l'eau plus salée que la soupe de Magdeleine, affrontant les pirates, les monstres marins, bataillant pour l'honneur et aussi, un peu, pour la fortune. Une telle vie, il y a de quoi ne rien regretter d'ici ! Et puisque ce sont des amis, viendra le moment où Antoine annoncera qu'il part les rejoindre.

Le gamin serre fort l'épée de bois avec laquelle il taillera la route et connaîtra l'aventure. Bientôt, il n'aura plus besoin d'une chaise pour voir la belle allée de Saint-Val depuis sa fenêtre. Mais, ce matin encore, il lui manque un pouce ou deux. Sans parler de la posture – tête droite, nuque raide, respiration bloquée, le buste tendu, le reste du corps en équilibre sur la pointe des pieds – qui n'a rien de confortable. Antoine renonce à regret. Il avale l'air de juillet parfumé par le potager voisin où se mêlent les essences des arbres fruitiers et celles des roses. Il descend à contrecœur de son trône, range l'épée auprès de son lit.

Il a faim. Avant de quitter Saint-Val pour toujours, il doit remplir ce ventre qui gargouille. C'est ainsi qu'on devient grand.

*

Son père lui a expliqué mille fois qu'avant, lui-même se faisait appeler Petit-Jean. Patience, fils ! On pousserait d'un coup, comme la mauvaise graine qui se glisse dans les buis et met en colère Marcel. Grâce à la soupe (Magdeleine le promet), Antoine n'aura bientôt plus besoin de lever la tête pour regarder son père dans les yeux – des yeux qu'il ne baisse jamais, même si on le gronde. Son grand-père tout craché, songe Jean, parfois inquiet, parfois fier. Et combien il se freine pour ne pas lui raconter les exploits du *Roi noir*.

Le secret est un lourd héritage familial que Jean porte par fidélité et amour. Marguerite a vécu sans jamais trahir la filiation de sa petite-fille avec Toussaint Delaforge. Et Jean se soumet à la règle. Antoine et sa mère ne sauront jamais rien. Pour l'enfant, né à Saint-Val, cette grande maison est la sienne, c'est une évidence. Pour Amandine ? Une autre poserait des questions, chercherait à comprendre pourquoi le *Roi noir* s'est montré si généreux en lui offrant le domaine de Saint-Val. Pas celle qui s'est glissée dans ce rêve comme Cendrillon enfilant sa pantoufle de vair. Il durera ce que le destin lui accordera. La lettre du *Roi noir* transmise par La Fragua lui suffit. Elle y a trouvé ses réponses : sa *bonne étoile*, une ombre qu'elle n'a qu'aperçue, l'a secourue autrefois pour une raison que le cœur peut comprendre. Cet homme solitaire, brutal a décidé de se racheter en offrant à une innocente le fruit de ses richesses mal acquises. Il l'a choisie *par chance ou par hasard* parce que, dans sa vie violente, les âmes pures étaient rares. Sans doute, fut-ce la seule sur laquelle il s'arrêta.

Pour y avoir réfléchi, soutient-elle, il s'agirait d'une forme de rachat, un acte généreux, gratuit qu'elle rapproche de ceux que le curé de la paroisse réclame chaque dimanche dans ses sermons. *Donnez*, assène-t-il, *et vous recevrez*, ou encore : *l'homme est ce qu'il fait*. Belles paroles pour conclure que le legs du *Roi noir* est un acte de repentance, quelque chose qui aurait à voir avec la foi qui tombe d'un coup sur le pécheur ou la peur de brûler en enfer. Pour un peu, il aurait agi en ne pensant qu'à lui. Et Jean se tait, priant pour qu'Amandine ne traite pas d'égoïste ce père généreux.

Comment lui en vouloir ? Si elle ignore tout, c'est aussi par sa faute. D'ailleurs, elle ne tire aucune gloire de la possession de Saint-Val et se dit convaincue qu'il faut profiter de l'instant car le jour viendra où le *Roi noir* réclamera son bien. Il ne peut en être autrement, ce serait dans la nature des choses. Oui, Jean se tait. Il a promis.

— Qu'on nous prenne Saint-Val, quelle importance ? sourit-elle en s'adressant à lui. J'ai le meilleur des maris et il est devenu un architecte réputé. Nous n'avons plus rien à craindre. Grâce à toi, nous ne manquerons jamais…

Sa vie dans ce lieu, elle l'imagine donc à la manière d'une parenthèse, un moment provisoire, une page se tournant un jour, comme dans les contes qu'elle aime tant.

Et dans celui-ci, qui triomphera à la fin ?

*

Sur un point, Amandine n'a guère changé. Elle rêve. Les épreuves ne lui ont pas mis du plomb dans la tête, se répète Jean. Naïve et inconsciente, voilà ce qu'il lui reprocherait peut-être. Un exemple ? Son admiration pour

Versailles n'a pas faibli. Saint-Val, où Jean a pourtant mis tout son cœur, ne la séduit pas vraiment. Son véritable château est ailleurs, c'est celui de Louis XIV.

— Tu ne cesses d'y penser.

Amandine jure que non.

— Que te faut-il de plus ?

Jean se tourne vers les jardins. Et si ce n'est pas assez, il la prend par la main, l'entraîne dans les salons aux plafonds décorés de scènes mythologiques dans lesquelles Neptune tient le premier rôle. Tout est à l'encan, colonnes de marbre, miroirs de Murano, sols parquetés à la manière de Versailles, cheminées sculptées par les meilleurs artistes du roi où se pressent des nymphes entourées de chérubins. Que dire des chambres à l'étage quand l'or et la soie s'y côtoient ? Qu'espérer de mieux ?

Mais Saint-Val n'est qu'une chimère puisqu'elle ne sait pas ce que le domaine représente. Il ne lui appartient pas. En est-elle l'héritière ? L'imaginer – simplement cela – serait croire à un lien irrécusable – lequel ? – entre elle et le *Roi noir*. Saint-Val est donc à ses yeux une tromperie qui, un jour, se montrera. Alors, que restera-t-il ? Versailles, à quatre lieues d'un mirage où elle se sent étrangère. Versailles, si proche, si lointain. Versailles, là où se trouve la vraie vie. Et que peut répondre Jean ?

*

Si le sujet vient, voilà qu'ils se disputent. L'époux manque d'arguments quand, en face, on disposerait de bonnes raisons de se faire enfin entendre par un mari jaloux qui ne fait que hausser les épaules. Jaloux et possessif, ajoute-t-elle. Il ne supporte qu'elle s'exhibe, qu'on la voie ! Il la cache, voilà l'explication. Et que tout ceci est ridicule…

Jean s'interdit de répondre que son accusatrice manque cruellement de mémoire. Aurait-elle oublié ce maudit valet qui promettait monts et merveilles à une fille trop candide et trop belle, attirée par Versailles ? Se souvient-elle que son honneur fut lavé par Conwoion, envoyé de Toussaint (de ça, il ne peut se vanter), qui tua le violeur ? Et… qu'elle était… enceinte de celui qui[1]… Mais Amandine ne voit pas combien le visage de son époux blanchit. Elle plaide sa cause d'une voix triste. Elle s'étiole, voilà tout. Et tous deux sont malheureux.

— Comprends-moi, continue-t-elle en s'adoucissant. Toi, tu es souvent à Versailles. Moi ? Je t'attends…

Jean s'y rend en effet pour son travail. Il bâtit dans la ville de beaux hôtels car la demande ne cesse de croître. Il faut vivre à présent dans la cité royale. Les terrains ne manquent pas, le roi les a même offerts pour fixer les courtisans mal logés. Or Saint-Val est le modèle que nombre voudraient imiter. Et on ne saurait être mieux servi que par son créateur.

Au temps de Marguerite, l'entreprise Pontgallet souffrait du veto de l'architecte Jules Hardouin-Mansart, peu charmé par le caractère solide et colérique de la maîtresse femme. Sa rancune fut tenace, sa vengeance expéditive : elle ne travaillerait plus pour le roi, et tous faillirent en mourir. Puis surgit Saint-Val. Le talent de Jean Le Faillon fit le reste, même si le Premier architecte du roi a peu varié dans ses opinions. La rancune… Elle ne faiblit pas. Pour prouver qui est le maître, Hardouin-

1. Cet épisode dramatique est raconté dans *Les Glorieux de Versailles*.

Mansart condescend à abandonner quelques miettes au jeune successeur, comme cette marche réparée gratis par Vautron dans l'Escalier des Ambassadeurs. Un affront, presque une humiliation. Mais à quoi bon s'attarder sur des bassesses tristement humaines ? Versailles est aussi une ville en plein essor qui a besoin de bras, de jambes, de talents. Partout. La place est si grande...

Aujourd'hui encore, le 15 juillet 1685, Jean rendra visite au chantier en cours d'un hôtel édifié dans le nouveau quartier du Parc-aux-Cerfs. Deux beaux étages nobles, des combles spacieux pour les domestiques et une cour d'entrée inspirée du parterre de Latone. On raconte que Hardouin-Mansart travaille sur la refonte de l'original et serait fou de rage car Le Faillon lui emprunterait ses idées. L'imiter ? Il n'en est nullement question. Mais voici de quoi comprendre la haine solide dans laquelle s'entête l'architecte du roi, une attitude qui finit par donner de l'importance à son rival – car, désormais, le mot se dit, l'autre, le nouveau, est aussi brillant, ce qui aggrave encore leur différend puisque Hardouin-Mansart ne peut avoir de concurrent !

*

Un dernier baiser à Antoine, Jean va partir, son carrosse attend. Mais où est passée Amandine ? Il l'appelle, recommence. Rien. Et Antoine ne sait où est sa mère. Jean est en retard, et puis quoi, les caprices prennent trop d'importance, comme au temps où elle profitait de Petit-Jean, son chevalier servant. Il connaît la raison de sa fâcherie. Elle voudrait qu'il l'emmène à Versailles et c'est de mal en pis depuis qu'ils se sont retrouvés face au roi dans la galerie des Glaces. Dieu, quel mauvais souvenir !

L'histoire a débuté à cause du peintre Pierre Lobiot à qui la Cour va comme un gant : ironie destructrice, répliques tombant parfaitement justes, saillies drôlatiques pour séduire ou moquer, ce diable d'homme s'y entend. Il plaît à la surintendance. S'il est le protégé de Le Brun, il compose avec Hardouin-Mansart et brille en prenant soin de ne jamais nuire aux puissants. Tous se méfient de lui, sauf Jean et Amandine, ses plus proches amis. L'attirance qu'il éprouve envers la jeune femme expliquerait-elle qu'il soit toujours décidé à leur rendre service ? L'imaginer serait l'insulter. Il ne cédera pas à la tentation – décision héroïque compte tenu du nombre infini de ses conquêtes. Être droit en amitié est une question d'honneur pour le bon génie des Le Faillon.

Pierre a connu Jean à l'époque où les deux goûtaient à la vie d'artiste à Paris. Ils ont partagé la même tanière, travaillé chez le faussaire Apkarian copiant l'art des Antiques, et c'est Pierre qui a décidé Jean lorsqu'il fallut réinventer Saint-Val. Il était derrière lui, poussant les feux, exigeant de corriger la copie si le résultat lui semblait insuffisant parce que Jean était un grand artiste. Brillant au point de le pousser à partir se former à Rome. Mais Jean était fou amoureux d'Amandine et, en la découvrant, Pierre comprit pourquoi. Belle à en mourir, en effet, si attirante qu'il a pardonné ce qu'il appelle la *trahison de Rome*, veillant depuis sur ses amis. Et se mêlant parfois un peu trop de leurs affaires.

*

En mai dernier, il avait débarqué sans prévenir. Jean était à Versailles, Amandine le reçut sans émoi et se disait lasse. Pierre comprit qu'elle était insatisfaite, un état qu'il mettait, ô combien, à profit pour cocufier les maris. Mais ce n'était pas son intention, même s'ils allaient de concert, en promenade, dans le parc de Saint-Val, proches l'un de l'autre, protégés des regards par l'épais feuillage printanier du bosquet d'Apollon et de Vénus, presque à se toucher. Amandine était en confiance. À qui d'autre aurait-elle pu livrer son ennui ? Alors, Pierre avait couru en cuisine, harcelant Magdeleine pour qu'elle concocte une collation qu'ils partagèrent sur une couverture, protégés des regards par les hautes herbes.

Pierre possédait le don de séduire par les mots, et bien plus qu'en peignant. Ses tirades se coloraient d'images qui donnaient vie à toutes sortes de tableaux et, puisque Versailles manquait à Amandine, il l'y emmena en pensée. Sa revue d'une journée du roi fut une réussite tant il excellait dans la description des sinuosités grotesques de courtisans acharnés à se rapprocher de Sa Majesté. Si la ruche bourdonnait, on ne trouvait nulle maçonne parmi ses guêpes plus paresseuses l'une que l'autre, entêtées à paraître et qui ne produisaient rien. Pierre prit un malin plaisir à décrire la promenade aux jardins sous la commande de Louis XIV. Il détailla les chevilles tordues, les robes prisonnières d'un rosier et Monsieur de Ceyrac, pas encore surnommé le *duc de Méli-Mélo*, passant d'un officier de la Maison du Roi à un autre, plaidant sa cause pour obtenir l'insigne privilège d'assister à l'éveil souverain du lendemain. Maintenant, Amandine riait aux éclats, et lui plaire augmentait le bonheur de Pierre. Alors, il exagéra les embarras des jardiniers de Le Nôtre qui ne parvenaient à ouvrir les vannes d'un bassin malgré les ordres précis du propriétaire. Il pleuvait du ciel, fichtre, mais rien ne sortait des tuyaux, n'eussent été des grincements rouillés !

*

Pierre évita de parler de la magie de Versailles, de ses nuits magnifiques lorsque le Grand Canal s'illuminait de mille feux. La veille, il était de ceux qui avaient profité du spectacle inouï d'une bataille navale organisée à la tombée de la nuit sur le plan d'eau. Des navires de guerre, construits en réduction mais assez grands pour accueillir un équipage, avaient surgi à l'horizon comme si une mer intérieure venait de naître. Ils battaient pavillon royal… Puissants et intenables, ils avançaient vers les invités de Versailles, et c'était le triomphe de Stromboli, d'Agosta, de Palerme réunis [1].

L'adresse des matelots n'avait d'égale que la prouesse des capitaines ; leur manœuvre relevait du miracle. Les embarcations viraient de bord dans un mouchoir de poche, se servaient de la brise pour frôler les rives du bassin, passaient au ras d'un public applaudissant à tout rompre. Λvaicnt-ils vaincu l'Espagnol ou lc Hollandais ? Picrrc nc savait plus, et cela n'avait pas d'importance. Sur la fin, on tira trois salves et le fracas fit s'envoler les oiseaux sauvages dont le vol majestueux se perdit dans les volutes des flambeaux que des centaines de valets ne cessaient de remplacer dès que l'un d'eux faiblissait. Puis il y eut un signal lancé de loin par un fanal situé au fond du Canal. Un homme habillé de blanc brandissait la flamme guidant un navire à l'entrée de ce qui aurait pu être un chenal. Alors, dix gondoles vénitiennes apparurent. À bord de celle qui tenait

1. Trois victoires navales françaises qui se sont déroulées en 1676.

la tête, il y avait Louis XIV, à ses côtés, Madame de Maintenon, et tout un cortège les accompagnait. Ils remontèrent le Canal lentement, gagnèrent le point le plus proche de l'Allée royale et descendirent. Alors, les accords retentirent sans qu'on devine où jouait l'orchestre tandis que des valets en tenue avançaient comme à la parade, portant au-dessus de leurs têtes des montagnes de fruits et de friandises sur lesquels on se jeta après tant d'émotions. Si le roi voulait, il savait éblouir et soumettre la Cour.

Mais Pierre n'avait parlé que du ridicule afin de décourager Amandine ; or, plus il le faisait, plus il donnait envie d'en être car il séduisait en se moquant des choses et des gens. Si bien qu'à la fin de la journée, il rendit les armes. Soit. Il y avait du bon à voir le roi et Versailles, même de loin, et puisque la jolie femme à qui il tenait compagnie ne cédait pas, il lui concocta un programme. Il suffisait de se rendre un jour au choix à l'entrée du château. Et il serait là. Nul besoin de se mêler à la foule qui louait un chapeau et une épée dans l'espoir d'approcher Louis XIV. Lui savait comment rejoindre la galerie des Glaces. Il la guiderait. Et pour le lui prouver, il prit ses mains. Les yeux d'Amandine brillaient. Et Jean choisit ce moment pour se montrer. Il rentrait d'un chantier. Après quoi, comment refuser ? Son époux promit qu'il l'emmènerait à Versailles.

*

Dieu qu'Amandine était belle dans sa robe de soie jaune ! Elle entrait vraiment au château, non pas en soubrette, comme au temps de la misère pour frotter l'Escalier des Ambassadeurs. Ce 30 juin, elle gravissait les marches, souriant au passage à Vautron qui veillait sur sa plaque de marbre déjà bien abîmée. Amandine ne craignait pas de subir la violence d'un valet et, sans hésiter, elle se posta dans la galerie des Glaces. Puis le roi apparut, et quelle impression ! Elle oublia Jean, se fixa sur Louis, chercha peut-être à l'attirer, et il vint à elle. Un regard, un échange qu'elle crut seule comprendre. Mais il y avait Millard, le marquis de Biège. Et Jean Le Faillon à qui rien n'échappait.

Le retour à Saint-Val avait été douloureux. Silencieux.

Voilà quinze jours qu'ils se parlent peu, par peur du mot de trop, que la colère éclate, que les reproches suivent. Jaloux, sotte ! Quoi d'autre ? L'un et l'autre ne veulent pas se détruire, tout juste se comprendre. Qui fera le premier pas ? Pour Jean, ce sera non. Ce 15 juillet, il va donc à Versailles, et si Amandine refuse de lui dire au revoir, il ne lui courra pas après.

*

À regret, il ouvre la portière du carrosse et s'apprête à monter, mais une ombre se dessine sur la banquette ; et flotte un parfum de lilas. Amandine est calée au fond, souriante et belle à croquer. Elle ouvre les bras, murmure à son mari d'approcher. La robe de soie jaune, celle qu'elle portait le 30 juin, bâille, découvre la naissance de ses seins pleins, ronds, nacrés. Jean n'y résiste pas. Il dépose un baiser sur la peau nue de son idole qui frémit, gémit.

— À Versailles, prend le temps de lancer Jean au cocher.

Quatre lieues, ce n'est pas de trop pour se réconcilier.

Chapitre 9

AMANDINE A UN PROGRAMME. Elle passera voir les parents de Jean. Grâce à Dieu, ils vivent toujours, même si le père ne s'est jamais remis de sa blessure. Paralysé des jambes, forcé de se faire aider pour tout… Il ne pouvait pas y avoir pire pour le bâtisseur qui avait répété mille fois aux autres que la Faucheuse, la garce ! les prendrait en vache, quand ils ne s'y attendraient pas. Il en avait vu des finauds, des *je sais tout* qui perdaient l'équilibre à la dixième heure parce que la fatigue nouait les muscles, et la tête pensait à la soupe. Ils glissaient sur une planche pourrie par la pluie, tellement surpris qu'ils n'avaient même pas le temps de jurer. Ils brassaient l'air pour s'y accrocher, un dernier saut, un bruit mat, un sac sans vie, rabougri. Ils avaient quoi ? De la merde dans les yeux pour ne pas voir que le palan se cassait la gueule ? Il en avait bougonné du *Pater*, de l'*Ave Maria*, le père Le Faillon, penché sur des visages où la surprise était figée. Des gars dont il ignorait parfois jusqu'au nom. Il ôtait le bonnet vissé le reste du temps sur son crâne, le serrait dans sa main rougie, ridée par la chaux et, en fermant des yeux, il pensait aux suivants. *Amen*. Une fois dit, il se tournait vers les vivants, les houspillait. Il ne connaissait que ça pour ravaler les larmes et repousser le plus loin possible la prière suivante.

*

Le père de Jean ne pensait pas trop à lui, mais s'était juré de vendre chèrement sa peau, bougonnant qu'il fallait bien tous y passer, mais le plus tard possible. Peut-être qu'à force de sonder le ciel, le malheur ne lui tomberait pas dessus, qu'il finirait sa vie dans son lit, aux côtés de son épouse, Mélisande, et quand son tour viendrait… Eh bien, il viendrait. Ses péchés n'étaient pas si graves. L'enfer, il y échapperait. Peut-être qu'il ferait une halte au purgatoire, en attendant Mélisande… Mais le diable s'était mêlé à la danse. Une chute. Un moment d'inattention. Comme les autres.

Depuis, il ne souffrait pas. Physiquement, il ne sentait rien, mais la tête se souvenait du temps d'avant quand elle se tenait droite, à cinq pieds du sol. Au début, il avait maudit sa santé de fer. Rien ne clochait, toujours debout à l'aube, la voix forte, le bras pareil. Un colosse… Désormais, pour pisser, il fallait accepter l'aide de Mélisande – et lire dans ses yeux sa propre déchéance. Dans cette cervelle que la mort refusait de prendre, les idées noires rôdaient. Comment faire pour aller à la fenêtre et se foutre en l'air pour de bon ? Le purgatoire, il le vivait sur la terre ; des jours à se repasser la scène. Un pied mal posé, la planche qui craque, pas même le temps de pousser un juron. Un sac rabougri qui respirait encore.

— T'as mal où ? lui avait demandé sur le coup *La Grogne*, un autre compagnon.

L'intérieur craquait de partout. C'était un navire pris dans la houle. *Allez*, suppliait-il, *t'en as connu d'autres, ça va passer*.

— Aidez-moi à me relever !

Une belle connerie, tenta-t-on d'expliquer, mais Le Faillon donnait encore les ordres. Alors, en tirant, quelque chose se brisa dans la colonne. Une douleur si insupportable qu'il supplia le Ciel d'y mettre fin, mais ne fut entendu qu'à moitié.

Le supplice s'arrêta ; lui n'était mort qu'à demi.

*

Trois années ont passé. La vie, vaille que vaille, a retrouvé son chemin. Il dit même qu'il va mieux en souriant à Mélisande. À quoi bon ajouter du mal au mal ? Jean a repris l'entreprise et le père reconnaît que le gamin s'en sort plutôt bien. Fini le temps où lui s'échinait à recueillir six sous en montant des murs de pierre. Ils bâtissent des hôtels, des maisons bourgeoises et le père dit *ils* parce qu'on lui demande des conseils. Sans quoi, il n'accepterait pas d'être entretenu par son rejeton. Comment tailler du marbre, l'acheter, le négocier ? L'ancien n'a pas perdu la main, raille-t-il. Bien sûr, il n'est pas dupe. Jean est capable de s'arranger sans son aide. C'est sa manière de l'aider à vivre. Alors, le père Le Faillon a repris la route sans quitter son fauteuil. Il se charge des fournisseurs, les reçoit assis. L'œil vif, il discute les prix, obtient des rabais, sans chercher à savoir si on cède par pitié. Il répète qu'il est important de se rapprocher à nouveau de la surintendance. Bâtir des hôtels, c'est bien, mais il n'y aurait pas mieux que de travailler pour le roi comme Bergeron, Mazière, les maîtres maçons dont les fils ont pris la succession.

Jean fait mine d'être d'accord, puis il tend les plans de la demeure qu'il construit non loin de la place d'Armes pour un notaire. Que pense le père de la façade ? Faudrait trouver quelque chose à redire, mais le trait est pur, aérien, l'ensemble équilibré.

— T'as pas prévu de piliers en marbre ?

— Trop lourd, répond sobrement Jean.

Et le vieux convient que son fils pense juste.

— T'as plus besoin de moi. Tu sais tout.

Dans ces moments-là, Jean change de sujet.

— Antoine réclame ses grands-parents. Es-tu décidé à venir enfin nous voir à Saint-Val ?

Le père Le Faillon fait mine de vouloir se lever.

— Je peux t'installer dans une charrette si tu veux, et…

— Défiler dans Versailles ? Jamais ! aboie le vieux.

— La prochaine fois, je viendrai avec ton petit-fils, promet Jean.

Mais l'ancien n'aime pas Saint-Val et ce n'est pas à cause de l'infirmité. Il n'ignore pas que le domaine fut offert par le *Roi noir*. Le « cadeau d'une canaille » qui ne savait comment s'absoudre du passé, prétend-il. Ils sont donc trois, Vautron, lui et son fils, à connaître l'histoire. Le père Le Faillon était déjà dans l'entreprise lorsque Anne tomba en enceinte. Par fidélité à Marguerite, il n'a rien pardonné. Saint-Val sent le soufre, on y fricote avec le diable. Un matin, ajoute-t-il, il faudra payer. Et le malheur arrivera.

*

Jean ne cherche plus à le raisonner. Ses parents aiment sincèrement Amandine et cela suffit. Ce 15 juillet, il la déposera chez eux. Elle a emporté tout un barda de fleurs, de fruits frais, des œufs aussi qui viennent des fermes de Saint-Val. Les produits de la campagne ! Mélisande jouera la surprise, humera le bouquet, radotant qu'avant, les jonquilles poussaient devant leur maison. Désormais, les chemins sont pavés, les jardins disparaissent. Le père Le Faillon s'entêtera. Il n'aime pas ce qui vient de Saint-Val. Puis ils parleront d'Antoine. Mélisande se plaindra de ne pas voir assez son petit-fils. Amandine ne demandera pas pourquoi ils ne se déplacent pas. L'infirmité a bon dos. Ils iront ainsi jusqu'à l'heure du repas qu'Amandine ne prendra pas avec eux, préférant retrouver quelques amies d'enfance. À quatre ou cinq, elles iront acheter une robe, des souliers, une folie. Amandine dépensera plus que les autres en se rendant chez le chapelier de Paris qui vient de s'installer. Chemin faisant, elles parleront des hommes et s'en moqueront, comme elles le faisaient plus jeunes en décrassant le linge au lavoir. On plaindra Clotilde, déjà veuve, et l'on parlera forcément des infidélités de Béatrice, de Solange… Et quelle sera la suivante ? Amandine assurera qu'elle se sent heureuse, Antoine grandit, son mari la comble – tenez, ce matin, dans la voiture les conduisant à Versailles… Deux ou trois soupireront. Amandine a de la chance. Peu d'époux murmurent toujours à l'oreille de leurs épouses des mots d'amour. Bientôt, il sera six heures, on se dira au revoir car les hommes vont rentrer. Ce sera une belle journée, la même que celle du mois dernier et du mois suivant. Aucune n'aura évoqué le temps où elles n'étaient que les petites-filles d'un laboureur, d'un apprenti débarqué en guenilles sur le chantier du roi. Pour elles, Versailles a tenu ses promesses.

Jean retrouvera Amandine le soir. Ils dormiront sur place, dans la chambre d'enfant où ils ont fait l'amour pour la première fois. C'était bon dans le carrosse, ils recommenceront. La fâcherie sera oubliée. Versailles est un sujet qu'ils n'aborderont pas.

*

Aussi, lorsqu'ils se présentent sur la route des Chantiers, tout semble-t-il apaisé, clair, limpide tel le bel air de juillet. De même, Jean détourne la tête lorsqu'ils passent à hauteur du fossé où il vit Anne, la mère d'Amandine, pour la dernière fois. Elle prenait la fuite après avoir volé Marguerite, Jean l'avait rattrapée à peu près là, lui arrachant des mains le magot qui leur épargnerait la misère. *Ne revenez jamais !* avait-il hurlé en lui jetant une poignée de pièces. Anne avait craché son venin : *Tu ne me verras plus. Et les autres, qu'ils soient maudits ! Vous ne savez pas à qui vous avez affaire. Le* Roi noir *vous tuera.*

Jean ferme les yeux. Amandine est penchée sur son épaule. Le muguet et le parfum de l'amour se mêlent. Que pourrait-il leur arriver ? À regret, il pose une dernière fois la main sur son épaule dénudée.

— Nous arrivons bientôt.

Un autre baiser, encore un. Les faubourgs se montrent.

— Couvre-toi, glisse-t-il à regret en s'exécutant lui-même.

*

En déposant Amandine, il discutera avec son père – un passage obligé – et se rendra à l'entrepôt pour saluer les apprentis qui taillent et préparent les pierres. Puis, direction le chantier de la place d'Armes. Il a hâte que la journée s'achève pour la retrouver. Et Dieu, la belle idée qu'elle s'y soit invitée…

Mélisande est dehors, elle balaie le perron. En entendant le carrosse, elle se tourne, plisse les yeux, sourit à la vue des deux alezans qu'elle reconnaît. Soudain, elle se fige et reste bouché bée. Amandine est là. Les cheveux en bataille, les joues en feu, la robe froissée, la rebelle saute du carrosse à la manière d'un garçon et se jette dans les bras de sa belle-mère.

— Antoine n'est pas là ? demande Mélisande en la serrant contre son cœur.

— Mon petit chevalier garde Saint-Val, répond-elle d'un air très sérieux.

Jean, lui, est déjà rentré dans la maison. Son père est dans son fauteuil, immobile, mais l'œil brille.

— Vautron voudrait te voir. Ce serait important, grogne-t-il aussitôt. Autre chose… On t'attend à la surintendance.

— Qui ? s'étonne son fils.

Le Faillon attend avant de répondre. Il ménage son effet.

— Je te le donne en mille, finit-il par céder. Monsieur Jules Hardouin-Mansart…

— Pourquoi ? continue Jean brusquement tendu.

— Il veut parler travail. C'est tout ce que je sais. Mais laisse-moi deviner. Bientôt, nous travaillerons à nouveau pour le roi… J'en suis certain.

Chapitre 10

AILLEURS, LA JOURNÉE commence plus mal. Ceyrac est sur le départ. Il quitte Versailles, s'en retourne sur ses terres de Navarre. Le *duc de Méli-Mélo* n'a pas surmonté le ridicule du Lever du roi, et ce qui suivit car, qui en douterait ? Thierry de Millard ne l'a pas lâché. Un entretien cinglant démontrant que le conseiller n'a rien du vieillard cacochyme. De la voix, du coffre. Le geste précis.

— Rendez-moi ce qui m'appartient.

Le chevalier de Mées tenta l'étonnement.

— Je vous en prie ! La lettre que je destinais à Bontemps.

Ils étaient dans les jardins, peu après le dîner du 30 juin, à l'entrée du Tapis vert[1]. Si on les voyait de loin, nul ne pouvait les entendre. Ils étaient seuls, à la traîne de la promenade royale qui se rendait au bosquet des Rocailles[2]. Millard avait chassé sa proie, vite retrouvée.

1. Le Tapis vert ou l'Allée royale se situe entre le parterre de Latone et le bassin d'Apollon.

2. Ce nom vient des coquillages d'Afrique décorant le bosquet. Le roi aimait s'y rendre pour la danse. D'où son autre nom, salle de Bal, dont la scène était l'îlot de marbre situé au centre et entouré d'un amphithéâtre de verdure.

— Je m'exécuterais volontiers, minaudait le chevalier, si...

— Quoi ? Quoi !

Au loin, le dernier rang du cortège s'était retourné. Ces deux-là étaient en palabre et qu'on les croie proches rendit fou de rage le conseiller.

— Que voulez-vous ? gronda-t-il. Encore de l'argent ?

— Du tout... Croyez-moi, je vous rendrais volontiers votre bien. Hélas...

Il hésitait, mais finit par se lancer :

— Eh bien. Cette lettre, je ne l'ai plus.

— Répétez ?

— Glissée de ma poche lors de la chute regrettable qui...

— Poursuivez !

— Le diable ou l'un de ses seconds s'est acharné sur moi. Il a fallu que je glisse, et voyez-vous...

— Un fameux méli-mélo, je sais ! Ensuite.

— Sur le coup, je n'y ai pas porté plus d'attention.

— À quoi ?

— Ma veste. Elle était déchirée.

L'échalas dodelinait sur place, revivait son calvaire.

— J'ai couru chercher de quoi me présenter devant le roi. Et monter, descendre, monter... Je crois avoir parcouru une lieue avant de renoncer. Personne ne m'a prêté de quoi paraître.

— De sorte que vous ne savez même pas où a été perdu ce que je vous ai confié.

— Peut-être en haut ou en bas. Une seule chose est sûre...

— Laquelle ?

— La lettre n'était plus dans ma poche.

— Une autre question, poursuivit Millard en s'efforçant de garder son calme.

— Je répondrai à tout, promit Ceyrac.

— Par malice, vous n'auriez pas conservé le pli ?

— Pourquoi commettre une telle infamie ? bondit ce qu'il restait chez lui de l'honneur des chevaliers de Mées.

— Pour me nuire, tout bonnement, car c'est ce que votre… trahison produit.

Ceyrac écarquilla les yeux. Dieu, l'affaire se corsait. Le pli était donc très important…

— Croyez-moi, je me maudis et ne sais comment réparer.

En voyant ce bonhomme trop grand rouler des yeux et se tordre les mains, Millard comprit qu'il n'y avait aucune finasserie. Comment dire ? Il était idiot, voilà tout, s'obligeant à reconnaître qu'il l'avait été tout autant en confiant une mission à un tel abruti. En somme, le mal était fait, et l'imprudence n'ôtait rien à la colère. L'autre devait être puni !

— Dans ce cas, remboursez-moi les mille livres du banco.

Ceyrac avait blanchi. En une seule matinée, ses six mois de rêvasseries s'effondraient.

*

Depuis, quinze jours se sont écoulés. Millard a renoncé à mettre la main sur le pli destiné à Bontemps. De même, il sait qu'il ne sera jamais payé. Sa vengeance, la voici. Il harcèle Ceyrac, le menace de faire saisir les biens qu'il lui reste. Son domaine, par exemple.

— Remboursez-moi, répète-t-il dès qu'il le croise.

— Par tous les saints, je n'ai nul moyen de…

— Je ne peux vous chasser, mais je vous ruinerai.

— Monsieur le conseiller… bredouille l'imbécile.

— Remboursez-moi. Sinon…

Ce *sinon* le menace de choses horribles auxquelles s'ajoute une nouvelle épreuve, plus épouvantable encore que le dépeçage. On ignore le *duc de Méli-Mélo* ou ricane dès qu'il tourne le dos. Les piques sont des poignards. Le ridicule tue. Il en a la preuve.

Ce matin, il s'est décidé. Il fuit Versailles, y abandonnant son honneur et l'estime passée que son père, le père de son père et toute la lignée de ses ancêtres s'étaient efforcés d'attacher à son nom. Il s'en va en voleur, humilié, et sans payer Millard. Qui s'en moque, d'ailleurs. Le plus grave, c'est cette lettre.

*

Vautron est dans l'entrepôt. Les apprentis l'entourent. Il évoque sa vie, celle de Versailles, les temps d'autrefois. Et qui lui en voudrait de ralentir la cadence ?

Jean l'a toujours connu. Petit, il apercevait rue Ménard ce visage barbu, poivre et sel, sans âge, où la poussière de la pierre se mêlait aux années. On en racontait sur lui, prétendait qu'il avait été prêtre et criminel par amour. Une femme ayant pactisé avec le démon – n'était-ce pas plutôt Satan déguisé en femme ? – avait saigné son cœur et lui, percé celui de l'ensorceleuse. Il se cachait à Versailles, vivant de tâches ingrates payées deux cents livres l'an, la misère d'un apprenti.

En grandissant, Jean avait fini par croire à des sornettes. Le vieux était tout bonnement généreux, pasteur des novices qu'il formait à la veillée, à l'*Auberge de l'Ours*. Puis le *Roi noir* s'était montré sous les traits de La Fragua, expliquant au fils Le Faillon comment il avait échappé à l'*étang puant*. Vautron lui avait épargné la mort en le portant sur son dos jusqu'au domicile des sœurs de Vincent-de-Paul. L'abnégation n'expliquait pas tout. Le sauveur agissait au nom du père Calmés, l'ancien directeur de conscience de Toussaint au collège de Montcler. Cette fois, on pouvait parler d'un pacte entre ces deux prêtres car ils l'étaient. Un accord où le diable ne se mêlait pas.

Dans un lointain passé, Vautron avait en effet rompu son vœu de chasteté. Une tentatrice l'avait envoûté. La fin s'achevait-elle dans le sang ? Delaforge n'en avait pas parlé à Jean, mais la vie du paveur s'expliquait plus clairement. Il expiait sa faute dans le dépouillement comme le réclamait le Seigneur. Calmés l'aidait à tenir lorsque Vautron doutait. Tous les hommes avaient droit à la rédemption, y compris le *Roi noir*, même si le chemin était ardu. Et le jésuite de Montcler prenait en exemple le pire de tous pour encourager l'ancien pécheur à porter sa croix. Mais Calmés était mort et Delaforge l'aurait été aussi sans les sœurs de Vincent-de-Paul qui, à coup de prières et de bons remèdes, avaient réalisé un miracle. Le *Roi noir* vivait. Sans être lavé de ses crimes et de ses forfaits. Sans doute était-ce dans l'espoir de cette guérison spirituelle que Vautron avait porté le blessé si longtemps, jusqu'aux saintes sœurs, suppliant Dieu de lui donner la force de tenir et de connaître ainsi la réponse à sa quête : tout être pouvait-il se voir absous de ses fautes ?

Vautron s'en était expliqué à Delaforge, surpris qu'on soit venu à son secours. Le pardon ? En quittant Versailles, il pouvait se rendre à Paris pour tuer son père, Joseph de Marolles, qui avait violé et abandonné Marie, sa mère, aux mains de Paillard, sorcière et étrangleuse. Le doute gagna Vautron. Les plaies de Delaforge cicatrisaient, le ton du *Roi noir* redevenait cassant, l'œil était gris et froid. Le paveur le crut perdu. La rédemption n'existait ni pour lui ni pour personne. À quoi bon résister ? On rechutait toujours. Calmés s'était trompé. Delaforge s'emparerait de la vie de son père, comme la diablesse s'était saisie de la sienne. Le dernier jour, Vautron songea même à reprendre celle qu'il avait désespérément tenté d'épargner.

À l'entrée de Versailles, le cocher *Gorgone* attendait le *Roi noir* dans un carrosse contenant assez d'or pour assouvir toute la vengeance du monde, et Delaforge s'était tourné vers Vautron pour lui dire ce qu'il avait décidé. Non, il ne tuerait pas son père. En retour, il exigeait qu'on veille sur sa fille. Il irait en Espagne, ferait savoir où lui écrire, ne reviendrait que si le besoin s'en faisait sentir. Ainsi, leur salut était lié. La pénitence de Vautron se poursuivait ; celle de Toussaint débutait.

*

Vautron avait toujours tenu parole, alertant Toussaint quand les malheurs s'étaient accumulés sur le clan Pontgallet. Alors, La Fragua s'était montré, la suite étant connue. Depuis, Jean et le paveur sont proches, amis, sans doute. Il faut l'être pour partager de tels secrets. Vautron travaille désormais pour Pontgallet et Le Faillon associés, n'accepte pas de solde supérieure. Il aime l'*Auberge de l'Ours*, désire être enterré dans la fosse commune, ne réclame qu'une prière à la Vierge, mère miséricordieuse des enfants de Dieu, qui, elle, reconnaîtra le vrai pécheur.

— Je dois te parler, lance-t-il en voyant entrer Jean.

Il le tire aussitôt dans le coin le plus reculé de l'entrepôt.

— Lis.

C'est le mot de Millard. *Joseph de Marolles*... Ce nom saute au visage, brûle les yeux.

— Bon Dieu, d'où tu tires ça ? grommelle Jean.

— Moins fort, et ne blasphème pas. Lui aussi, Il t'entend... C'est tombé de la poche d'un courtisan, étalé sur le marbre que je scellais dans l'Escalier des Ambassadeurs. Je l'ai sur moi depuis quinze jours.

— Pourquoi ne m'en as-tu pas parlé avant ?

— Je ne savais pas si Dieu ou le diable s'adressait à moi.

— As-tu averti le père d'Amandine ?

Vautron baisse la tête :

— Je craignais ce qu'il ferait...

Le sang, la mort. Et l'espoir du salut s'envole.

Chapitre 11

L'HÔTEL DE LA SURINTENDANCE se situe derrière l'Orangerie du château [1]. Plus loin, vers le midi, parade l'immense Pièce d'Eau des Suisses qui coûta tant de vies et, dans ce territoire extérieur aux jardins et au château proprement dit, prospère le Potager du roi conçu avec maestria par Monsieur de La Quintinie. *Potager*. Ce petit mot convient-il au chef-d'œuvre de neuf hectares où poussent, hiver et été, toutes sortes de légumes et fruits, de la figue au melon, qu'un génie a réussi à acclimater aux rudesses de Versailles [2] ? Neuf hectares... Il faut cela pour nourrir chaque jour les invités de Sa Majesté !

*

1. Aujourd'hui au 9, rue de l'Indépendance-Américaine.

2. Jean-Baptiste de La Quintinie (1626-1688) a développé ou inventé nombre de techniques afin de produire des fruits et légumes en toute saison : la culture en espalier pour protéger les arbres fruitiers du vent et les faire ainsi profiter de la chaleur du soleil rayonnant sur les murs, la culture sous des cloches de verre, etc. Il réussit à acclimater des espèces (melon) habituellement cultivées plus au sud. Le potager produisait, par exemple, des fraises dès la fin de l'hiver.

Jean connaît le lieu comme le fond de sa poche. Enfant, il y jouait avec Amandine, et c'était encore un paradis sauvage dont la limite méridionale s'arrêtait aux eaux sombres de l'*étang puant*. Dans les bois environnants foisonnait le gibier à plume que le chien *Pagaille* coursait par jeu, sans lui chercher grand mal[1]. Les ronces et les buissons servaient de refuge aux renards qui, la nuit, chapardaient les poules de Solange, la voisine des Pontgallet.

À l'entrée de ce royaume, Jean plaidait qu'une expédition réussie exigeait un capitaine – eh quoi, le rôle ne revenait-il pas au garçon ? Prétextant un danger – on risquait de tomber sur *Salatia*, une vieille couleuvre à qui ils avaient donné ce nom en croyant entendre le glissement de ses torsions sur les feuilles mortes –, il s'aventurait en premier. La menace était hypothétique. L'animal, paresseux, hibernait de longs mois sous un tas de pierres sèches, mais Jean contournait l'obstacle tandis qu'Amandine se moquait de celui qui faisait son intéressant. Petit-Jean jurait avec assurance qu'il l'avait aperçue deux fois... alors qu'il était seul. Avec autant d'aplomb, il s'engageait sur la route des hérissons, une petite piste tortueuse barrée de troncs morts et envahie de branches basses qui obligeaient les enfants à baisser la tête. La récompense était au bout : une clairière baignée de soleil où trônait au centre leur garde-manger – l'arbre fruitier. À la fin de l'hiver ou au début du printemps, les chenilles processionnaires nichées dans les pins se sacrifiaient en masse pour donner naissance à une armée de papillons aux ailes bariolées qui récompensaient la patience du chasseur en se laissant capturer. Jean passait des heures à chercher le plus beau spécimen,

1. Un potager existe toujours. Les bois sont devenus le très beau parc Balbi. Ces lieux sont à découvrir...

un joyau aux teintes du saphir et du rubis que seul un chevalier pouvait avoir arraché aux griffes du dragon, et il l'offrait à sa princesse. Hélas, Amandine se lassait vite et, sitôt battait-il des ailes, qu'elle libérait l'insecte. Et si Jean bougonnait, elle hurlait : « Le loup ! Derrière toi... » Le naïf se retournait, décidé à défendre chèrement sa peau.

Alors, Amandine riait. Et pour la voir ainsi, Jean se serait battu à mains nues avec tous les monstres de l'univers.

Hérissons ou fouines, il n'y en a plus guère aujourd'hui. L'endroit s'est civilisé. L'immense bâtiment de la surintendance a remplacé leur cabane secrète construite auprès du pommier qui fut haché menu l'an passé. Austère, songe Jean en franchissant l'entrée en forme de passage couvert où s'aperçoivent au fond les vestiges des temps anciens : deux arbres, mais pas plus, et un petit tapis de pelouse qui n'invite pas à s'allonger.

*

Ici, siègent des géomètres, architectes, commis affairés au contrôle. Chiffres, rapports, inspections... Les doctes membres de la surintendance du marquis de Louvois n'ont guère le temps de s'adonner aux plaisirs bucoliques. La tête emplie par ce que lui a appris Vautron à propos du jésuite Joseph de Marolles ne suffit pas à gâcher cette journée de juillet si bien débutée. Que cherche Jules Hardouin-Mansart, ennemi avéré des Pontgallet ? Ce serait urgent. L'architecte s'est lui-même déplacé. Il l'attend aujourd'hui.

À l'inverse de son père, Jean n'imagine pas travailler pour des esprits pointilleux, soupçonneux, lents à décider, prompts à attaquer, critiquer, prétextant des abus, des factures hors de prix afin de retarder le paiement, voire le refuser. Être bâtisseur du roi coûte cher. Il est vrai que le titre de *fournisseur de Sa Majesté* est un sésame prodigieux. Qui ne voudrait pas faire construire par celui qui s'y emploie pour Louis XIV ? La gloire se comptabilise, c'est pourquoi les lieux ne désemplissent pas. On s'y presse pour se faire remarquer, apprécier, toujours prêt à offrir ses services et, si le règlement des factures lanterne, qu'importe ! Le bâtisseur se retournera vers le riche particulier à qui il sera facile d'expliquer que ces murs et ce toit-ci valent cher parce qu'ils sont construits à l'identique du prodige s'élevant sous les rayons protecteurs du Soleil.

Hardouin-Mansart a parfaitement compris la manœuvre. Son atelier d'architecture vit grâce aux nombreuses commandes privées qui s'y amoncellent. Il n'est pas encore le surintendant des bâtiments, espère prendre la suite de Louvois, mais il tient le rôle capital de Premier architecte[1]. Depuis le 10 février de l'année, le voici intendant et ordonnateur des bâtiments du roi, une fonction lui rapportant six mille livres de plus par an. Ce n'est que la suite ininterrompue de triomphes et de succès qui agacent et attisent la jalousie. On le traite d'arriviste, lui s'en moque. Il a l'oreille du roi qui le reçoit en privé. « Je puis en un quart d'heure faire vingt ducs et pairs ; et dans des siècles, je ne pourrais faire un Mansart[2]... »

Combien ont droit à ce genre de compliment ?

1. Il patientera jusqu'en 1699, Édouard Colbert, marquis de Villacerf, ayant pris la suite de Louvois, en 1691.

2. Propos attribués à Louis XIV, repris par Frédéric Tiberghien dans *Versailles, le chantier de Louis XIV* (Tempus). La description qui suit trouve sa source dans ce remarquable document fourmillant de détails.

Une telle position se travaille, se cisèle, se retouche sans cesse. L'ambitieux a ses méthodes [1]. D'abord, un excellent coup de crayon ; ensuite, une équipe dévouée, habile, disponible corps et âme. Il faut réagir au moindre désir du roi qui se manifeste de manière impromptue, parfois au saut du lit. Voici quelques jours, Sa Majesté s'est saisie d'un grave sujet. Il lui est apparu que ce château manquait de lits. La belle audace ! Qui ignore que l'on s'entasse à qui mieux mieux dans des trous de souris ? Chacun pour soi ! Sauve qui peut… Mais cette crise du logement touche aussi les proches du roi dont les rangs, de mariages en baptêmes, ne cessent de s'étoffer. Où installer ce monde ? Le merveilleux Appartement des Bains a été sacrifié. Conçu pour accueillir le libertinage de Louis et d'Athénaïs, il fut « rhabillé » lorsque l'ancienne *Sultane de Versailles* se vit répudiée. Le décor licencieux de marbre et d'or édifié pour Vénus et Apollon réunis a disparu pour accueillir le sommeil de mortels fréquentant moins Cupidon. Mais la colonie se renforce, augmente. Il faut repousser les murs à la manière du centurion s'attaquant aux frontières.

*

Le roi a saisi son architecte du problème : attaquer l'aile Nord, la prendre en tenaille, modifier l'intérieur, réduire

---

1. L'intraitable Saint-Simon en dresse un tableau terrible, rapporté par Frédéric Tiberghien (déjà cité). Modèle de « la lie du peuple », Jules Hardouin-Mansart ne s'était pas défait de la « grossièreté contractée dans la première condition ». Voilà pour le costume qu'achève de tailler Le Nôtre qui, s'il l'apprécie parfois, parle, en s'adressant au roi, d'un « maçon », titre un peu trop réducteur qui fait oublier les splendeurs dessinées par ce très grand architecte…

la taille des pièces ou les augmenter. Gagner de l'espace : sacrée bataille ! À son habitude, Hardouin-Mansart a procédé avec ruse. Dans son premier rapport, il s'est arrangé pour que le projet ne soit pas idéal, allant jusqu'à laisser paraître des erreurs grossières, donnant à Sa Majesté l'occasion de les corriger. Un trait ici ou là, voilà que tout devenait parfait – pour accepter une idée, rien de mieux que de croire qu'il s'agit de la sienne. Le plus dur étant fait, et puisque Sa Majesté était d'accord avec elle-même, il fallait les plans de l'aile Nord dans les plus brefs délais. Demain. Au plus tard.

Rien ne semble impossible à Jules Hardouin-Mansart et à ses dessinateurs Chuppin, Lassurance, Cochery, Cailleteau qui manient la mine et la plume avec talent. Demain, il ne manquera pas une touche d'encre ; carmin, vermillon, indigo croqueront la scène, exalteront le nouvel aménagement des pièces de telle sorte qu'un enfant applaudirait. Non, ce n'est pas la nouvelle épreuve qui trouble l'ingénieux architecte, mais le vœu exprimé par Louis XIV lors de leur entretien.

— Un mot encore, Monsieur le Premier architecte.

Ils allaient se quitter.

— On nous parle d'un jeune et prometteur talent exerçant dans votre domaine…

Hardouin-Mansart s'était mis aussitôt sur ses gardes.

— L'émulation, Sire… C'est l'essence de la création, avait-il cependant répondu d'une voix assurée.

Il prit soin de ne pas demander de qui le roi parlait. Il n'en eut d'ailleurs pas besoin.

— Jean Le Faillon. Ce nom vous dit-il quelque chose ?

Hardouin-Mansart aurait pu répondre qu'il lui rappelait le temps de Marguerite Pontgallet, une femme odieuse qui le prenait de haut et l'accusait de combiner selon ses intérêts. La vieille avait payé. La surintendance lui avait fermé ses portes. Jean le Faillon, bien sûr ! Il s'agissait de son gendre. La dynastie refaisait surface !

— À vrai dire, Votre Majesté… Non, je ne vois pas…

— Il a, semble-t-il, réalisé des prouesses à Saint-Val.

Hardouin-Mansart se mordit les lèvres. Lui avait produit des merveilles au château du Val pour éblouir le jeune roi [1].

— Saint-Val ? Pardonnez-moi, Sire, mentit de plus belle le courtisan.

Et cela ne fit qu'agacer Louis.

— Voilà qui manque à votre science. Or, il n'est pas inutile de se montrer curieux pour la rendre meilleure.

— Bien, Votre Majesté… Je me renseignerai.

— Vous ferez mieux.

Et ce que Louis XIV annonça plongea Hardouin-Mansart dans une immense stupeur.

1. Le château du Val, à Saint-Germain-en-Laye, était une demeure qu'apprécia Louis XIV avant de se fixer à Versailles. Hardouin-Mansart y affûta son talent.

Chapitre 12

En gravissant l'escalier de la surintendance conduisant au bureau de Jules Hardouin-Mansart, Jean Le Faillon ne songe qu'à Marolles. Vautron et lui savent ce qu'il représente pour Toussaint Delaforge. Et si le sage disposait toujours de bons arguments pour blâmer la vengeance, chez le *Roi noir* ne siégeait probablement aucun doute. Existait-il un moyen de l'empêcher de tuer son père s'il apprenait qu'il était réapparu à Versailles ? Vautron et Jean en avaient discuté longtemps avant de se séparer à contrecœur, mais la convocation de Hardouin-Mansart était peut-être une chance pour l'entreprise. On ne pouvait le faire attendre. Même Vautron était d'accord. Il avait poussé Jean dehors.

— On y réfléchit…

Une manière de dire que rien n'était arrêté car ces lignes bouleversaient tout : *Prenez garde à Joseph de Marolles… C'est le pire de tous. Gardez l'œil sur lui.*

Le mot n'était pas signé, le sceau suffisait. Qui ignorait le nom de Thierry de Millard, l'influent conseiller du parlement de Paris ? Certainement pas Jean Le Faillon qui lui avait construit un bel hôtel dans le quartier du Parc-aux-Cerfs. À qui destinait-il ce pli ? Que signifiait : *le pire de tous* ?

Vautron ne savait rien du courtisan maladroit qui s'était étalé de tout son long dans l'Escalier des Ambassadeurs. Grand, oui. Et balourd. Un échalas… Il n'avait que cela à offrir.

Et fallait-il rendre ce brûlot à son inventeur ?

— D'abord, on y réfléchit…

Le vieux paveur parlait en boucle.

*

La première surprise passée, Vautron avait expliqué à Jean pourquoi il était resté silencieux quinze jours. Qui, « le diable ou Dieu », lui avait soufflé de se saisir de la lettre ? Pourquoi n'avait-il pas couru après le pitre à la veste déchirée pour lui rendre son bien ? Il regrettait son attitude moqueuse ; et s'en félicitait aussi. Au moins, il savait pour Marolles. Après, l'affaire se compliquait.

Vautron avait-il écrit au père d'Amandine ?

— Pas encore… avait-il assuré à Jean.

Il s'en expliquait. *Le sang, la mort… Et l'espoir du salut qui s'envolait.* En apprenant à Toussaint Delaforge que le jumeau de Satan hantait Versailles, on condamnait les deux car la promesse faite de ne plus jamais verser le sang en échange de la protection d'Amandine tomberait. Vautron n'en doutait pas.

— Delaforge a dompté sa violence, a choisi le pardon. Pour combien de temps ?

Dans les lettres parvenant à Versailles, il ne parlait que de l'avenir, suppliait Jean et Vautron de raconter fidèlement leurs vies, et l'on comprenait ainsi qu'il s'intéressait surtout à Amandine. C'étaient les mots d'un père inquiet, assagi, à mille lieues du *Roi noir*. Pour Jean, optimiste par nature, ou trop naïf, et parce qu'il ignorait la haine,

Marolles n'existait plus. Enterré, peut-être même oublié. Mais il ne le connaissait que par le paveur qui avait longuement raconté l'histoire de Delaforge afin d'expliquer, et peut-être excuser, le passé. Jean n'avait jamais versé le sang et, si Marolles avait la figure d'un monstre, comprenait-il le sens de ce mot ? Le jésuite ne l'effrayait pas. Aussi, imaginait-il que, caché, au fond du Portugal, dans l'*Universidade do Espirito Santo* d'Evora de la Compagnie de Jésus, il était peu à peu mort pour ce fils, comme les braises du feu renonçant à l'éclat. Marolles s'était exilé des vivants. Effacé, oui ; disparu. Pour toujours. Et Jean tentait d'en convaincre Vautron.

*

— Je voudrais y croire, avait rétorqué le paveur en secouant la tête. Mais son père lui a menti pendant vingt ans. Ses origines, sa naissance dans une cave, la marque au fer sur le visage, stigmates rappelant chaque jour qu'il était l'enfant maudit, tout fut masqué. Il y a pire. Delaforge sait que cet être immonde a violé sa mère et l'a laissée entre les mains d'une criminelle. Maintenant, va donc apprendre au *Roi noir* sommeillant en lui que le diable dont le sang bat dans ses veines est de retour, paradc sans remords, sans conscience à Versailles, prêt à commettre à nouveau l'irréparable !

Il brandissait la lettre de Millard.

— Regarde ce qui est écrit : *Gardez l'œil sur lui.*

— Il doit être très vieux, avait encore tenté Jean.

— Le diable, répétait-il, n'a nul âge. Il attendait ce moment. Delaforge ne lui laissera pas une seconde chance…

Jean ne voyait chez Toussaint que l'être bon ayant risqué sa vie deux fois pour sauver celle d'Amandine. Une *bonne étoile* qui avait affronté La Reynie sans calculer les risques. Il ajoutait Saint-Val… Non, cet homme-ci avait racheté ses fautes et, pour cette seule raison, il ne céderait pas à nouveau au mal.

— En matière de prêchi-prêcha, j'ai de quoi te servir ! avait répondu rudement Vautron. Ce fut longtemps mon métier. Mais je ne t'embêterai pas avec un sermon. Réponds-moi seulement. Voilà, prends sa place. Tu es Delaforge. Cent fois par le passé, tu as tué, la dague est ta fidèle alliée. Si tu ne connaissais que la colère, tu as cependant réussi à la soumettre. Oui, tu la pensais éteinte, quand, soudain l'horizon se noircit. Tout gronde, tout redevient rage et tu ne connais qu'un moyen – tuer ! – pour y mettre fin, recouvrer le calme, t'assagir à nouveau, promettant à Dieu que, désormais, tu seras en paix. Dis-moi, Jean, que ferais-tu à Marolles ?

— Il se peut que je le tue, avoua-t-il après avoir hésité.

— Moi, je n'ai aucun doute, murmura l'ancien prêtre.

Son regard fuyait, retournait au passé confus et sombre où gisait le souvenir d'une femme qu'il avait aimée et dont il s'était échappé dans l'espoir du salut.

— Et s'il cède à la tentation, je ne pourrai lui en vouloir. Je le ferais aussi, ajouta-t-il en fermant les yeux.

Alors, que décider ? Alerter Delaforge ? Réfléchir est bien mieux. Ainsi, ils ont gagné du temps, repoussé l'échéance.

*

— Que fais-tu là ?

Jacques Mazière, dit *le jeune*, fils du maître bâtisseur du roi, surprend Jean dans ses pensées, à mi-chemin de l'étage.

— Je vais chez Hardouin-Mansart, répond-il sans hésiter.

Mazière est l'illustration type de la réussite de ces maçons qui doivent tout au roi et à Versailles. Les générations se suivent, les familles se renforcent grâce aux liens tissés par les mariages. Les plus importantes – et les plus riches – comptent des notaires, des architectes, parfois des conseillers du roi. Certains bâtisseurs ont même été anoblis et possèdent un banc à leur nom à Notre-Dame. Sous Louis XIV, l'ascension sociale n'est pas un vain mot.

— À nouveau en odeur de sainteté ? sourit Jacques.

Il ne considère pas Jean comme un concurrent. C'est l'un des siens. La solidarité est une valeur sûre. C'est aussi pourquoi nombre réussissent.

— Nous verrons… répond prudemment le fils Le Faillon.

— Je sors de chez lui, soupire Mazière. Il est d'une humeur exécrable. Le roi a commandé un travail à produire pour demain. Reste calme. Ne gâche pas tout comme la pauvre Marguerite…

— Je vais essayer, rétorque Jean.

Une accolade. Ils se séparent. Jean est devant le bureau du Premier architecte du roi. Il frappe à la porte.

— Entrez !

La voix est forte, l'ordre brutal.

Hardouin-Mansart, parenté au célèbre Mansart grâce à qui il a construit la moitié de son nom pour « se faire connaître et se donner du relief[1] », est debout, impatient.

— Monsieur, bonjour. Je suis pressé.

Jean pense à un oiseau. Un long nez, un cou maigre, des mains aussi fines que les jambes. Un héron perché sur ses pattes.

1. Autre citation de Saint-Simon (qui apprécie peu l'architecte !), reprise dans *Versailles, le chantier de Louis XIV* (Frédéric Tiberghien, déjà cité).

— Il se dit que vous seriez architecte.

Il se dit, vous seriez. Premier coup de bec. Jean corrige : une poule d'eau car il se déplace à la façon du volatile, par saccades, impatient, marchant, s'arrêtant soudain, puis se tournant vers son visiteur, le détaillant un peu, reprenant sa marche (ou le cours de ses pensées). Sans raison, il s'assoit. Ramassé, les bras posés sur les accoudoirs, il observe Jean qui opte finalement pour le rapace, même si l'allure n'est pas guerrière : il est en chemise, col ouvert, une écharpe de soie nouée autour du cou – la marque de fabrique de l'artiste. Celui-ci a sûrement l'esprit occupé par les croquis qui encombrent sa table. L'aile Nord du château, reconnaît Jean.

— Vous vous intéressez à mon travail…

— Pardonnez-moi… bredouille Jean, mortifié de s'être fait prendre en flagrant délit d'espionnage.

— Je vous en prie, répond aussitôt l'architecte en tournant les plans vers Jean. Je dois caser deux pièces où il n'y en a qu'une. Que feriez-vous à ma place, Monsieur… l'architecte ?

— Supprimez ce couloir, répond celui-ci après avoir jeté un simple coup d'œil tant la solution lui semble évidente. Le gain en superficie vous permettra de caser une seconde pièce.

— Entrera-t-on en passant chez le voisin ? se moque l'autre.

— Par l'extérieur, la terrasse de plain-pied. Plus de marches à escalader comme je le vois ici puisque, voyons, il faut descendre puis remonter. Plus de couloirs sombres et sans fin. On profitera de la lumière naturelle. Enfin, plus de bruit, car en marchant dans un couloir on en produit. Aucun des voisins dont vous me parliez ne sera gêné…

Pourquoi ne pas y avoir pensé plus tôt ? Hardouin-Mansart s'en veut, et c'est d'un autre œil qu'il regarde le jeune Le Faillon. Ce garçon aurait-il du génie ? Si le Premier architecte prétend que l'émulation a du bon, il déteste qu'elle s'exerce contre lui.

— Je vais réfléchir à cette idée, répond-il d'un ton glacial. Maintenant, venons à la raison de votre présence. Sa Majesté...

Il déglutit tant la suite lui semble difficile. Le roi. Et quoi ?

— On lui a rapporté de bonnes choses à propos de Saint-Val dont vous êtes, je crois, un peu le chef de chantier...

— Et aussi l'architecte, enchaîne Jean aussi rudement.

— L'architecte, en effet... Bien, très bien... Alors, voici. Sa Majesté souhaiterait s'y rendre afin que vous lui présentiez ce travail.

— Mais se rendre où ? demande sottement son visiteur.

— Entendez-vous ? À Saint-Val...

Troisième partie

Les langues ont toujours du venin à répandre[1].

1. Molière, *Le Tartuffe*.

Chapitre 13

Le mercredi 1er août 1685, le roi se lève bien plus tôt que d'habitude, et rien, ce jour-là, ne se déroulera comme la veille ou le lendemain. Il n'arpentera pas la galerie des Glaces, ne tiendra pas conseil. Il ne dînera[1] pas dans sa chambre, assis à une table, face aux fenêtres donnant sur les jardins où, hier, accompagné de cinquante gentilshommes qui, eux, se tenaient debout, il s'est régalé de melons sucrés que Monsieur de La Quintinie cultive au Potager. De même, l'après-midi, il n'est prévu ni promenade ni chasse, à tir ou à courre, puisqu'il s'absente. À la manière d'un roi nomade, il rendra visite à son royaume.

Sur une idée de Hardouin-Mansart, il va apprécier l'attrait artistique de Versailles pour d'autres car ce qui s'y développe sert, sans conteste, d'exemple et de modèle. Le roi mesurera donc *in situ* le rayonnement de son palais sur ses sujets en passant devant des châteaux, des domaines attestant que les millions de livres investis à Versailles ont fait des petits. Ainsi, il sera démontré que ce chantier dont on ne connaît pas la fin n'a rien de personnel, n'est pas une folie. Il sert le maçon, le peintre, le menuisier, il est le

1. Le dîner correspond à notre déjeuner.

chef-d'œuvre du peuple, participe au progrès de tous comme l'avait compris Colbert. Et qui trouverait à y redire ?

Qu'on se rassure, l'expédition n'aura rien d'extraordinaire. L'absence sera provisoire. Aucune halte. Il n'ira qu'aux alentours. Son retour se fera au souper[1]. Mais c'est un début. Le roi élargira, peut-être, l'investigation si celle-ci est convaincante.

L'aventure sera donc studieuse, éprouvante même, car il faudra battre campagne. C'est pourquoi le départ s'est organisé à l'aube. Et qui regretterait de ne pas en être ? On rentrera crotté, épuisé, le dos brisé par les nids-de-poule et l'on en viendrait presque à plaindre l'habile Hardouin-Mansart, créateur de cette distraction pour se tenir près du roi. En avait-il vraiment besoin ? N'a-t-il pas ses entrées familières ? L'homme est affamé ! Eh bien, courage à l'audacieux. Tenir compagnie à Louis XIV sans produire d'impair et converser adroitement, imaginer le bon mot, le sujet idoine au moment juste, voilà la gageure… Oui, qu'il se débrouille puisqu'il a comploté afin qu'ils soient seuls – stupide méthode pour attiser la jalousie, maladresse de courtisan qu'on lui fera payer plus tard.

Bien sûr, l'indispensable Bontemps sera de la partie, mais, si on excepte l'escorte, à vrai dire, il n'y aura personne de la Cour, pas même une femme… En revanche, une cohorte de commis et de dessinateurs s'entasseront dans des voitures inconfortables et iront à la suite, sans nul espoir de suivre l'attelage léger et puissant de Sa Majesté. Ils prendront des notes, métreront, établiront des rapports, esquisseront le souvenir d'une journée dont Louis sera le surintendant. Ensuite, tout sera consigné, première étape d'une somme

1. Le Grand couvert se tient à vingt-deux heures. La famille royale est présente.

hypothétique que l'on juge sans intérêt. Pourtant, Louvois a voulu en être. On lui a refusé. Il faut un chef des bâtiments. Ce sera le roi. À qui la faute ? Jules Hardouin-Mansart ne cesse de répéter que ce souverain-ci et lui ont l'œil de l'architecte – mieux encore pour le premier – car il n'est pas à une flagornerie près. À force, Sa Majesté y a cru. Elle veut expérimenter son sens de l'art, et la saison s'y prête. Mais il s'agit d'une passade. Ce soir, le roi sera las, déçu par une journée ennuyante. Alors le rythme de la Cour reprendra. Et nombre se félicitent de ne pas vivre ce pensum.

À aucun ne vient l'idée que le roi étouffe, qu'il éprouve de la nostalgie, regrette le temps où, s'évadant de Paris, il décampait à Versailles entouré de fidèles, pour aimer, danser, rire, sillonner à cheval cette terre dure et sauvage où Le Nôtre n'avait pas imposé sa marque. Personne à la Cour n'imagine qu'il fuit pour croquer la vie. Seul Bontemps est dans la confidence, et son œil brille parce qu'il ne fut pas nécessaire de murmurer *Sire, voilà l'heure* pour que celui-ci se lève du bon pied. Le rideau du lit s'est ouvert, derrière, nul commensal et, par un passage discret dont le palais a le génie, ils ont rejoint le carrosse. Hardouin-Mansart attendait, bougon. Il est vrai que, contrairement à ce qui se dit en cour, il n'est pour rien dans cette fugue inédite. Qui est un véritable tour de magie…

— Eh bien, a souri un roi, naturel, habité d'une jeunesse que l'architecte ne connaissait pas. Allons voir les belles œuvres qu'on nous a promises…

*

Hardouin-Mansart pouvait-il refuser de tenir le rôle que le roi lui a confié ? Voilà que surgissent les droits et les devoirs des familiers dont il fait partie : secret absolu…

Rien ne devra être su. Aussi a-t-il feint d'être à l'origine de cette « invention » – car de l'architecture et de l'art, il devine qu'il y en aura peu. Mais si l'on croit ainsi qu'il a l'oreille du roi, qu'il est assez proche pour l'avoir convaincu de l'accompagner hors de Versailles... Alors, fouette cocher !

De sorte que l'Histoire retiendra de la journée du 1er août qu'à Paris, se joue la première d'*Angélique et Médor* du dramaturge Dancourt, qu'à La Haye, la province de Frise fait savoir *par les députés aux états généraux qu'elle a résolu de casser les troupes qu'elle paye dans les cent une compagnies d'infanterie et vingt-cinq de cavalerie qui sont entretenues pour le service de l'État*[1], qu'à Bologne, le compositeur et musicien Pier Giuseppe Sandoni est né, que, non loin de la rive septentrionale du Saint-Laurent, on félicite Madame de Saint-Vallier pour son arrivée en Nouvelle-France, tandis que Madame de Sévigné renonce à la proposition de Louis Charles Albert, duc de Luynes, de l'épouser par crainte de s'éloigner un peu plus de sa fille qui lui manque tant et à qui elle écrit régulièrement. Mais que racontera-t-on sur le roi ? Des heures passées à rouler, et une ou deux à observer des pierres... Pas de quoi figurer dans le *Mercure galant*[2], d'imaginer une intrigue. Et l'Histoire oubliera cette date. Mais il est une autre raison qui pousse Hardouin-Mansart à se taire. Le roi n'a réclamé qu'une seule halte. À Saint-Val.

*

Quelle sotte idée de parcourir quatre lieues pour étudier le travail du jeune Jean Le Faillon, ce paltoquet plus insup-

1. Extraits de *La Gazette* de Renaudot.
2. Le *Mercure galant*, plus tard *Le Mercure de France*, est une revue.

portable que feu Marguerite Pontgallet ? Que déduirait-on à la Cour si l'on apprenait que le roi veut rencontrer l'auteur de ce domaine *de rien du tout*, et lui seul ? Eh bien, que l'artiste qui consacre son œuvre à Versailles est en train de passer de mode… Le roi est connu pour adorer sans partage et rompre aussi simplement. À force de le voir à tout bout de champ, de l'entendre chaque jour, Sa Majesté se lasse et, dans ce carrosse qui hoquette, lui soulève le cœur, son architecte spécule sur le danger qui le menace à quatre lieues de Versailles. Le voici rongé par le doute, imaginant, quitte à enterrer Louvois un peu tôt, qu'il ne sera pas le prochain surintendant des bâtiments du roi.

Dieu est témoin, il a proposé d'autres choix à Sa Majesté, s'aventurant à citer Vaux-le-Vicomte, et s'en mordant les lèvres. On raconte que les splendeurs du château ont irrité Sa Majesté et ne seraient pas pour rien dans la déchéance de Fouquet. Cette maladresse n'avait d'ailleurs servi qu'à se faire tancer :

— Auriez-vous peur d'être comparé ?

Exactement ce qu'il prédisait…

Soit. Ce sera Saint Val, et les voici partis, comme de bons amis, Alexandre aux côtés du roi, collé à lui, Jules, figé, en face… Allant sur des chemins cahoteux, entourés par une garde de huit cavaliers. Quelque part, entre Versailles et Saint-Val, s'échinent à les poursuivre les métreurs, les dessinateurs, les commis chargés de crayonner la France architecturale de Louis XIV en allant dans une voiture… Hardouin-Mansart rumine. Il n'y en a que pour le valet à qui le roi demande de lui parler du passé et des personnes qui en firent partie en codifiant les noms pour que l'*étranger* qui partage le voyage ne sache qui se cache derrière Calliope, Polymnie, Clio, Érato,

Melpomène[1]... C'est assez pour se faire à l'idée qu'il ne compte plus vraiment – le pire étant qu'on l'apprenne. Aussi ne dira-t-il rien de cette épreuve. Du moins, il se le promet, attendant la suite et la façon dont tournera l'affaire.

Il veut comprendre ce qui attire le roi à Saint-Val avant de passer aux oubliettes de l'Histoire le 1er août 1685.

— Nous y sommes, Sire.

Bontemps connaît les lieux, sait qu'ils arrivent à Saint-Val. Aurait-il organisé un repérage dans le dos de l'architecte ?

— Descendons, ordonne aussitôt le roi alors qu'ils ne sont qu'à l'entrée.

1. Noms des Muses, filles de Zeus. Elles étaient neuf.

Chapitre 14

Le roi s'arrêtera à Saint-Val, s'il en a le temps.

— Et visitera peut-être...

Hardouin-Mansart avait ajouté :

— Il vaudrait mieux ne pas vivre d'illusions...

Il avait soufflé le chaud et le froid, torturé Jean et pris du plaisir. C'était sa vengeance, injuste, petite. Il n'avait que ça à se mettre sous la dent. Au moins, savait-il le jour, l'heure ?

L'architecte avait soupiré.

— Au mieux, vous l'apprendrez la veille.

C'était dit de telle sorte que l'événement pouvait ne jamais se produire. Ou dans dix ans.

— Bien sûr, pas un mot. Voyez le résultat si tout cela n'était qu'une plaisanterie...

— Une plaisanterie ? avait répété Jean.

— Comprenez-moi. Ne vous vantez jamais de plaire au roi avant qu'il n'ait lui-même choisi la manière dont il vous croquera. Je sais ce qu'il en est des tocades des princes. Un jour au sommet, et mille autres aux enfers. Mais si vous cherchez à vous attirer des ennemis, allez-y ! Répandez la nouvelle. Racontez que Sa Majesté s'intéresse à un petit entrepreneur...

— Loin de moi cette idée, avait protesté Le Faillon.

— Un mot de trop, je vous traiterai de menteur. Nul besoin de rappeler le mal que vous fit en son temps la veuve Pontgallet.

Hardouin-Mansart s'était levé, l'entretien s'achevait.

— Prudence, modestie et silence. Un faux pas et vous direz adieu à la surintendance qui, on ne sait jamais, vous ouvrira peut-être un jour les bras. Monsieur, je vous souhaite le bonjour.

Et Jean s'en était allé, oubliant, pour un peu, Delaforge et Marolles.

*

En retrouvant Vautron, il avait trop à penser pour le faire justement.

— Tu as réfléchi ?

De quoi parlait le paveur ?

— Bon sang ! Marolles... Faut-il prévenir Delaforge ?

Jean ne savait plus et il finit par suivre l'opinion de l'autre. On ne bougerait pas. Pas un mot, là aussi... Le *Roi noir* ne devait pas savoir.

Avec Amandine, il décida pareillement de garder pour lui ces nouvelles importantes – et peut-être dramatiques. Concernant Delaforge, cela se comprenait. Pour la visite *qui aurait lieu ou pas*, les raisons expliquant sa réserve étaient confuses, lui-même ne voyant pas clairement pourquoi il se taisait. Peut-être à cause du cynisme affiché par l'architecte. Cette visite était incertaine, digne des rêvasseries d'Amandine. Il ne voyait nulle raison d'intéresser le roi. Mais s'il en existait une, Jean préférait l'enfouir. À coup sûr, la jalousie empoisonnait ses pensées. Pourtant, se disait-il l'instant d'après, il était difficile d'ignorer l'attirance d'Amandine pour ce Versailles dont il se sentait rival.

Pendant qu'il y était, ne devait-il pas se méfier aussi du roi ? Et si Jean se maudissait de réagir ainsi, il ne parvenait à oublier le coup d'œil échangé entre *lui et elle* dans la galerie des Glaces.

Allons, tout cela était ridicule, stupide ! Il perdait la raison. Mais comment ignorer que, par le passé, la demeure royale avait tourné la tête de son épouse ? Bientôt, il l'accusa d'être fautive ; c'était encore elle qui, sans pudeur, avait fixé le Soleil. Qui lui s'en moquait… Leurs regards s'étaient croisés à cause de l'effronterie d'une femme trop curieuse. On ne détaillait pas le roi ainsi. Il s'en était étonné, se figeant, voilà tout, devant tant d'audace coupable.

Bien sûr ! se calmait-il, il n'y avait aucun lien entre la visite du roi à Saint-Val et ce moment incertain, impalpable à Versailles. D'ailleurs, l'opinion de Hardouin-Mansart était claire. Personne, surtout pas un *petit entrepreneur*, ne devait croire vraiment que le roi se montrerait un jour ou l'autre. Aussi, Jean avait-il choisi de rester silencieux, refusant de nourrir l'espoir ou la déception.

Puis vint le 31 juillet.

Un homme se présenta à Saint-Val, richement habillé à la façon d'un garde suisse. Il s'annonça colonel et demanda à parler à Jean Le Faillon qui le reçut sans méfiance dans le vestibule.

— Sa Majesté sera là demain. Nous camperons ici.

Dehors, neuf autres attendaient.

*

Louis est descendu le premier. Sauter est plus juste. Hier, il avait près de cinquante ans ; aujourd'hui, il en fait dix, vingt de moins. Une flaque d'eau ? Il s'en moque, passe dedans, encrant le cuir luisant de ses bottes de cernes bruns. Il marche dans l'allée, la remonte, se laisse aller aux souvenirs. Un temps, Versailles fut ainsi, insoumis. Sa nature refusait d'être domptée. Louis XIII, son père, avait conçu une allée débutant à l'aplomb du vieux relais de chasse qui partait à la recherche de la liberté. Puis, il y eut le Tapis vert et, plus loin, le Grand Canal. Les proportions d'alors n'avaient rien d'absolu, de grandiose, c'était un château étriqué, mais Louis Dieudonné tomba amoureux de ses imperfections, des lieux en général, de la vie, là-bas, à laquelle il prenait goût. Et des gens, ses amis, fréquentant cet éden.

Derrière, Bontemps marche à dix pas. Hardouin-Mansart lui tient compagnie. Ou n'est-ce pas l'inverse puisqu'il retient du bras l'architecte qui avance à grands pas ? Le Premier valet donne le tempo pour offrir à son roi ce moment de délivrance. Cassiope, Cléo retrouvent leurs prénoms, Louise, Athénaïs… Qui encore ? Henriette, avec qui s'organisaient déjà des rencontres secrètes[1]…

Le château se cache encore et Louis aime qu'il se laisse désirer. Un dernier coude protégé par un gros chêne creux, comme il s'en trouve dans la forêt de Brocéliande, et le voici. Paisible, rassurant, rien d'extravagant, de pompeux, Saint-Val ne cherche pas à batailler avec d'autres. Le roi ne se rend pas chez Fouquet[2]. La bâtisse ressemble à ce qu'aima son père. Faite de briques et de pierres, celle des

1. Louise de La Vallière, Athénaïs de Montespan et Henriette d'Angleterre.

2. Allusion à Vaux-le-Vicomte dont la splendeur provoqua, raconte-on, l'ire de Louis XIV. Certains expliquent la disgrâce du surintendant des Finances par cette faute de goût qui le mettait sur un pied d'égalité avec le roi, mais il existait d'autres raisons d'arrêter et de condamner Fouquet.

Bourbons dort à présent dans son écrin, enveloppée sous les façades du château neuf élevé par Le Vau puis Hardouin-Mansart. Ainsi, et jusqu'à la fin des temps, les demeures de deux Louis resteront inséparables.

Voici qu'un homme s'approche du roi ; un garde suisse, suivi de près par un enfant qui ne lâche pas son épée en bois.

— Sire, s'incline le militaire. Les lieux sont en sécurité.

— En effet, sourit Louis en regardant l'enfant.

— Je vous présente Antoine Le Faillon, s'amuse l'officier. Il est le cerbère et veille sur Saint-Val.

— Pour vous servir ! s'égosille le petit en saluant Sa Majesté à la manière d'un chevalier.

*

Que racontera-t-on de cette journée ? Qu'elle fut courte, en effet, et sembla durer une éternité. Pourtant, le roi ne doit pas rester plus d'une heure ou deux. C'est assez pour effrayer Magdeleine qui perd sa contenance en servant un peu d'eau fraîche mêlée à du vin à Sa Majesté, se maudissant mille fois de n'avoir préparé qu'un maigre repas. La faute en revient aux gens d'armes qui n'ont accouru que la veille, et fort tard, bougonne-t-elle en cuisine. Il y a, toutefois, des fruits et des rôtis, servis sur la table nappée, fleurie et dressée dehors. Le roi y tient. Bontemps, debout, mange de bon cœur. Et Hardouin-Mansart se plaint d'être barbouillé.

Les autres ?

Antoine campe sur ses jambes puisqu'il doit protéger le roi. Échappant à la main de sa mère, il s'approche même un peu trop et demande ce qu'il faut faire pour devenir chevalier.

— Servir Dieu, aimer son roi, être juste, répond-on.

Lorsque Louis prononce le mot *aimer*, son regard s'arrête sur celui d'Amandine.

*

L'annonce du colonel des gardes suisses avait créé la folie. Un coup de tonnerre… Le roi, demain, à Saint-Val. Pourquoi ?

Amandine se tordait les mains, tournait dans tous les sens, ne comprenait pas. Jean affirmait que ce n'était qu'une hypothèse émise par Hardouin-Mansart, lui-même n'y croyant pas. Ce qui ne changeait rien à la donne.

— Tu aurais pu m'en parler…

— Pour que tu rêves encore ! avait-il lâché sèchement.

Amer, il y avait de quoi l'être. En général, il demeurait la semaine à Versailles pour suivre les chantiers en cours. Il n'aurait pas dû se trouver à Saint-Val. C'était une autre raison de se tordre le ventre.

— Que vient-il faire chez nous ? avait murmuré Amandine.

Ils ne se lâchaient pas des yeux. Et qui allait mentir ? Jean crevait d'envie de lui jeter qu'il la croyait responsable ; elle et ses airs d'aguicheuse avaient fait des ravages.

— Je pense… commença-t-il.

Elle voulait peut-être entendre les mots qui, à lui, auraient fait très mal : *il est là pour toi, pour te regarder encore…*

— Saint-Val, se décida-t-il. Le roi veut voir ce que nous en avons fait.

Et ce *nous* était la seule façon de s'accrocher à elle.

— Qu'y… Qu'y a-t-il de si… particulier… ici ?

Elle jetait un regard circulaire et se plaçait ainsi au centre.

— Tu lui demanderas à lui !

Elle n'avait pas même protesté, ni fait mine de s'étonner, comme si l'un et l'autre savaient déjà ce qui était en train de les détruire. Puis il avait fallu s'occuper de préparatifs dont, d'ailleurs, ils n'avaient aucune idée. Le chef des gardes affirmait que le roi en campagne réclamait peu.

— Sa Majesté passera peut-être. Mais de là à s'arrêter...

Il répétait les mêmes mots que Hardouin-Mansart.

Jean n'avait prévenu personne. Il respectait les ordres de l'architecte, et Saint-Val tenait un siège. On avait installé pour les hommes du roi des lits garnis de linceuls, et ils avaient eu droit au feu et à la chandelle [1]. Leurs pas martiaux alourdissaient la veillée. Pourquoi ? À quelle heure ? Que fallait-il prévoir ? Ils s'étaient couchés ainsi, tournant et retournant chacun ses questions, chacun dans son lit, car Amandine avait prétexté l'excitation de son fils pour dormir près de lui.

À l'aube, on se réveilla le corps lourd et la tête vide. Ils ne vivaient pas un rêve. Jean faisait la ronde à l'entrée tandis que Magdeleine et Amandine s'activaient en cuisine.

— Vous verrez, avait dit l'officier. Le roi de la Cour est très différent. Celui-ci ressemble plus à un homme.

Et c'était sans doute cela qui inquiétait autant Jean.

*

Le repas pris rapidement, Jules Hardouin-Mansart se voit sur le départ et le voici soulagé. Pour quelle raison

---

1. Les soldats en campagne dormaient chez l'habitant. Ils avaient droit à un pot, une écuelle, une place au feu et à la chandelle (de quoi se chauffer et s'éclairer), un lit garni de linceuls (draps).

ont-ils fait une halte inutile ? Mais l'épreuve se termine sur un point positif : il ne risque pas grand-chose du courtisan de pacotille expliquant à un Louis XIV fort patient comment furent agrandies les ouvertures et combien de peintres travaillèrent sur les plafonds marouflés du salon. Des tableaux pédants mettant en scène les dieux Neptune et Vulcain, cernés de créatures géantes, sans doute des Titans de l'Antiquité, le tout baignant dans un flot de feu et d'argent[1].

— Vous en êtes l'auteur ?

Voilà que le roi fait mine de s'y arrêter…

— Oui, Sire, répond Le Faillon. Mais il faut aussi parler de l'équipe dirigée par Pierre Lobiot, formé chez le maître Le Brun.

Cet air majestueux, Hardouin-Mansart le connaît bien. Le roi aime. Oui, il apprécie ! Tudieu, il y a encore du travail, enrage-t-il, avant que le mécène égale son Premier architecte. Enfin quoi, un manoir de province perdu dans la campagne. Certes, concède-t-il, on y trouve le charme des choses vieillottes, mais, pour tout dire (à lui-même, seulement), Saint-Val n'a rien d'actuel, il appartient au temps de Louis XIII. Exactement ce que son fils a voulu faire disparaître. Sans parler (surtout pas à haute voix puisque le roi se plaît) du caquètement des poules qui pondent au loin. Plus près, est-ce mieux ? La broderie des buis mériterait d'être taillée plus court, et ce n'est pas le jardinier d'ici, peinant sur ses jambes, qui peut rivaliser avec l'armée de Le Nôtre. En voilà assez ! La leçon est finie, son talent en sort triomphant. Oui, décide-t-il, *sub secreto*, il faut partir. Et voilà ce qu'il entend aussitôt :

1. Pour la description complète de la restauration de Saint-Val, lire *Les Glorieux de Versailles, op. cit.*

— Bontemps…

— Oui, Sire,

— Nous reste-t-il assez de licence pour marcher encore ?

— Le carrosse ira plus vite au retour.

— Madame, glisse-t-il alors, en se tournant vers Amandine, nous ferez-vous le plaisir de nous accompagner ?

Le roi n'est-il pas partout chez lui ? Et ce qu'il veut…

*

Pour d'autres raisons que le Premier architecte, Jean se demande combien de temps durera cette comédie. Maintenant, ils sont aux jardins et le roi n'en a que pour sa femme. Il met son pas dans le sien, tend le bras lorsqu'elle trébuche sur un caillou blanc. Et elle, rougit lorsque l'auguste compare les roses aux tentatrices.

— Les vôtres piquent-elles celui qui y prend goût ?

Elle ne sait quoi répondre, tourne la tête, regarde Jean – et n'est-ce pas pour le supplier de venir à son secours, de la sauver ?

— Sire, voilà l'heure…

Bontemps a prononcé les mots qui, chaque matin, installent cet homme dans le rôle de Louis XIV. C'est imperceptible. Le roi libre, le roi d'avant s'efface, et le Soleil redevient lui-même.

— Monsieur Hardouin-Mansart ?

— Oui, Sire.

— Monsieur Le Faillon a du talent. Il faudra veiller à ce que Versailles en profite.

Puis il se tourne vers ses hôtes.

— Ce fut un beau moment. Nous l'apprécions plus encore que vous ne pouvez l'imaginer.

Bontemps est parti chercher le carrosse. Lui choisit une rose, l'arrache, un pétale tombe, le reste se niche dans sa main.

— Il y avait les mêmes à Versailles, au temps de mon père.

Un geste, une main qui se tend vers celle d'Amandine.

— Je vous la rends et vous libère… pour un temps.

Voilà, c'est fini. César part. Quand le Premier valet revient seul sur ses pas.

— Le roi aurait grand plaisir à vous revoir à la Cour.

À qui s'adresse-t-il ?

*

— Qu'en dites-vous, Bontemps ?

Ils sont dans le carrosse. Hardouin-Mansart se tait.

— Admirable, Sire… De toute beauté.

Parlent-ils de Saint-Val ? Sont-ils aveugles ?

Soudain, il capte le sourire de carnassiers qu'échangent les deux hommes – et c'est lui qui se traite d'imbécile.

Il croit avoir enfin compris.

Chapitre 15

RETOUR À VERSAILLES à la tombée du jour. La parenthèse est terminée. Au souper du Grand couvert, le souverain endosse la tenue de Louis XIV. La foule a envahi l'antichambre ; c'est la rengaine de la veille. S'y ajoute la famille, et le roi s'intéresse à tous les sujets, ce mot englobant les personnes et ce dont elles discutent. Mais lui parle peu de sa journée. On spécule. Qu'a-t-il fait ?

Le marquis de Biège a mené une course effrénée à travers les couloirs pour glaner des renseignements. Il en arrive essoufflé et plutôt satisfait. Bon prince, Alexandre Bontemps a accepté de livrer quelques détails. Ainsi, le roi a fait une halte fortuite aux abords d'un manoir dont l'allure pastorale lui a rappelé le temps où Versailles était moins policé. Mais avant que le curieux n'en demande davantage, le Premier valet a ajouté que, au retour, Sa Majesté a repéré une forêt où la chasse semblait prometteuse.

Le marquis a tendu le menton. Il n'était pas rassasié.

— Près de Marly, fit mine de céder Bontemps comme si Biège lui crevait le cœur, mais c'était une belle façon de brouiller les cartes – de noyer le poisson de Saint-Val.

Marly, l'autre merveille, pendant miraculeux de Versailles. Ce domaine construit par Hardouin-Mansart est le refuge intime de la famille royale étouffée par les contraintes de la vie publique. Composé d'un pavillon royal et de douze pavillons secondaires accueillant des invités extrêmement privilégiés, Marly se présente à l'inverse de Versailles. Tout est conçu pour que l'on s'y sente en paix. À Versailles, on s'expose. Ici, les creux, les bosquets et les promontoires sont des frontières douces et naturelles qui recréent une impression de liberté aux antipodes de l'exposition continue et bruyante de la vie de cour.

L'eau, à l'inverse de son aîné, s'y offre avec abondance. La fabuleuse Machine de Marly, une pompe destinée à puiser la Seine afin d'alimenter les bassins de Versailles, a au moins servi à cela. Si le monumental mécanisme s'épuise en chemin, ne livrant pas à sa destination finale la moitié de ce qu'on espère, à sept kilomètres de là, plus près de la Seine, se trouve Marly où la manne arrive à profusion. Louis, ce grand amoureux, a eu le *béguin* pour les lieux. Son entêtement à soumettre le royaume de Neptune y est pour quelque chose. Il déteste qu'on lui résiste. Les millions de livres engloutis dans l'engin ont trouvé leur raison d'être. Marly est né, le résultat est si réussi, l'œuvre de Hardouin-Mansart si admirable, que l'attachement du roi à ce petit paradis se comprend [1].

— Marly. Bien sûr… Et vous dites qu'il existerait une forêt luxuriante, insistait le marquis de Biège, décidé à trouver le détail croustillant qui nourrirait les cancans de la soirée.

— Le roi aime Marly, vous le savez.

Plus on en approchait, plus Saint-Val s'éloignait, calculait un Bontemps moins sur ses gardes qu'à l'habitude.

1. Construit à partir de 1679, ce bien exceptionnel fut détruit dès le XVIIIe siècle. Il ne reste que l'intention du parc et les fondations des pavillons…

L'escapade l'avait également rajeuni. Ce moment léger, sans les faussetés de la Cour, lui rappelait les méandres des amours secrètes d'un roi jeune dont il veillait à effacer les traces.

— Certes, mais le gibier ne manque pas à Versailles, s'entêtait le marquis.

— Celui de Marly semble plaire davantage à Sa Majesté.

Et Bontemps pensait à tout autre chose.

— Tudieu, postillonna le courtisan. Faut-il que, nous aussi, nous nous mettions à aimer ces nouveaux lieux ?

— N'allez pas croire que Versailles perdra sa primauté, corrigea vivement Bontemps – tout cela menait trop loin –, et si vous en parlez, je jurerai que c'est faux, se crut-il obligé d'ajouter.

Mais en se tendant, il produisit l'effet inverse. Dans la tête du marquis, Marly entra en concurrence avec la ville royale.

Un doux frisson courut sur son échine.

— Bouche cousue… grimaça-t-il.

— C'est un devoir ! insista Bontemps, au risque d'aggraver le malentendu.

— Muet comme une carpe de Marly, s'amusa le marquis bavard, et pressé de retrouver Hardouin-Mansart.

*

Ce que l'architecte dira ou pas, ce soir, est donc essentiel, mais, qu'en est-il à Saint-Val au même moment ? Alors que le roi rejoint ses appartements privés après le Grand couvert, Amandine est seule dans sa chambre. En apparence, Saint-Val est tranquille ; les gardes ont disparu peu après le départ du carrosse royal. Les chevaux ont soulevé la poussière, le bruit sourd de leur galop s'est entendu longtemps, derrière la courbe du chemin, puis le silence est retombé d'un coup. Lourd. Pesant. Jean s'est lui-même éclipsé sans un mot. Il s'est enfermé dans son atelier. Il a peint. Dans les moments de crise, l'appel impérieux de l'art auquel il a renoncé pour diriger l'entreprise remonte, gronde tel l'orage qui enflamme ce soir d'été. Lourd. Pesant. On étouffe. La nuit vient. Un éclair illumine les chênes. Antoine se niche dans la robe de sa maman.

— Tu es triste parce que papa est parti à Versailles ?

Jean était sorti de son atelier pour ne dire que ça :

— Je rentre à Versailles.

Rentrer… Mais c'est ici, chez lui. Yeux baissés, il avait prétexté une réunion sur un chantier le lendemain matin. Il avait embrassé son fils. Il chevaucherait une partie de la nuit, le cheval pouvait se blesser, lui tomber. Alors, personne ne viendrait l'aider.

— Pourquoi es-tu triste ? répète l'enfant.

Amandine aurait du mal à s'expliquer, et quand bien même, bien sûr, elle ne dirait pas un mot à son fils. Est-ce la peur de perdre Jean, et pas seulement à cause d'un accident, ou est-ce l'apparition du roi, inattendue et si troublante ?

— Il est tard. Va sagement te coucher.

Autant vouloir convaincre un âne d'avancer ! La journée a bouleversé l'enfant qui ne tient plus en place. Il veut parler du roi, expliquer comment il s'en est bien occupé, a veillé sur lui tel un chevalier. Et combien de questions a-t-il oublié de lui poser ? Le trésor de Saint-Val, les passages secrets… Un roi doit savoir !

— Quand reviendra-t-il ? demande Antoine.

Il ne doute de rien. Le revoir ? Ce qui hante Amandine.

Après de longues palabres, elle convainc son fils que rien ne se produira ce soir, qu'il faut fermer la porte, et l'enfant qui a faim se laisse attirer par Magdeleine. Elle a promis du pain perdu.

— Je m'en occupe, chuchote la brave femme en prenant la main d'Antoine. Allez vous reposer.

Pas besoin d'être devineresse pour comprendre que tout ce chahut a bouleversé l'harmonie de Saint-Val.

*

Le marquis de Biège cherche Hardouin-Mansart qui, lui, ne se montre pas. Eh quoi, avant de tirer des plans sur la comète, il faut vérifier. Bontemps est adroit, bon manipulateur. Mais tout de même, en le soumettant à la question à propos de Marly, son air avait drôlement viré au vert. Et ces dessinateurs, ces métreurs, ces commis de la surintendance n'avaient pas arpenté inutilement les terres voisines de Versailles.

— Ah ! Mon très cher Hardouin-Mansart, lance le courtisan au-dessus des têtes qui font barrage. Attendez-moi, j'approche…

*

Maintenant, Amandine est dans sa chambre. Le lit semble trop grand, la pièce immense. Saint-Val n'est pas fait pour elle… La lettre annonçant que le *Roi noir* lui offrait ce domaine lui a toujours semblé irréelle. Pourquoi ce cadeau ? Les raisons restent obscures et elle soupçonne Jean de ne pas avoir tout dit. Il la croit rêveuse, naïve, éloignée des réalités, mais elle devine qu'on ment ; qu'au moins, une partie de la vérité est cachée. Est-ce pour cette raison qu'elle éprouve une gêne, se sent étrangère aux lieux ? Si le *Roi noir* fut sa *bonne étoile*, le temps a passé. Elle n'est plus une enfant. Ces histoires se racontent à l'âge d'Antoine. Mais aujourd'hui, elle veut combler les vides, comprendre qui fut le *Roi noir* pour elle, sa famille et pourquoi sa grand-mère en avait peur et le maudissait. Jean serait surpris d'apprendre que l'oie blanche ne l'est plus.

Amandine fait face à son miroir, elle est nue, détaille son corps sans complaisance, et n'y trouve rien à redire. Sa beauté est une grâce venue par miracle et qu'elle porte comme une croix. La taille étroite, le ventre plat, les jambes élancées, les seins pleins et gonflés comme des fruits d'été, c'est un corps qu'on désire, elle le sait. Elle l'a vu dans les yeux du roi et le passé qui la hante a fait surface. Cette nuit, le valet qui la viola revient sur la terre. Tous les hommes sont pareils ! s'emporte-t-elle, réalisant combien ses rêves étaient enfantins. Dieu, quelle idiotie de s'être accroché au regard royal dans la galerie des Glaces. Le sien, se jure-t-elle, ne se voulait pas racoleur. Une provocation, une manière d'exister plus qu'une autre, une coquetterie, quelque chose comme cela – et la foudre est tombée. Jean, le seul à avoir été toujours bon, s'est éloigné quand le roi n'en veut qu'à sa taille, ses seins, son ventre ! Elle tremble en imaginant une main étrangère se posant sur elle. Toute l'impureté qui lui a fait tant de mal surgit, se cristallise sur le roi de Versailles, maître d'un monde fardé. L'odeur, la cruauté, la violence du valet reviennent et se mêlent au parfum de lilas que portait le roi, et ce à quoi elle croit vraiment se montre. Elle aime Jean, en est sûre. N'est-ce pas qu'il comprendra, lui pardonnera ? Elle se jette sur leur lit, pleure son chagrin. Jean… La preuve que tous les hommes ne sont pas pareils.

*

Louis XIV se couche, le rideau tombe, il ne rejoindra pas Madame de Maintenon. Ses pensées repartent à Saint-

Val et l'on serait surpris de découvrir ce qui niche dans son cerveau. Nulle envie de séduire, de prendre. Antoine, par exemple, se présente le premier parce qu'il ressemble à lui, à Louis Dieudonné, ce gamin de cinq ans ou presque qui accompagnait son père à Versailles[1]. Saint-Val vient ensuite parce que le château se rapproche de celui qu'il connut. Le Faillon, pense-t-il sincèrement, a du talent et, n'en déplaise à Hardouin-Mansart, il travaillera pour lui. Alors, seulement, arrive Amandine. Quand une main se pose sur son épaule :

— Saint-Val, murmure Bontemps. Le bruit court déjà…

Et comment croire qu'il pouvait en être autrement ?

1. Description de ce moment marquant dans *Un jour je serai Roi.*

Chapitre 16

ON RACONTE QUE LA FUREUR des dieux de l'Olympe s'exerce sur le mortel qui ose s'exposer. Pour vivre heureux, il faudrait rester caché. Ainsi, en fuyant les lumières du monde, il existerait une petite chance d'échapper au sort tragique que Racine réserve aux héros. Phèdre et d'autres en savent quelque chose. Amandine a levé les yeux, alerté les Cieux. La machine est lancée. La suite ne lui appartient plus.

*

Ce jeudi 2 août 1685, Jean entre à Versailles avant l'aube. Il se glisse dans la maison de ses parents. Son père est en bas. Il dort dans un lit installé près de la cheminée. Depuis sa chute, il n'est jamais retourné à l'étage, ne se couche plus près de Mélisande. En entrant, Jean le réveille. Rien de grave, lui assure-t-il. C'est à cause d'une réunion, tôt ce matin. Tout va bien, il faut se rendormir.

L'infirme force sur les bras pour se redresser.

— Du nouveau du côté de la surintendance ?

Depuis l'entretien avec Hardouin-Mansart qui remonte à une quinzaine de jours, il houspille son fils, espérant que cette rencontre prometteuse donnera enfin des résultats.

Jean a fait un compte-rendu plutôt flou. Il n'est rien sorti de précis ; une vague promesse concernant les futurs travaux de Versailles. Bien sûr, il n'a jamais parlé de la visite éventuelle du roi à Saint-Val.

— Et la construction de l'aile Nord ? insiste son père.

Les marchés sont passés. Le Faillon et consorts n'en seront pas. Que reste-t-il ? Le chantier de la rivière de l'Eure qui doit alimenter les fontaines ? Non merci. Les forçats – il n'y a pas d'autre mot pour décrire les conditions – y tombent comme des mouches, enfiévrés par les mauvaises humeurs de la tourbe. Creuser, raviner, voilà tout. Il n'existe aucun génie dans ce travail, nul espoir de réaliser un chef-d'œuvre, et vingt livres à la clef par homme et par mois. Quel profit ? La misère et la mort. Personne n'envie le terrible privilège des soldats de suer sang et eau sous un soleil de plomb. Jean connaît la vie d'esclave. C'était sur les bords de la Seine. En ce temps-là, on espérait un miracle de la Machine de Marly. Lui avait failli crever, avalé par la boue qui s'était brusquement déversée dans le boyau étroit où ses semblables plantaient des pieux[1].

— Il paraît qu'on va démolir la grotte de Thétis, insiste son père qui, cette fois, est bien réveillé. Pourquoi ne pas tenter notre chance ? Tu peux faire une offre. Ce serait un bon début. Une manière de revenir dans la partie…

*

C'est ainsi à Versailles. On bâtit et détruit. On jette ce que l'on a aimé pour s'attaquer à de plus grandes choses, parce que le miracle doit être continu, le spectacle sans cesse renouvelé.

1. Voir *Les Glorieux de Versailles*, *op cit.*

La grotte de Thétis a le triste privilège d'avoir été érigée sur le futur emplacement de l'aile Nord. Adieu le passé, place au futur. On rasera une merveille dédiée au soleil, l'astre gouvernant Versailles qui, chaque soir, termine sa course auprès de Thétis, la fille féconde d'Ouranos et de Gaïa[1], avant de reprendre au matin le cycle éternel. La raison d'être de son royaume est aussi un peu triviale. S'y dissimule un réservoir alimentant des fontaines, et ce qui ne serait ailleurs qu'un simple local est devenu l'exemplaire démonstration du génie des artistes travaillant pour Versailles.

Apollon et les nymphes logent dans cet asile enchanteur, mais, pour les approcher, il faut tirer la grille, entrer, vaincre sa timidité. Apollon attend, entouré de fougueux entiers, les chevaux du soleil. Voici de quoi réjouir l'heureuse Thétis, déesse marine, puisque l'eau, à Versailles, musarde toujours avec la sensualité. Un pas encore pour admirer les murs couverts de coquillages, de pierres, de galets polychromes qui renforcent l'illusion de plonger dans le monde aquatique ; un pas de plus pour tendre la main vers les nymphes de marbre lavant Apollon nu tandis que le berger Acis, sculpté dans la même matière, se laisse bercer par les murmures de l'eau mis en son par le fontainier Francine. Il s'agit d'un orgue hydraulique que l'art italien jalouse. Plus beau, plus poétique, cela semble impossible. Pourtant, Thétis, sa grotte et tous ses invités sont en train de disparaître[2].

— Ils ont commencé à casser, annonce Jean à son père. Il est trop tard pour se mêler à la danse.

— Tu vois, soupire son père, ça aussi, je l'ignorais... Je ne suis plus bon à rien.

---

1. Ouranos, le Ciel ; et Gaïa, la Terre.
2. Les sculptures furent déplacées, le bosquet de la Renommée prenant alors le nom du bosquet des Bains d'Apollon.

— Ne t'inquiète pas, sourit Jean. Nous avons du travail par-dessus la tête.

— Peut-être, grommelle le vieux. Mais ce qui compte, c'est le chantier de Versailles. C'est comme ça qu'on devient glorieux.

— Ce n'est pas ainsi que je vous nourrirai tous, murmure Jean sans que son père l'entende.

Il claque la porte. L'air manque aussi par ici.

*

Jean est épuisé, mais serait incapable de dormir. Il s'en veut d'être parti de Saint-Val, sur un coup de tête, sans prendre le temps de s'expliquer avec Amandine.

Quel reproche lui adresser, d'ailleurs ? Pendant la visite de Saint-Val, elle était effacée, ne décollant pas son époux, cherchant même sa protection. Que faut-il de plus pour se convaincre de sa loyauté ? Dans le jardin, alors que Sa Majesté la voulait à ses côtés – et peut-on refuser son bras ? –, Jean se souvient, qu'à plusieurs reprises, Amandine a supplié son secours, le regard perdu. Mais le roi est beau, séduisant... Et il est le roi.

Je vous libère pour un temps. Ce sont ses paroles. Et qu'a dit le valet Bontemps au moment de partir ? *Le roi aurait grand plaisir à vous revoir à la Cour.* Jean l'a pris pour un ordre et *vous* ne s'adressait pas à lui. *Pour un temps...* Sa Majesté fixe quel délai à une femme pour qu'elle exauce ses désirs ?

La rage monte, l'aveugle. Il n'existe nul espoir de rivaliser avec le Soleil ou ces dieux ayant pris Versailles pour havre, et si, à aucun moment, Jean ne s'est senti trahi par Amandine, rien n'est plus facile pour Apollon d'arracher un cœur ou une rose. Il n'a qu'à vouloir. Non, ce roi-ci ne s'est pas amendé du reproche des dévots : séduire, conquérir dans son lit.

Cette seule idée met Jean hors de lui. Il ne renoncera pas. Jamais. Comment se battre ? s'entête-t-il, car il ne peut exister une autre raison qu'Amandine pour expliquer le *rendez-vous* de Saint-Val. *Je vous libère… pour un temps, le roi aurait grand plaisir à vous revoir à la Cour…* Ces mots ne peuvent le tromper. Saint-Val ? Allons, le manoir est charmant, on lui prête de multiples qualités, mais aucune ne justifie la comparaison avec Versailles, son écrasant adversaire. Oui, comment lutter ? La colère, la fatigue se liguent, le poussent à la révolte. Il n'existe nul compromis s'il s'agit d'Amandine.

D'abord, il se tiendra le plus loin possible de l'ennemi en renonçant à travailler pour sa surintendance, même si ce n'est pas ce qu'il dira à son père et aux compagnons de l'entreprise pour expliquer pourquoi il se moque de l'aile Nord. Il ne se plaindra jamais de ne pas être l'un des bâtisseurs construisant pour l'éclat du roi et, s'il s'agissait d'un espoir, il prend fin, comme celui de peindre, puisque renoncer semble être sa seule façon de rester libre. Personne – jamais ! – ne le forcera à se courber devant Hardouin-Mansart qui le déteste – c'était évident à Saint-Val. Et si le roi veut le faire travailler – une gratification en échange de la chair dont il s'emparerait ? – Jean refusera [1].

Toutes ces belles résolutions ne valent que si Amandine les partage – si eux deux font corps. Résister, elle aussi, le veut-elle ? Ce n'est pas en étant fâchés que Jean connaîtra la réponse. À quoi lui servent l'aigreur et la rage s'ils

1. La réaction de Jean rappelle celle du marquis de Montespan, cocufié par le roi et qui ne l'accepta pas. Jean Teulé y a consacré un livre (*Le Montespan*, Julliard).

n'affrontent pas ensemble la tempête ? Ainsi, l'un et l'autre, tels des inséparables, souffrent du même mal sans le savoir. Ils s'aiment aussi fort, Amandine a pleuré toute la nuit et Jean vient pourtant de décider qu'elle finira par céder tant le poison est tentant. Et lui succombe à celui de la jalousie car, homme ou femme, personne ne triomphe d'Apollon.

*

Le voici devant cette aile Nord dont parlait son père. Ses pas l'y ont mené presque par hasard. À l'opposé, il y a le Parc-aux-Cerfs où il bâtit de saines maisons. Ici, siège sa malédiction.

L'appendice se dessine à peine. Il y en a pour des années, mais Jean connaît les plans pour les avoir si souvent étudiés avec les maîtres bâtisseurs, ses amis Mazière, Bergeron, Le Maistre… Une fois achevé[1], l'ensemble s'équilibrera car une aile sœur existe au sud[2]. Vu du ciel, cela ressemblera à un oiseau aux dimensions titanesques. Le corps sera symbolisé par le château proprement dit. Et les ailes… Eh bien, décide Jean, ce sont celles d'un aigle planant au-dessus du troupeau et choisissant cruellement sa proie pour l'étouffer dans ses serres.

Dans ce bâtiment, une longue galerie au plafond voûtée desservira les appartements des princes donnant sur les jardins. Elle sera certainement décorée de bustes, de statues. L'entreprise Pontgallet est connue pour son savoir dans le travail des pierres. Devrait-elle tailler les gisants des victimes du roi de Versailles ?

1. L'aile Nord est achevée en 1689.
2. L'aile Sud est achevée en 1681 par Hardouin-Mansart.

La colère de Jean ne faiblit pas. Ce château lui a tout pris ! Son père, gravement blessé, son amour de la peinture, ses amis, morts sur le chantier. Impossible d'oublier le valet qui viola son épouse ! Et voici que c'est elle, maintenant, que l'on cherche à lui dérober !

— Versailles, je te hais pour le mal que tu fais ! hurle-t-il.

Au loin, le maître maçon Pierre Thévenot lève la tête en entendant les cris. Il a reconnu Jean et le salue. Mais ce dernier a déjà tourné le dos.

Chapitre 17

HARDOUIN-MANSART vit en plein désordre. Cette journée du 1er août fut un désastre. Il oublie les heures à se faire charroyer sur des chemins bosselés, fait fi de la complicité entre Bontemps et le roi qui l'ont ignoré au retour, mais, de grâce, passer pour un sot ! On le croit vexé, c'est faux. Ce caractère trempé, forgé dans les braises brûlantes de Versailles, sait qu'il ne faut jamais prêter le flanc à la critique. Un instant de magnanimité, une saillie à laquelle on ne réplique pas assez vite, et le prestige s'en ressent aussitôt. Non, la place de Premier n'est pas une sinécure, le rôle réclame une vigilance constante. Si le statut de familier est une protection, l'armure ne supporte nulle faiblesse.

Par quoi fut-il le plus atteint ? L'enchantement stupéfiant, et peut-être sincère, du roi à propos de Saint-Val est un morceau de choix dur à avaler. Hardouin-Mansart veut croire qu'André Le Nôtre s'étoufferait pareillement si, par malheur, il apprenait combien leur redoutable mécène s'est extasié devant une broderie de buis mal taillé et un bassin médiocre, vermoulu, où des carpes se nourrissaient de boue. La mauvaise foi de l'architecte est à son comble, mais en repensant à l'intérieur, il se montre plus prudent. Et consent même que Le Faillon a réussi l'exercice. Sans conteste, il y a de la force, de l'équilibre et peu de pédanterie dans les décorations des salons. Les pièces sont vastes, les ouvertures équilibrées, les volumes intéressants et, si la taille et la pose des cheminées sont l'œuvre (le mot lui arrache la gorge) de l'entreprise Pontgallet, il les prend en exemple et, s'avoue-t-il difficilement, il regrette qu'un tel talent ne soit pas à son service.

En y réfléchissant encore, il admet que Le Brun lui-même saluerait l'exécution savante des tableaux marouflés décorant les plafonds. En somme, il faut s'y faire, Saint-Val est une réussite et, parce qu'il ne laisse aucune place au hasard, Hardouin-Mansart s'informera discrètement sur ce peintre dont Jean Le Faillon a fait mention : Pierre Lobiot. C'est noté… Quoi d'autre ? Eh bien, le prix faramineux de la restauration d'un ensemble dont le couple aurait hérité. Nom d'un chien, de quel droit et par quel miracle ? La réponse fut alambiquée, donc suspecte. Le Faillon se reprit et finit par parler de simple mise à disposition quand il fut question du donateur, un étrange personnage, espagnol de surcroît, sans même que cela étonnât le roi. Sans même qu'il s'en préoccupât. Mais lui, le fera. Il poussera les investigations, décortiquera Jean Le Faillon et saura par quelle façon lui et ce clan, hier ruinés, ont pu reprendre l'ascendant.

Mordiou, tempête Hardouin-Mansart, tout cela n'est que billevesées eu égard à ce qu'il a enduré dès son retour à Versailles. Marly, quelle invention de Bontemps. Marly ! Mais ils n'y ont pas mis les pieds et le carrosse en est passé loin.

— Enfin quoi, Monsieur le Premier architecte, insistait le marquis de Biège, que nous cachez-vous ? Alexandre Bontemps a été précis. Le roi a découvert une forêt… Vous a-t-elle échappé ?

Il adorait son rôle et, en entendant les gloussements du rang serré de courtisans qui l'entouraient, il se savait soutenu.

— Quel projet se cache derrière la visite à Marly ?

— Je n'en sais rien, avoua le pauvre Hardouin-Mansart.

— L'entendez-vous ? lança le marquis bavard en tournant la tête de moitié vers son auditoire.

Et Molière n'aurait pas trouvé plus adroite mise en scène pour ses *Précieuses ridicules*[1].

L'allure, le ton, la méthode mirent l'architecte hors de lui.

— Monsieur, la journée fut bien assez épuisante. Moi aussi, j'ai droit à un peu d'oisiveté...

— Permettez, se raidit Biège, je rapporte ce que m'en a dit Bontemps. Vous allâtes jusqu'à un manoir sans grand intérêt et...

— Je vous l'accorde, brisa l'architecte sans se méfier. Saint-Val ne mérite pas le détour.

Et ce détail ne tomba pas dans l'oreille d'un sourd.

— Expliquez-nous alors pourquoi le roi s'y rendit ?

On répondit par un silence qui fit plus que le tonnerre.

— Saint-Val... murmura Biège en fronçant les sourcils.

— Jean Le Faillon y habite avec sa charmante épouse, se mêla soudainement une autre voix. Pour construire, j'ai fait appel à l'entreprise Pontgallet qu'il dirige avec talent.

— Il nous le cachait par peur de la concurrence, railla Biège qui se vengeait de la pique de l'architecte à propos des oisifs.

Et le coup fit mouche.

— Les œuvres qui s'y voient... commença l'architecte.

1. Pièce dans laquelle Molière se moque des affèteries des précieuses.

Mais en se rendant compte qu'il allait trop loin, il rompit.

— Je reconnais qu'il y a du bien. Bonsoir, Monsieur.

Il filait quand une main solide le rattrapa par la manche. Il se tourna, c'était un vieillard.

— J'ai entendu le nom de Le Faillon et celui de Pontgallet.

L'homme portait la tenue de l'ecclésiastique.

— Qui se flatte d'être indiscret ? s'emporta le supplicié.

— Joseph de Marolles, missionné par François d'Aix de La Chaise, confesseur de Sa Majesté.

Chapitre 18

LE ROI SE COUCHAIT, et le fidèle Bontemps s'était approché de lui : *Saint-Val, le bruit court déjà...* Il n'existe guère de portraits solennels du Premier valet. Sans doute le doit-on à sa mesure et à sa discrétion, bien qu'il tienne plus de place dans le cœur du roi que nombre de mortels. Il est le fidèle, l'inestimable, l'indispensable, mais au-delà de tout, son grand rôle est de dulcifier la vie de Louis XIV. Suzerain à vassal, le terme n'a rien de péjoratif. En y pensant davantage, il aurait pu être l'écuyer au temps de la chevalerie, et ce n'est pas, loin de là, comme maître à esclave.

Bontemps porte le bouclier du chevalier roi qui, en retour, le défend. Mais lequel est le plus protecteur ? Bontemps doit foi et hommage au roi, pourtant le respect est égal chez les deux. Ils sont liés à jamais, unis au combat et dans la paix, ils partagent les jours et les nuits, de sorte qu'il n'est rien qu'ils ignorent de l'un ou de l'autre, y compris ce qui gît dans l'intimité.

Ce que le roi éprouva à Saint-Val, le valet le sait. Au prix d'un jeu de mots, il le résume au *bon temps*, celui de l'insouciance qui enflamma les belles années, et mourut à petit feu en mai 1682 lorsque Versailles devint la ville royale. Ce jour-là, Alexandre fut seul à comprendre que

Louis ferait subir au passé le même sort que les témoignages des devineresses dans le procès de l'Affaire des Poisons[1]. Il le brûlerait aussi, et ce n'était pas pour que son amour des femmes tombe dans un *éternel oubli*. L'esprit changeait, il se rangeait à la Loi de Dieu. Une transformation que le père La Chaise entendit en confession et dont Alexandre fut le témoin privilégié. La foi abrupte du charbonnier gagnait le cœur du roi. Il ne douterait plus, et si Dieu l'exigeait, il userait de la haire et du cilice, se soumettrait au sacrifice, jusqu'à renoncer au *bon temps*.

Louis avait abandonné Athénaïs de Montespan, symbole de la jouissance et du libertinage, détruit l'Appartement des Bains, preuve manifeste de sa métamorphose. Après la mort de la reine, il avait épousé l'austère Maintenon et lui jurait fidélité[2]. Et pour le lion, c'était une formidable conversion encouragée par le jésuite La Chaise : la rédemption était au bout de l'effort. Mais un fauve ne s'apprivoise pas aussi facilement qu'un vieil ecclésiastique à qui la chair est, en principe, inconnue. Parfois, le *bon temps* manquait trop. Alors, il restait Alexandre, mémoire du passé, pour le faire revivre ; au point, parfois, de le regretter. Un regard complice, un sourire, un détail pittoresque, et les visages, les corps, les caresses, les émotions ensevelis surgissaient des alcôves secrètes dont ils détenaient la clef. Athénaïs, Louise, et toutes les autres, le roi les accueillait en silence, yeux fermés, et si une silhouette, perdue dans des méandres, refusait de renaître, Alexandre, le gardien des

1. L'Affaire des Poisons donna lieu à un procès générant un dossier colossal. Le roi ordonna qu'il soit brûlé afin que l'affaire sombre dans un « éternel oubli ».

2. Marie-Thérèse d'Autriche meurt le 30 juillet 1683. Louis épouse secrètement Madame de Maintenon dans la nuit du 9 au 10 octobre 1683.

souvenirs, enluminait les histoires, parfois au prix d'un mensonge ou d'une invention charitable, tel l'écuyer contant les victoires de son chevalier.

Derrière le rideau du lit, l'évocation du *bon temps* faisait du bien. Mais si on le sollicitait trop, il pouvait surgir sans prévenir, et réveiller des souffrances que l'on croyait éteintes.

*

— Sire, que diriez-vous d'une escapade…

Qui d'autre que Bontemps aurait pu parler d'une *escapade* ? Qui d'autre aurait pu employer l'expression ? C'était une tournure particulière, codée étant plus juste. Il y avait longtemps que le roi ne l'avait pas entendue et pour lui faire comprendre qu'Alexandre convoquait vraiment le passé, elle était chuchotée. Le Petit lever attendait.

Cette nuit-là, c'était en juillet dernier, Sa Majesté avait mal dormi. Son corps souffrait et le valet savait pourquoi. Le chemin vers la Lumière emprunté par le roi était de plus en plus ardu. La foi en Dieu exigeait-elle de se priver de tous les plaisirs ? Bossuet, qui sermonnait le roi à la messe, était aussi un adroit exégète. Si le roi, soutenait-il, était d'essence divine, il devait se plier au Puissant et, s'il était absolu, les sujets devaient se soumettre à lui, ministre de Dieu. Ainsi, selon ce syllogisme approximatif, le roi obéissait à Dieu et les fidèles aussi, y compris les sybarites, les débauchés, les devineresses. Mais dans ce monde peu indulgent, le *bon temps* du *Defensor Fidei*[1] ne trouvait pas sa place. Fallait-il tout éradiquer ? La portée de cette règle était dangereu-

1. Le défenseur de la foi catholique.

sement sans limites. Table rase s'appliquait même aux protestants car la conscience, cette machine intime que torturait le confesseur, entrait dans le dogme. Louvois ou encore le chancelier Michel Le Tellier réclamaient sans relâche la révocation de l'édit de Nantes accordant la liberté de culte[1]. Céder était porter un nouveau coup à la licence et à la tolérance, un sujet englobant la luxure à laquelle le roi avait tant accordé. Les souvenirs, ce dernier refuge, entraient-ils aussi dans la définition d'une vie sans péché ?

Bontemps avait pris la mesure de la lassitude du souverain quand le *bon temps* avait surgi sous les traits d'une jeune femme inconnue où se mêlaient la grâce, la beauté de celles qui l'avaient autrefois ébloui. L'apparition était une sorte d'alchimie de toutes les amours auxquelles le lion avait succombé. La mélancolie se mêlait sans doute à ce moment d'incertitude où son entourage l'appelait à se montrer intransigeant, à rompre avec toutes les formes d'impiété. Mais il se dit que l'aimée ne s'oublie pas et que l'esprit ne renonce jamais à la retrouver. C'était vrai. Louis avait l'impression que la silhouette croisée dans la galerie des Glaces était la symbiose de celles qui lui manquaient. Ses cheveux, c'était Athénaïs, sa taille fine lui rappelait Louise. Marie, Marie Mancini, nièce de Mazarin, s'était montrée aussi. Elle ne l'avait donc jamais quitté puisque ses yeux en forme d'amande se retrouvaient dans la galerie, trente ans plus tard. Et Louis XIV s'était arraché non sans mal à ce regard nouveau et pourtant si familier.

1. Révocation de l'édit de Nantes par l'édit de Fontainebleau (octobre 1685). Il provoqua l'exil de nombreux protestants.

Une *escapade* ? Bontemps en avait reparlé le soir même, car lui aussi avait vu celle qui avait envoûté son roi.

Et qui d'autre aurait pu aussi bien le comprendre ?

*

— Elle s'appelle Amandine Le Faillon. C'est l'épouse d'un architecte qui bâtit d'excellentes maisons à Versailles. On dit aussi qu'il est bon peintre. Ils habitent à Saint-Val.

Plus Bontemps parlait, plus la tentation progressait.

— On raconte que les lieux sont magnifiques, continuait-il. Or, Jean Le Faillon en est le maître d'œuvre. Dès lors, le roi ne doit-il pas… se pencher sur ce qui embellit son royaume ?

Le fidèle Alexandre avait rassemblé d'autres informations. Amandine avait hérité du domaine. Il lui venait d'un personnage au passé sombre. Surnommé le *Roi noir*, il s'était enrichi à coup d'exactions au temps où Versailles balbutiait. Arrêté par l'efficace La Reynie, il s'était enfui peu après en Espagne et s'y cachait sous les traits d'un certain Don de La Fragua. Son véritable nom était Toussaint Delaforge. Bontemps avait bien travaillé :

— Il est le père d'Amandine Le Faillon qui l'ignore. C'est une femme honnête et fidèle.

L'histoire romanesque, au parfum de mystère, enchanta le roi. Autrefois, le mythique chevalier Roland avait été au cœur des *Plaisirs de l'Isle enchantée*, une fête inouïe où la fantaisie de Molière et la beauté de La Vallière avaient ébloui Versailles ; et il vint à Louis l'envie d'endosser à nouveau l'armure du *Furieux*[1].

---

1. Les fêtes des *Plaisirs de l'Isle enchantée* sont inspirées par l'œuvre de l'Arioste, *Roland furieux*.

Le valet s'était fait aider dans sa recherche par La Reynie. Il ne vint pas à ce dernier que le vrai sujet était Amandine. Avant de le faire travailler, le roi se renseignait sur Le Faillon – excellent artiste, assurait encore le même puisqu'il le connaissait. Pourquoi Hardouin-Mansart était-il mis à l'écart ? Eh bien, avait conclu La Reynie, du fait des tensions qui avaient orchestré autrefois les relations entre Marguerite Pontgallet et cet architecte soupçonné de partialité. Il fallait un avis raisonné, sans passion. La logique était la force et la faiblesse du lieutenant. Mais, surtout, il ignorait le sens du mot *escapade*. Aussi, ce policier fidèle, à la droiture indiscutable, n'avait-il décelé rien d'autre que la prudence de Bontemps, désireux de savoir où Sa Majesté mettrait les pieds.

*

Bontemps sait en effet ce qui a séduit Sa Majesté à Saint-Val. Il y eut d'abord l'émouvante similitude entre le petit Antoine et Louis Dieudonné marchant main dans la main avec son père à Versailles, et prenant possession de son futur territoire. Ensuite, il fut conquis par les jardins peu apprivoisés qui, autre coïncidence troublante, lui rappelaient l'insouciance de ces séjours sans contraintes le ramenant chaque fois *chez lui*.

Puis arriva la femme, Amandine Le Faillon.

Le roi cherchait-il à savoir s'il se laisserait tenter par le *bon temps* ? À coup sûr, il convoquait le passé. Était-ce pour l'accueillir ou l'affronter afin de décider sur quel chemin il s'engagerait ? Une tentation, oui, et s'il y renonçait, il se placerait définitivement sous la Loi de Dieu. Ainsi, ce 1er août, que l'Histoire ne retiendrait pas, était peut-être essentiel car le roi mesurait sa résistance alors que la divine se montrait et que le miracle de la galerie des Glaces se reproduisait. Athénaïs, Louise, Marie apparaissaient en une seule personne, et l'attirance pour ces yeux gris-bleu ne faiblissait pas. Le lion avait pris des risques en marchant à ses côtés, effleurant le grain de sa peau, imaginant le goût dans sa bouche de la chair qu'il rêvait de baiser. Mais s'il renonçait, se promettait-il, Dieu l'emporterait. Et entendant l'appel du pécheur, Il l'avait aidé.

Cette femme belle et farouche suppliait en silence son mari de la sauver, mais la jalousie aveuglait l'imbécile. C'était une évidence, elle ne céderait à aucune avance. Dieu, tous les saints et La Chaise envoyaient donc un message à Louis.

Et le *bon temps* retourna dans un *éternel oubli.*

Aussi, faut-il prendre la mesure de l'ironie du sort. Alors qu'il se rangeait à la raison, et se voulait honnête, le roi subissait à Versailles la pire des rumeurs par la faute de l'imprudent Jules Hardouin-Mansart et la cruauté de l'infect Joseph de Marolles.

Quatrième partie

Il y a d'étranges pères, et dont toute la vie ne semble occupée qu'à préparer à leurs enfants des raisons de se consoler de leur mort[1].

1. Jean de La Bruyère.

Chapitre 19

LA MEILLEURE DÉFENSE serait-elle l'attaque ? À l'évidence, le marquis de Louvois est de cet avis. Du moins, c'est la méthode employée sur le chantier du canal de l'Eure. Les éléments lui résistent, l'eau fait des siennes – elle « fuit entre les doigts » –, Vauban rapporte que les canaux à peine creusés s'effondrent, les hommes meurent par dizaines. Eh bien, attaquons de plus belle ! On augmentera le nombre de protestants. Si besoin, on fera appel à d'autres régiments. Peu importe que les pertes augmentent. Au contraire, elles participent au projet de faire disparaître coûte que coûte l'intolérable hérésie des calvinistes d'une pierre deux coups, en somme.

Attaquer pour se défendre s'applique aussi en matière de conversions forcées puisque, n'en déplaise à Louvois, la foi des réformés ne faiblit pas. Pis, elle résiste ; un embarras égratignant la crédibilité du marquis qui tente pourtant de convaincre le roi que tout rentre progressivement, rationnellement dans l'ordre naturel des choses. Les protestants ? À l'en croire, bientôt, ils ne seront plus qu'une poignée…

Vu de loin, depuis Versailles, cette cage dorée qui éloigne le pouvoir royal de la vérité, le problème serait sur le point d'être résolu. Louvois multiplie les rapports minorant l'importance des dragonnades qui, à coups de viols, d'exactions, de saccages, obtiennent quelques résultats : l'abjuration de façade d'honnêtes croyants qui, les soldats ayant tourné le dos, reviennent à la source de leurs convictions.

De quel autre moyen disposerait donc le clan des dévots, acharné à révoquer l'édit de Nantes voulu par Henri IV dans le dessein d'apaiser les peuples ?

L'attaque ! Il n'y aurait que ça de bon…

*

Sans comparaison possible avec ce qui précède, c'est un peu la même méthode que souhaiterait employer Bontemps pour ôter du pied de Sa Majesté l'épineuse question de Saint-Val.

Il faudrait attaquer.

Fichtre, la maudite rumeur s'est enflammée. Un feu vif, attisé par les chuchotements de couloir. Maintenon serait cocue ou sur le point de l'être. Et l'on s'accroche au raccourci, passant de l'hypothèse à la certitude en moins de temps qu'il n'en faut pour que la nuit laisse la place au jour. Le 2 août au matin, la Cour se réveille avec cette stupéfiante nouvelle : le lion assagi a mordu de nouveau. Enfin peut-être… corrigent les prudents.

Faut-il condamner seul le marquis de Biège ? Ce serait lui faire un peu trop d'honneur. Il fut sans conteste celui qui brandit la mèche et l'alluma. La poudre ? Eh quoi, le roi lui-même s'en est chargé ! Puis une armée de fantassins s'est occupée du vulgaire : la propagation.

Attention ! Rien n'est encore certain, l'assaut peut reculer, la vague refluer, mais enfin quoi, les indices patents et troublants ne manquent pas. *Primo*, l'invention de

Marly qui plaça Hardouin-Mansart dans l'embarras, le même se contredisant à propos de ce domaine de Saint-Val, d'abord sans intérêt, puis digne de ce mot. *Secundo*, l'avis de ce courtisan qui connaît Le Faillon pour lui avoir confié la construction de son hôtel. Si l'architecte, convient son client, a du talent à revendre, mérite-t-il pour autant que le roi se rende chez lui ?

On butait sur ce rébus quand soudain la réponse jaillit en entendant l'hypothèse du marquis de Biège ; et c'était le *tertio*.

— Mordiou ! La femme Le Faillon... Se peut-il que...

L'oisif hésitait, réfléchissait encore, et comme ses efforts ne donnaient rien, il se tourna vers Thierry de Millard, le *prince des Manigances*, qui, à son habitude, ne perdait pas un mot de l'affaire.

— Souvenez-vous, Monsieur le conseiller...

— Mais de quoi, cher marquis ?

— C'était il y a un mois, peut-être moins...

— Voilà qui est insuffisant pour que je puisse vous aider.

— Mais si ! Nous en parlions tous deux... Vous demandiez qui était cette belle plante. Nous la comparions aux roses... Elle portait une robe jaune...

Depuis le début, Millard avait deviné à qui l'autre bavard faisait allusion, mais il ne tentait rien pour l'aider.

— Pardonnez-moi. Non... Je cherche de bon cœur, mais...

— Il n'y a donc pas que cette vessie qui ne fonctionne pas, murmura Biège croyant toujours que celle du conseiller souffrait des aléas de l'âge.

Et il reprit plus fort :

— Soit. Oublions.

Puis se tournant vers les autres :

— Même un saint se damnerait pour elle. Or, je vous dis ce que j'ai vu de mes propres yeux.

Il rapporta la scène de la galerie des Glaces, répéta et jura que Sa Majesté avait marqué un arrêt sur la belle, insista jusqu'à ce qu'on le croie.

— Hélas, conclut-il, puisque le royal chasseur s'est entiché, elle échappe au sort que je lui réservais.

En quelques mots, Biège transformait une supposition en vérité. *Puisque*, venait-il de dire. L'affaire était donc conclue. Et en laissant aussi entendre qu'il y avait de bonnes raisons de croire qu'elle serait tombée dans son escarcelle si le roi ne s'y était pas intéressé, il la rangeait ainsi parmi les libertines, les volages, les proies faciles que l'on capture à Versailles. Il se moquait de la réputation de sa victime, inventait ce qui n'existait pas, s'attribuant le panache du séducteur, seule bravoure dont le petit marquis pouvait s'honorer. Mordiou, la belle audace que de comparer ses goûts à ceux de Sa Majesté ! À défaut, cela compensait la gloire militaire qui manquait tant à sa vie de courtisan. Et qu'importe si Amandine subissait les conséquences d'une méthode ignoble. Salir cette femme honnête ne le gênait pas. L'essentiel était fait : l'épouse du cocu Le Faillon était souverainement frivole. L'esclandre prenait corps.

*

Dans ce huis clos permanent, étouffant, les nouvelles se propagent à la vitesse de l'éclair. Bontemps a raison : *Saint-Val, le bruit court.* Et que peut-on y faire ?

— Le contraire de ce qu'attend la Cour…

Alexandre sourit à Louis. Quel est donc son plan ?

— Puisque nul reproche ne peut vous être fait, brisons là. Il faut couper les mauvaises langues.

— Que proposez-vous ?

— Mettre en pleine lumière la tentation.

— Soyez plus précis, demande prudemment le roi.

— Si vous étiez séduit, il deviendrait évident que vous vous en cacheriez.

Qui d'autre que Bontemps oserait parler si franchement ? Mais il a raison. La thèse de l'intolérance et de la révocation de l'édit de Nantes gagnant du terrain, le *Defensor Fidei* ne pourrait se montrer pécheur. L'exemple doit venir du sommet et si, du fait d'une malencontreuse passade (qui ne remettrait rien en cause sur le fond), la *chose* devenait incontournable (tout de même, la nature a ses droits), le moins serait de sauver les apparences en habillant l'aventure de rendez-vous discrets dans le parc de Saint-Germain – ou ailleurs, mais le plus loin possible de Versailles –, de capes et de masques, de carrosses anonymes, le tout étant surveillé par un quarteron de gardes décidés à mourir plutôt que de trahir Sa Majesté. Bref, une mise en scène qu'on a vue cent fois et dont la Cour se gargariserait, voyant dans la comédie la preuve que le roi n'a pas changé, que la licence a encore de beaux jours. Qui sait si la *Sultane de Versailles* [1] n'irait pas jusqu'à montrer à nouveau son joli nez ?

— Voilà ce à quoi tous se préparent, soutient Bontemps.

Et le roi n'y trouve rien à redire.

— C'est pourquoi il faut brouiller les pistes. Mieux encore, apporter la preuve qu'il s'agit de médisances que,

1. Surnom donné à Athénaïs de Montespan.

d'ailleurs, vous vous chargerez de récompenser en punissant leurs auteurs.

En somme, le Premier valet entend reprendre la main en attaquant puisqu'il n'existerait pas meilleure défense.

— Nous disposons d'un excellent mobile, continue-t-il. Il y a l'époux, Jean Le Faillon. Excellent architecte. C'est bien lui que vous souhaitiez rencontrer à Saint-Val, et personne d'autre. Pour en apporter la preuve, vous décidez de le recevoir au grand jour. En public. À la Cour. Et vous y conviez son épouse.

— Pour mettre fin au doute ?

— Soyez chaleureux avec eux. Parlez du talent du mari, sollicitez son avis. Et adressez-vous peu à elle.

— Sera-ce suffisant ?

— Plus vous exposerez le mystère d'Amandine Le Faillon, et moins on y croira. L'amour se conçoit dans les alcôves, pas à la vue de tous.

Il sourit encore :

— Nous en savons quelque chose…

— Soit, se décide soudain le roi, nous les recevrons. Mais en audience, c'est un peu trop…

— Non, Sire, devant mille témoins… En les invitant à une soirée d'Appartement.

Chapitre 20

S'IL EST UN LIEU où l'on peut approcher le roi, c'est bien au cours d'une soirée d'Appartement. Sa Majesté campe moins sur l'étiquette et même s'emploie à la soulager, ordonnant d'un geste de rester assis alors qu'elle approche, n'hésitant pas à se déplacer d'une pièce à l'autre, à venir aux tables où, dans le salon de Mars, se jouent de fortes sommes à des parties de trictrac [1].

Ce soir, Louis XIV est détendu, avenant, accessible, et l'on a grand plaisir à le voir car, depuis quelque temps, il n'apparaissait plus guère aussi nettement. Il est vrai que ces moments prisés par la Cour sont rares en été, les soirées d'Appartement convenant mieux aux mois sombres et froids de l'hiver. En août, les fêtes et les distractions se tiennent volontiers dans les jardins, et qu'il est bon de rejoindre à pas lents le Grand Canal, de s'échapper à deux dans le riant Labyrinthe de Monsieur Charles Perrault pour conter fleurette à sa dulcinée en se laissant bercer par la musique qui s'échappe de la salle du Bal [2]. Mais le jeu, le jeu d'argent auquel s'adonne la Cour, ce passe-temps

1. On y joue avec des dés et sur un tablier comparable à celui du backgammon.

2. Appelée aussi bosquet des Rocailles.

périlleux dont elle ne se lasse pas, s'accorde mal aux nuits bucoliques. Le venin se sécrète à l'intérieur.

Par les fenêtres ouvertes du salon de Mercure s'échappent dans l'air chaud de fin août les vivats des bancos. On jure, enrage, applaudit ou gémit, et ces grands bruits s'entendent puisque le roi le veut ainsi. S'amuser fait partie de la vie courtisane – et qui regretterait ces derniers lambeaux du *bon temps* ?

*

Au salon de Mercure, et dans celui de Mars, la bagarre fait rage. Une partie à dix mille livres s'engage ; certains font fortune, d'autres, comme voilà peu, le comte de Ceyrac, y perdent tout. Le salon de Diane est orné d'un majestueux billard qui plaît au roi, excellent joueur et redoutable compétiteur. On affûte son adresse, travaille le prochain coup dans l'espoir de s'entendre dire par Louis XIV : « Partageriez-vous ce moment avec un mauvais perdant ? »

Ce lundi 27 août, les tables sont pleines et le roi a décidé de se montrer. Aussi fera-t-il un tour général, sondera ses invités, picorera dans les montagnes de pâtes de fruit présentées au salon de Vénus sur des plateaux d'argent, puis il se rendra au salon de l'Abondance où, sur de grands buffets fleuris, se trouvent toutes sortes de boissons fraîches et chaudes qui font passer le goût sucré des tentations de Vénus. Sa Majesté s'entendra avant d'arriver. Ce n'est pas qu'elle parle, mais le brouhaha cessera. Il peut se trouver cent têtes sur son passage, l'écluse s'ouvrira.

Françoise d'Aubigné, marquise de Maintenon, se montre à ses côtés, et le fait est assez rare. L'épouse morganatique n'aime guère la lumière car la Cour est cruelle avec elle et ses nombreux ennemis se situent dans tous les camps. Le parti de la licence lui reproche d'être trop bigote, celui des dévots l'accuse de soutenir la cause protestante[1]. Les pédants n'aiment pas ses allures de bourgeoise qui flétriraient le lustre du grand roi comme le montre sa démarche de ce soir : il se force à être lent, se cale sur le pas de Madame de Maintenon. La légèreté du danseur a disparu[2].

Louis XIV semble comme attaché à elle, embarrassé, et tourne la tête pour s'assurer qu'elle suit, lui adressant par-ci par-là le regard indulgent du maître promenant un vieux chien fidèle.

*

Comment imaginer que cette femme plus âgée que le roi[3] et tristement habillée de sombre fut l'épouse de Scarron, poète égrillard, tordu, fêtard à en mourir ? Par quel miracle la fille de Constant d'Aubigné, née dans la prison où son père avait été enfermé pour dettes de jeu, s'est convertie à la sagesse ? Qu'est devenue la *belle Indienne*, l'aventurière qui vécut enfant dans l'île de Marie-Galante ? Les plus tendres la traitent d'intrigante à sang froid. Fine calculatrice, elle aurait profité de sa position de gouvernante des enfants nés de la liaison du roi avec Athénaïs pour séduire le père. Combien de fois l'a-t-elle vu en privé, berçant (bernant !) le géniteur autant que

1. Ses opposants rappelaient qu'elle avait été élevée dans un foyer protestant au décès de sa mère et qu'elle dénonçait les dragonnades ou conversions forcées, préférant la persuasion.

2. Louis XIV était un excellent danseur.

3. Françoise d'Aubigné est née en 1635, soit trois ans avant Louis XIV.

sa progéniture ? Que personne ne se trompe, les comptines de la matrone étaient des coups de poignard dans le dos de la *Sultane* !

Les plus durs, souvent affidés d'Athénaïs, assurent qu'ils ne sont pas dupes des faux airs de sainte-nitouche de *Madame de Maintenant* car l'infatigable lion la rencontrait déjà en secret au temps où Montespan, trahie par celle à qui elle avait confié la chair de sa chair, brillait de mille feux. La maligne travaillait dans la coulisse, prônant la charité, inoculant le poison de la morale sous couvert de sermons lénifiants. Culpabiliser, c'est sa méthode. Est-elle moins mortelle que les potions des devineresses ? Efficace, sans conteste, et le résultat est là : L'adroite a patienté, attendant la disgrâce de Montespan – la voie étant enfin libre à la mort de la reine.

Le procès dure, les accusations ne manquent pas. Et l'on comprend que sa démarche soit lourde, la charge à porter l'étant au moins autant. Être l'épouse du roi sans avoir droit au titre de reine n'est pas une sinécure. Est-il plaisant d'être moquée par les princes du sang, de s'interdire d'émettre un avis public – à quel titre, au nom de quoi puisque son mariage est secret ? Elle n'est que reine de la vie privée, attendant l'intimité pour s'adresser au roi, enfin, comme à son mari.

*

Ce fut le cas peu avant que Louis n'apparaisse à la soirée. Ils ont tous deux parlé, et franchement, car Françoise ne mâche pas ses mots, même si elle s'applique à le faire en douceur.

Une fois réunis, le charme agit. Ils se montrent naturels, tels de vieux amis. La tendresse est le lien fort qui les rapproche. Portes closes, Louis cesse de paraître, se montre vrai, accordant de l'intérêt aux avis pétris de bon sens de sa moitié. Nul calcul chez elle, contrairement à ce que prétendent ses détracteurs, mais le vœu sincère de lui venir en aide. D'assagir son caractère. Ainsi, ce soir encore, le sujet qui réunit cet amour *raisonnable* a fini par venir sur la table. La dévotion, la fidélité à Dieu. Et à la femme… Qui douterait que la discussion fût animée ?

Il revenait aux oreilles de l'épouse des bruits douloureux. Ou plutôt un nom, celui d'une certaine Amandine Le Faillon. Et Louis s'était expliqué, assurant que les mêmes sornettes étaient parvenues jusqu'à lui. C'est pourquoi il comprenait sa souffrance, et l'assurait que tout était faux. Le *bon temps* était fini. Il n'avait pas employé ces mots-là, mais cela revenait au même.

— Il faut faire preuve de courage, glissa-t-il à voix basse, en s'approchant pour lui baiser la main.

Il renonça même au fauteuil et s'agenouilla.

— À force, je me suis habitué à ne pas écouter le mal, mais je règne depuis si longtemps. Pour vous, l'épreuve est redoutable.

Sa main, à présent, caressait son genou.

— Et le sera, ce soir encore, car je vous réclame un nouvel effort…

*

Leduc appartient à la Bouche du Roi. Il n'est pas même maître d'hôtel, à peine siège-t-il au-dessus des mirlitons, mais il se croit important. On le dit méchant ; il le prouve encore ce soir. Le voici, l'œil sévère, houspillant un grouillot qui ne cesse de faire la navette entre les communs et les appartements. Que manque-t-il ? Du vin, des fruits. Allez, oust ! S'il ne se trouvait pas à l'entrée de la galerie des Glaces, il flanquerait au gamin un bon coup de pied au cul. Simplement pour se calmer les nerfs.

Il était à Versailles avant l'installation de la Cour. C'est un ancien. Et ce statut lui confère l'autorité jouissive du petit chef. Il ne fait rien, mais surveille, refoulant en silence les humeurs acides que déclenche chaque fois la vue de ces jean-foutre ! Il parle des courtisans, des goinfres, des fainéants, des gueulards qui ignorent la valeur d'un louis et en jettent des milliers par la fenêtre – tiens ! bien fait pour celui qui vient d'abandonner au piquet la solde de six mois d'un Leduc. Et voilà que le tintamarre reprend, on danse en rond au salon d'Apollon. Et qui, demain, repassera la cire ? Il en faut, de l'huile de coude, pour effacer les traces de talons de ces bons à rien. Et ce capharnaüm se produit trois fois par semaine…

— Hep ! Psitt !

Le grouillot n'entend pas. La musique est trop forte.

— Viens ici ! gronde Leduc.

L'enfant, il a dix ans, se radine, l'épaule basse, tête rentrée, redoutant la taloche.

— Tu ne vas pas assez vite.

C'est juste qu'il est épuisé. Il travaille depuis l'aube.

— Bien, Monsieur Leduc, répond-il en baissant les yeux.

— Regarde-moi quand je te parle.

Cette fois, il va hériter d'une bonne claque.

— Demain, tu nettoieras le sol des salons. Tous les salons.

— Bien, Monsieur Leduc, pleurniche sa victime.

— Maintenant, file, rentre chez toi.

Il est dix heures. La soirée se terminera bientôt et Leduc se détend. Un dernier tour de piste et… Alors, il la voit.

— Nom de Dieu, blasphème-t-il. L'ancienne soubrette [1]…

1. Précédemment, Amandine a été obligée de travailler au château de Versailles pour faire face à la ruine de sa grand-mère, Marguerite Pontgallet. *Les Glorieux de Versailles*, *op. cit.*

Chapitre 21

Puis, le dimanche 5 août, il avait pris le chemin du retour. Jean se rendait à Saint-Val, comme le vaincu avouant sa défaite. Il capitulait. Trois jours perdus à faire le siège de lui-même avant de comprendre qu'Amandine se situait au-dessus de sa peine et de sa colère.

Il avait prévenu son père : il lâchait un peu la bride parce qu'il en avait besoin. Il n'y avait aucun retard sur le chantier de l'hôtel du Parc-aux-Cerfs, et Jean Mallet, le charpentier, prenait la suite, c'était vu avec lui. En cas de problème, Mallet passerait voir le vieux Le Faillon. Pour le reste, Maître Le Boulicaut, notaire à l'île Saint-Louis de Paris, n'avait pas encore donné son accord pour la construction d'une *maison à deux étages, taillée dans la pierre de Compiègne, située sur un terrain adossé au Grand Quarré des Offices-Commun*. Donc rien ne pressait.

— Vautron se chargera de distribuer la solde de samedi, si je ne suis pas rentré. J'ai vu avec lui. Tu n'auras qu'à prendre dans la caisse.

Elle était pleine, l'entreprise bien gérée. Vautron, encore lui, aurait l'œil sur tout, répétait Jean. Trois, quatre jours. Pas un de plus. Il promettait et, même si le père bougonnait, le fils s'était levé. Il avait embrassé sa mère. Oui, tout allait bien.

Et depuis son arrivée à Saint-Val, ces quatre derniers mots étaient merveilleusement justes.

*

Un regard avait suffi, l'attirance, l'envie, le désir d'aimer et de l'être en retour étaient revenus au galop. Les émotions qui font du bien au cœur ne s'étaient pas dissoutes, et qu'il était bon de les retrouver intactes. S'enlacer à s'étouffer, s'aimer à la folie étaient des preuves plus solides que les promesses, les paroles. Les corps ne mentaient pas. Lorsque Antoine fut couché, Amandine prit Jean par la main et l'entraîna dans leur chambre. Elle s'offrit à son amant autant de fois qu'il le voulut et, elle, le voulait encore. *Mon amour, mon tendre amour, je n'aime que toi*, proclamaient ses caresses, ses baisers. *Viens, tout ce qui est moi est à toi*, racontait sa jouissance, et ils dérivèrent, portés par la houle, le flux et le reflux, jusqu'à ce pays luxuriant où eux seuls résidaient, et s'aimer plus que cela était impossible.

Jean regrettait de s'être emporté et remerciait en silence Amandine d'avoir pardonné son départ. Aucun reproche. *Non, il n'avait besoin de rien pour se convaincre de sa loyauté.* Dans ce royaume sans couronne et sans roi, personne ne pénétrerait. À l'exception d'Antoine dont les pas s'entendirent, au matin, dans l'escalier. Il frappa, ce qui était étonnant, poussa la porte et montra sa bouille.

— Qui est malade ? demanda-t-il d'une voix timide en les voyant couchés.

— Personne, répondit Jean en remontant le drap.

— Tant mieux, soupira le petit, parce qu'il fait très beau et que Magdeleine et moi, on a mis la table dehors.

— On arrive ! lança joyeusement Amandine. Allez, sors…

Le gamin ne bougeait pas, le sourcil était froncé.

— Je préfère un garçon…

— De quoi parles-tu ? s'étonna son père.

— Magdeleine a dit de pas vous déranger parce que vous étiez en train de fabriquer une fille. Moi, je préfère un garçon.

— On va y réfléchir, annonça sérieusement Jean.

— Bien, répondit Antoine en hochant la tête.

Il sortait. S'arrêta, se retourna :

— Tu m'expliqueras ?

— T'expliquer quoi ?

— Les enfants… Magdeleine dit qu'elle y connaît rien.

*

Les jours qui suivirent ne furent que du bonheur. Ils allaient au jardin, sillonnaient le domaine à bord de la carriole du jardinier Marcel. Le mardi soir, en rentrant, Jean s'arrêta au bassin avec Antoine. Amandine rentra au château tandis que le projet des deux hommes était de capturer une carpe musardant dans leur petite mer intérieure. La chasse dura jusqu'à ce que le soleil s'efface derrière le grand chêne du pré de l'*Angélus* planté au sommet d'une butte. Il fallut se faire une raison. La carpe était rusée. À moins que les deux visages penchés sur l'eau et les cris du petit bonhomme ne l'aient alertée du danger. Un vent frais se levait et les aventuriers se souvinrent qu'ils avaient faim. Ils rentrèrent bras dessus bras dessous, celui d'Antoine ne dépassant pas la ceinture de son père qui imaginait retourner dans son atelier et se remettre à peindre le tableau de Vénus dont l'esquisse était tracée.

Ils arrivaient sur la terrasse, la déesse apparut, le visage en larmes. Qu'avait Amandine ? Elle tendit un pli décacheté.

Soirée d'Appartement
Sa Majesté vous y recevra le 27 août
Le duc de Bouillon,
Grand chambellan de la Maison du Roi

Chapitre 22

Il y avait quelque chose d'insupportable, d'étouffant dans l'invitation. Jean se sentait pris au piège, le cou serré dans le collet d'un lapin de garenne. Invitation ? Plutôt une convocation ; un ordre qu'un cavalier avait déposé alors qu'ils étaient sortis et il s'en était allé sans attendre la réponse. On ne refusait rien au roi.

La foudre était tombée et frappa encore Saint-Val la nuit suivante, déchiquetant le chêne du pré de l'*Angélus* trônant depuis des siècles sur un joli monticule. Un présage lugubre : eux-mêmes seraient broyés. Il avait suffi d'un signal envoyé au malheur – un regard appuyé dans la galerie des Glaces – pour qu'ils pénètrent dans son labyrinthe.

Avant que la colère du ciel ne s'abatte, la pluie entra dans la partie. Ils étaient dehors, paralysés. L'orage charriait des gouttes lourdes et chaudes qui trempaient leurs vêtements, dégoulinaient sur les visages.

Antoine observait en silence l'air grave de ses parents.

— Rentre… Rentre, je te dis ! Je dois parler à ta mère.

Une, puis deux larmes arrivant des nuages se posèrent sur l'invitation. Par endroits, l'encre se diluait, *Sa Majesté* disparaissait. Amandine glissa le pli sous sa chemise pour le protéger. Dessous, elle était nue, et ce qu'elle venait de faire mortifia Jean. Il la saisit au bras, décidé à ne rien céder tant qu'il ne saurait pas qui était le plus près de son cœur. Mais elle ne sourcillait pas, ne reculait pas. Alors, il tenta de reprendre le sale bout de papier.

— Arrête ! se défendit-elle.

— Déchire ça, murmura-t-il.

Elle se colla à lui et prit son visage entre ses mains :

— Je le ferais tout de suite si je pensais qu'ainsi nous serions libres. Mais il s'agit du roi ! On ne peut rien lui refuser.

— Rien lui refuser ? répéta-t-il amèrement.

— Idiot ! Nous avons besoin de cette invitation.

— Tu veux donc te rendre à Versailles ? continua-t-il sur le même ton.

— Oui ! Parce que je n'ai peur de rien. Et toi, tu n'as nulle raison de t'inquiéter. La trahison, le mensonge, ce n'est pas nous.

De quoi avait-il besoin pour se convaincre de sa loyauté ?

Le plus grand péril aurait été qu'ils s'égarent, s'éloignent à nouveau. Mais fallait-il une nouvelle épreuve pour les persuader qu'ils triompheraient des autres ?

— Ne pas aller à Versailles serait lâche et n'arrêterait rien, prétendit-elle. Au mieux, il s'agirait d'un outrage au roi. Veux-tu l'ajouter à ce qui nous fait si mal ? Au contraire, il faut apparaître tous les deux.

Elle serra les poings, appela le courage :

— Fuir ? Ce serait la preuve que nous redoutons le roi et sa lumière.

— Ne te mens pas, répondit-il tristement. Tu as toujours été attirée par Versailles.

— Je ne me brûlerai pas les ailes. Je t'en fais le serment.

Elle secoua la tête et ce n'était pas seulement pour chasser les gouttes d'eau.

— Écoute-moi et dis-moi ensuite si tu crois que je te mens. Oui, ce fut longtemps vrai, reconnut-elle. Je rêvais de Versailles… Mais la visite du roi à Saint-Val… Non, j'ai détesté… Comme si tout lui était dû, qu'il pouvait prendre, posséder. Puis, il y a eu ton départ et… et je pouvais te perdre.

Elle ferma les yeux.

— J'ai réalisé que ce château, cette demeure royale… Eh bien… hésita-t-elle encore, ce n'est que chagrin et douleur.

L'ombre du valet qui l'avait violée se dessina.

— Non, je ne veux pas te perdre, chuchota-t-elle.

La pluie cessa, elle s'essuya le visage, cela ne servit à rien. Les larmes coulaient plus fort que le torrent de *la Mare aux perdrix* au moment de la débâcle, pourtant sa voix devint plus ferme :

— Cette journée pour laquelle j'aurais, la veille, tout donné m'a ouvert les yeux. Afin de réaliser le rêve de mon enfance, il me faudrait entrer en enfer. J'ai choisi. Je préfère mille fois notre monde parce que je n'espère personne d'autre que toi.

Elle avait tout dit, alors elle tourna une épaule, elle partait.

— Si nous nous y rendons, se décida-t-il, peux-tu me jurer de dire ensuite adieu à ce monde que je hais aussi ?

Amandine sortit le pli de sa cachette et lui tendit.

— Si tu doutes de moi, déchire ça toi-même.

*

Ce soir du 27 août, Amandine s'accroche au bras de Jean et, pour tout l'or du monde, elle ne le lâchera pas.

Pierre Lobiot se mêle à la scène. Le peintre, ami fidèle du couple, leur sert de mentor. Ici, le salon de Mars, celui de Diane, et maintenant, la galerie des Glaces. Amandine se force à regarder ce qu'elle a tant désiré et si peu connu. Autrefois, elle frottait à genoux le marbre de l'Escalier des Ambassadeurs, avançant petit à petit, approchant de ses rêves qui l'entraînaient dans la Chambre du Roi où, s'imaginait-elle, Athénaïs de Montespan, alors en cour, la priait en souriant d'avancer[1]. Combien elle remerciait Leduc, l'ignoble serviteur qui la commandait, de lui avoir ordonné de « retourner à sa place » ! Ce soir, elle l'a aperçu. Il écarquillait les yeux, ouvrait grand la bouche. La belle ascension ! Mais se venger n'est pas au programme. Elle est au combat, marche à côté de Jean, elle défend son bonheur.

Depuis leur arrivée, rien d'extraordinaire ne s'est produit. Il y a cependant quelque chose d'étrange, même de dérangeant. À chaque fois que Pierre croise un visage familier, il présente les deux novices et la réaction est toujours la même : un air désabusé. Un quidam à la Cour, s'efforce-t-on d'afficher car le dédain est une manière de paraître plus haut. Puis vient le nom, Le Faillon, et tout change, l'intérêt se montre. L'architecte, le prometteur Le Faillon. Alors, le regard se tourne vers la femme. Et fichtre, il faut avouer que le roi a bon goût – bien sûr, si tous ces racontars sont vrais… Mais enfin, elle est là… Quoique son mari aussi… Et ces pensées oisives et cruelles, dont le marquis de Biège se fait le chantre, circulent, volettent jusqu'au chérubin peint par René-Antoine Houasse dans le plafond du salon de l'Abondance. Il en a tant entendu, le grassouillet ailé, qu'il préfère sourire, mais, en bas, chez

1. Voir *Les Glorieux de Versailles*, *op. cit.*

les hommes, ce n'est pas la même affaire. Amandine et Jean sont dans le piège.

À chaque pas, le collet se referme sur eux.

Encore quelques minutes, trente au plus, et ils partiront. Le supplice finira. Elle lâchera sans regret les buffets auxquels elle n'a pas touché, jettera un dernier regard à *Vénus assujettissant à son empire les divinités et les puissances*[1] et se demandera ensuite à quoi rimait cette comédie. Quand, Dieu, le hasard fait parfois bien les choses ! le roi entre dans le salon de Vénus accompagné de son épouse morganatique.

*

Louis XIV est au-dessus du lot, indifférent ou ailleurs, il est impossible de deviner ses pensées, ni même qui il regarde vraiment. A-t-il vu Amandine ? Il ne s'y intéresse pas. Madame de Maintenon, c'est autre chose. Son regard est triste, fixé sur elle, la rivale de la déesse qui orne le salon. Il n'y a nulle menace, aucune haine, elle lui adresse un message que les autres ne peuvent pas comprendre. C'est une histoire entre deux femmes car – à quoi bon le cacher ? – l'épouse de Sa Majesté sait qui est Amandine Le Faillon : le danger.

Le roi s'en approche lentement, le lion n'est pas pressé. Il lance quelques mots à la volée, sourit à ceux qui le saluent, attend d'être à trois pas pour tourner la tête d'un quart. Et cela suffit.

— Monsieur Le Faillon, dit Sa Majesté fixée sur lui comme si le désert les entourait, qu'il n'y avait personne.

1. Autre tableau de René-Antoine Houasse décorant le salon de Vénus.

Amandine n'existe plus. Et Le Faillon s'incline.

Il lui semble qu'ensuite on a renouvelé l'éloge à Saint-Val. De quoi parla-t-on encore ? De la surintendance, de travaux qui pouvaient être ceux de l'aile Nord et auraient gagné à profiter des talents du jeune architecte… Tout est flou, incertain, vacille dans la tête de Jean.

— Monsieur le Faillon ?

— Oui, Votre Majesté ? parvient-il à dire.

— Présentez donc votre épouse à Madame de Maintenon.

Le roi tourne déjà les talons, décide de rendre visite à une table, oublie Jean, Amandine à qui il n'a pas adressé un mot, un regard. C'est fini. Il ne s'est rien passé. Ou peut-être que si. Le roi montre à la Cour son *absolu* manque d'intérêt pour cette femme Le Faillon sur qui tant de bruits circulaient depuis trois semaines. N'est-ce pas la preuve que le 1er et le 27 août n'entreront pas dans l'Histoire [1] ? Et si l'indifférence royale semble suspecte à certains, la présence de Madame de Maintenon, à qui l'époux ne peut faire jouer le rôle de paravent comme au temps de La Vallière, balaye les derniers doutes. Elle est la preuve éclatante qu'il n'y a nul événement, nulle intrigue, nul sujet de commérage. D'ailleurs, la voici, *Maintenant*, échangeant quelques mots avec la nouvelle Vénus de Versailles. Que se disent-elles ? Impossible de le savoir. Elles parlent trop bas, trop près l'une de l'autre, au point que l'on pense à deux amies. Allons, le *bon temps* est fini, tout rentre dans l'ordre, Biège se vantait ! L'attention se dissout, cherchant ailleurs un morceau de choix à se mettre sous la dent.

---

1. Non, vraiment rien. Même le roi du Danemark, ce 27 août, annule le voyage prévu dans les îles de Lolland et de Falster…

Au fond, la victime d'une soirée sans éclats semble être le malheureux Hardouin-Mansart. Le Faillon a été adoubé et c'est peut-être à cause d'un moment semblable que le roi se sent obligé de rappeler qu'il peut faire *en un quart d'heure vingt ducs et pairs* ; mais, dans des siècles, ne parviendrait *à faire un Mansart.*

Oui, il n'y avait décidément rien à dire car, aucune oreille indiscrète, pas même celle revancharde du marquis de Biège, n'avait capté ces quelques mots de Françoise d'Aubigné, marquise de Maintenon :

— Madame, disait-elle à Amandine, ne me volez pas le roi.

C'était un cri d'amour glissé à voix basse. Douloureux. Et pathétique : en face, on s'était contenté de répondre par le silence.

Chapitre 23

On accède à l'appartement de la marquise de Maintenon par l'Escalier de la Reine. Là s'arrête la comparaison avec celles qui la précédèrent. Elle n'est ni la *Sultane* ni la souveraine de Versailles, et le modeste appartement qu'elle occupe en témoigne. Quatre pièces formées de deux vestibules, d'un cabinet, d'une chambre éclairée par trois fenêtres – le seul luxe. Pourtant, c'est dans ce lieu que Louis et Françoise passent la fin de journée et s'y plaisent jusqu'au Grand souper, chacun assis dans son fauteuil, chacun à sa table, chacun dans son coin, tandis que trône entre eux deux une cheminée où le bois brûle en hiver à l'économie. D'ici, Louis XIV dirige son royaume, reçoit ses ministres sur de rudes pliants, lit, réfléchit, et questionne sa moitié sur les sujets réclamant du bon sens. C'est le portrait d'un bourgeois. Si loin de celui du lion.

La tanière est à l'image de la manière de vivre de l'épouse à qui Louis Dieudonné verse quarante-huit mille livres par an, y ajoutant un joli bonus de douze mille livres pour ses étrennes. Pourtant, le train de vie de la marquise reste modeste et varie peu. Françoise d'Aubigné n'est pas avare d'aumônes, on la dit même très généreuse pour ses œuvres. Voilà pour les extravagances, et le tour en est déjà fait. De même, on ne trouve pas chez elle une cohorte de valets ; deux ou trois silhouettes discrètes marchant à pas de loup, dont la fidèle Manon, la servante qui fut de toutes les infortunes. Et Dieu sait combien la *belle Indienne* en a connu.

*

Sa grande qualité est sans doute la ténacité, vertu qui n'a pas besoin d'éclat, mais de force intérieure. L'entend-on élever la voix, faire de grands gestes, rire pour que les autres rient de ses drôleries ? Françoise d'Aubigné est toujours d'un caractère égal, un bienfait si l'on compare ce tempérament à celui d'Athénaïs de Montespan rudement connue pour ses caprices de femme gâtée et ses sautes d'humeur. Hélas, chez la remplaçante, la constance se conjugue avec la morosité. On s'ennuie ferme à ses côtés, craignant qu'un ange passe car le silence ou la braise éteinte de la cheminée tiennent souvent compagnie. Bonne chance au visiteur qui chercherait d'autres sujets que la dévotion. Parler amour, musique, littérature ? Ce n'est pas le lieu.

Aussi, peu d'humains savent-ils ce que le cœur de Maintenon éprouve. L'abbé Gobelin répondrait s'il n'était tenu au secret de la confession. Mais en supposant qu'il perpètre ce péché, nulle certitude d'accoucher la vérité car percer la nature de cette femme est difficile tant elle se cache derrière de sages tenues et de bien mornes regards. Et n'est-ce pas un masque ?

*

Dans le noir de la nuit, à la messe où elle se rend le matin, au fond de son appartement où la vieille Manon lisse en silence la robe qu'elle portera aujourd'hui et demain, l'épouse du roi voyage par l'esprit, vagabonde, se souvenant des peurs, des douleurs de son enfance, et ne sachant plus parfois ce qui est vrai ou faux tant sa vie d'antan lui semble irréelle, si différente de ce qu'elle montre d'elle. Et si peu conforme au portrait qu'elle s'acharne à livrer.

Est-elle bien née d'un père emprisonné pour dettes de jeu ? Traversa-t-elle l'océan peu de temps après pour rejoindre les mers chaudes de la Martinique ? Faillit-elle être jetée à la mer car on la croyait morte ? Son navire croisa-t-il vraiment la route de féroces pirates décidés à égorger passagers et équipage ? Son salut vint-il d'une tempête qui éloigna les canailles ? Fut-elle à nouveau à deux doigts de mourir parce qu'en débarquant, un monstrueux serpent se serait jeté sur elle pour la dévorer ? L'extravagance circule, toutes sortes de bruits et de fables courent. Il n'empêche. La rumeur est empoisonnante. Vraie ou fausse, il en reste quelque chose, et voici que l'austère Madame de Maintenon disparaît.

À y regarder de plus près, les aventures n'ont pas cessé à son retour en France. À seize ans, la voici mariée à Scarron, un exemple scabreux de la dévotion. N'est-ce pas encore elle qu'on voit nue sur le tableau peint par Louis de Mornay, un amant de Ninon de Lenclos, surnommée *Notre Dame des Amours*[1] ? Ne dit-on pas que cet homme passionné fut *proche* de la dame Scarron ? Voilà d'autres

1. On peut voir ce tableau au château de Villarceaux. Louis de Mornay eut une liaison avec l'épistolière Ninon de Lenclos, grande amoureuse qui classait ses amants entre les *payeurs* (sans commentaires), les *martyrs* (ceux qu'elle torturait) et les *caprices* (d'un jour ou d'une nuit)…

faits qui brouillent davantage l'image de la bigote, et pour se convaincre que rien n'est clair, prière de se souvenir qu'elle souffla son amant à sa bienfaitrice, la Montespan…

Mais où commence, où finit la légende ?

*

Dans sa chambre de Versailles où, désormais, la vie entre peu, Françoise trie vérité et divagations. Elle seule pourrait raconter ce qu'elle fut, ce qu'elle est, ce qu'elle veut vraiment. La croirait-on si elle livrait la part exacte de ses épreuves, concluant, qu'après avoir vécu tant d'incertitudes, son désir est de trouver la paix de l'esprit ? Au fond, elle est peut-être de la race de ces gens qui ont connu les excès, les ont même fréquentés de près, puis, ayant fait le tour de ce monde, se rangent à l'honnêteté afin de soulager leur âme. Il n'y a pas pire bigot que le repenti ! À se demander si ce n'est pas ce qui la rapproche de Louis, deux êtres fatigués de leurs prouesses anciennes, même si, elle, ne les a pas toujours recherchées. On ne se réjouit pas d'être née en prison, ni d'être une jeune orpheline démunie, d'être forcée de quémander l'hospitalité à une famille qui, à coups de railleries, rappelle sans cesse qu'on est *une moins que rien*, de trouver pour refuge la couche d'un tordu, de supporter les frasques d'Athénaïs parce que son rang est celui de gouvernante des enfants…

Se pourrait-il même que son union avec le roi soit en réalité une charge ? Bien sûr, elle fut sa maîtresse. Mais, plaidera-t-elle, se refuse-t-on au roi ? La chose faite, ce fut un autre projet de devenir pas tout à fait sa moitié, sans en ignorer le prix : moqueries, jalousies, haines, rancœurs, médisances où se mêle l'accusation d'être intrigante – d'avoir par orgueil voulu caresser le sommet.

Être l'épouse de Louis XIV n'est pas une sinécure. Les proches ont critiqué le choix de Sa Majesté de l'avoir choisie, ont prédit la risée du monde. Françoise Scarron, femme du plus grand roi de tous les temps ! Une comédie ridicule flétrissant l'histoire d'un règne flamboyant. Être femme et nullement reine, voici encore ce qu'elle subit. Vivre dans l'ombre, presque cachée, soumise aux regards de ceux qui la détestent ou se moquent de la *belle Indienne*, un titre que les années lui ont volé. Est-elle toujours séduisante ? L'âge, soupire-t-elle, produit nécessairement des ravages, même si l'époux hardiment besogneux lui prouve son affection. Une autre souffrance…

— C'est votre devoir, lui a expliqué le père La Chaise. Vous vous devez au roi. Cela aussi s'appelle la dévotion…

Le brave jésuite a-t-il une idée de ces choses naturelles ? Connaît-il la force d'un lion inépuisable ?

— Qu'importe les moyens. Aidez-le à demeurer sur le droit chemin.

Celui qu'emprunte le roi, chaque jour, vers cinq heures, à peine entré dans l'appartement, tourne parfois au supplice…

— Voulez-vous qu'il reprenne la course folle des aventures amoureuses ? insiste La Chaise.

Le sujet revient, la question éternelle des frasques royales.

Le père La Chaise fut celui qui les maria dans la nuit du 9 au 10 octobre 1683. Avant, il s'était entretenu avec elle, rappelant que la femme était soumission, fidélité et obéissance au mari.

— Chère enfant, soupirait le jésuite, la charge sera lourde et je sais combien vous affronterez d'épreuves.

— Ce mariage est-il donc un sacrifice ? Je n'ai rien à espérer en retour ?

La Chaise hésita, cherchant ses mots.

— Lorsque l'épreuve deviendra trop difficile, se décida-t-il, rappelez-vous que vous œuvrez pour le salut d'une âme royale. Considérez ce mariage comme un sacerdoce. Comblez votre époux et soyez honnête. Voici la seule façon de lui réclamer la même sagesse en retour.

Et parce qu'il maniait à la perfection l'exégèse, il ajouta :

— En le sauvant, vous vous sauverez vous-même.

*

Depuis, la marquise s'acquitte de sa mission, participant, pense-t-elle, à l'ambitieux programme du prêtre : ramener le roi dans la foi, le soumettre à la Loi de Dieu. Ainsi avance, également, le projet de ceux qui réclament la révocation de l'édit de Nantes.

Loin de ses combinaisons, ce que cherche Maintenon est peut-être plus simple : la paix de l'âme au bout du chemin, celle promise par La Chaise si elle veille sur le roi et s'y soumet. Pour cela, elle se plie aux souffrances de sa fonction, tient son rôle, accepte d'être détestée, malaimée, maltraitée. Mais, de grâce, elle ne veut pas perdre le roi, seul refuge dans cette vie si éloignée de la sérénité à laquelle elle aspirait après avoir connu tant d'écueils et de doutes.

Or, hier, c'était le 27 août, elle a vu la tentation, le danger. Elle sait pourquoi le roi est attiré. La *belle Indienne* ne peut rivaliser. Bien sûr, Louis a juré fidélité. Il s'est même étonnamment confié, expliquant qu'après avoir *tenté le diable*, il revenait plus décidé. Aucune crainte, le *bon temps* était passé. Et il avait fallu aussi le croire quand il affirmait que, pour éteindre le feu – les rumeurs, encore elles ! –, ils devaient parader tous deux, unis comme le couple qu'ils formaient, face à la tentation. C'était le sacrifice qu'il réclamait. Et, au nom de la dévotion, elle l'avait accepté. Puis elle avait vu Amandine Le Faillon à laquelle un lion, même converti, ne pourrait résister. C'était une question de temps. Elle le savait.

Alors, elle avait agi comme elle le croyait juste : alerter La Chaise. Le roi et elle étaient en danger. Elle avait donné le nom d'Amandine. Or, étrangement, La Chaise ne semblait pas surpris.

— Le bruit court depuis un mois. Je savais. Mais j'ai à mes côtés un coreligionnaire de la Compagnie de Jésus qui m'assure connaître cette famille et s'en méfie aussi. Il prétend même savoir comment écarter le mal.

Le bon père La Chaise livra même le nom du sauveur :

— Le révérend Joseph de Marolles.

Chapitre 24

À DIX-HUIT ANS, Joseph de Marolles, né le 17 janvier 1610, avait rejoint le noviciat de l'ancienne rue de Jouy[1], voisin de la maison professe[2] de la Compagnie de Jésus du quartier du Marais. La formation servait aussi à séparer le bon grain de l'ivraie. Une cohorte d'enseignants repérait les vocations sincères, écartait les imposteurs. Certains candidats, plus adroits que leurs maîtres – et ce n'était pas facile –, passaient à travers les mailles du filet. Le jeune Marolles était de ceux-là. Issu d'une famille peu fortunée qui n'aurait pu lui offrir de bonnes études sans le soutien des jésuites, il n'avait guère eu le choix. De sa vie, il fut donc une seule fois sincère : il aurait préféré l'armée, mais les lauriers militaires coûtaient cher. Alors, par intérêt, il avait choisi le noviciat de la rue de Jouy.

1. Aujourd'hui, rue Charlemagne. Elle porta les noms de rue de l'Abbé-de-Jouy, de la Fausse-Poterne, de la Fausse-Poterne-Saint-Paul, de l'Archet-Saint-Paul et rue des Prêtres-Saint-Paul.

2. Les jésuites demeurant dans une maison professe avaient fait (profession ou profès) leurs quatre vœux (chasteté, obéissance à l'ordre et obéissance au pape, charité). Ils vivaient grâce à la générosité et ne réclamaient rien aux fidèles dans le cadre de l'exercice de leur ministère.

Sur place, le jeune homme s'arrangea pour paraître ce que l'on attendait de lui : discipliné, bon raisonneur, obéissant. Sans conteste, il disposait de facilités naturelles et apprenait vite. Au cours de sa période d'initiation, il développa de fort belles qualités d'écoute et d'observation et se disait porté par la grâce, s'exaltant à l'idée de glisser ses pas dans ceux du Général Ignacio de Loyola, fondateur de la Compagnie de Jésus, et affichant sa hâte à œuvrer pour « une plus grande gloire de Dieu [1] ». Général ! le titre lui plaisait. Il y voyait l'écho du monde militaire qui lui avait échappé, et ce n'était pas faux. La Compagnie s'organisait telle une armée. Il y avait des chefs, des provinces à la manière de l'Empire romain dirigées par des Supérieurs et des Ministres – dont le sens latin était serviteur, mais le novice Marolles l'oublia pour retenir ce qui le séduisait. Dans la Compagnie des jésuites, commander avait peu à voir avec la naissance ou la fortune et, Supérieurs ou Ministres, tous étaient puissants. Leur mission consistait à faire respecter les ordres du Général, se donnant alors les noms de soldats, de missionnaires du pape, le Vicaire du Christ. Pour un ambitieux, s'annonçait une vie jalonnée d'honneurs et d'éclat. Aussi promit-il d'aider les âmes. Il était converti, mais non dans le sens où Dieu l'entendait.

*

Aider les âmes, c'est-à-dire entendre les fautes des autres et disposer du pouvoir de les pardonner, offrait au titulaire de la charge un pouvoir considérable. Il dirigeait les

1. *Ad majorem Dei gloria*. Pour une plus grande gloire de Dieu. C'est la devise de la Compagnie de Jésus.

consciences. En somme, il transformait les hommes en êtres façonnables à l'infini, prêts à la soumission en échange d'un pardon dont lui-même doutait. Auprès de son confesseur, il avait pris la mesure du génie de la rhétorique permettant, selon les circonstances, d'absoudre ou de condamner la même faute. L'appréciation, aussi subjective que l'intime conviction, ouvrait des perspectives illimitées à celui qui avait le droit de pardonner, non dans l'intérêt du pécheur, mais pour son bénéfice. Plus tard, lorsqu'il eut la faculté de gracier son prochain, il chercha les limites de la domination. Elles n'existaient pas. Il pouvait tout obtenir de l'esprit et du corps, soumission, argent, plaisirs charnels, puisque ses décisions étaient destinées à *aider l'âme*, cette essence de la vie sans apparence et si abstraite qu'il en jouait et lui prêtait n'importe quoi. Docteur des âmes, le titre était ronflant, n'exigeait nulle notion technique et reposait, jugeait-il, sur le bavardage. Une vocation naissait, mensongère et falsifiée et, en agissant avec ruse, seul le Tout-Puissant saurait que l'ouvrier fraîchement recruté moissonnait uniquement les mauvaises herbes…

Ce n'était plus qu'une question de temps, d'application et d'études. Il fallait s'accrocher et dissimuler sa vraie nature pour ne pas se trahir, gravir les marches une à une jusqu'à atteindre le jour béni où il prononcerait les trois vœux sacrés – l'obéissance, la chasteté, la pauvreté. Promettre était toujours possible. Restait ce quatrième vœu, propre aux jésuites, qui exigeait une obéissance absolue au pape.

Dans cette armée, il était impossible de dire non et Joseph de Marolles craignait d'être envoyé dans des contrées lointaines qui l'éloigneraient d'une vie rêvée. Il serait missionnaire à Paris ou rien, car les riches consciences à gouverner n'y manquaient pas. Pourtant, il n'hésita pas à promettre d'obéir et d'aimer l'Église comme une mère. Le ton était ferme, la voix solide, l'allure sobre ressemblait à celle du prédicateur. On vérifia un jour de semaine en l'invitant à monter en chaire en l'église Saint-Louis, voisine de la maison professe, là où le cardinal de Richelieu avait célébré la messe [1]. Le sujet porta sur la dévotion. Il y excella, parlant du sacrifice. Ce fut le jumeau d'Onuphre [2]. Sa carrière débutait.

*

Il parvint à convaincre ses supérieurs que sa meilleure place se situait dans le quartier du Marais qui l'avait vu naître. Il s'y acharnerait jusqu'à convertir les fidèles aux *Exercices Spirituels* conçus par Ignace de Loyola, il ramènerait dans le droit chemin les brebis galeuses des cours des Miracles et, sans négliger le pauvre et l'indigent, il lutterait contre le vice frappant la noblesse. Il fut si persuasif, qu'ayant réussi l'ultime examen de conscience, il fut autorisé à exercer sa mission, avant même d'avoir gravi tous les échelons du sacerdoce.

On le voyait parader dans les rues voisines, le sceau de la Compagnie – IHS [3] – brodé sur une modeste tenue,

1. L'église se situe rue Saint-Antoine et touche le lycée Charlemagne.

2. Personnage tiré des *Caractères* de Jean de La Bruyère et semblable au *Tartuffe* de Molière. La fausse dévotion y est dénoncée. Un extrait : « Il y a quelques livres répandus dans sa chambre indifféremment, ouvrez-les : c'est le *Combat spirituel*, le *Chrétien intérieur*, et l'*Année sainte* ; d'autres livres sont sous la clef… » *Les Caractères*, XIII, 24.

3. IHS sont les trois premières lettres de Jésus en grec : Iota, Epsilon, Sigma.

menaçant le Pharisien de l'enfer. Un jour, une femme au sang chaud lui confia ses péchés et, en échange du pardon, il ne refusa pas sa dîme. Le plaisir rapide qu'il prit fut une découverte et, plus important, il ne se sentit pas coupable.

On finit par le voir au couvent des Annonciades célestes où se réunissait pour l'office la famille du marquis de La Place [1]. Les jouvencelles fréquentant le couvent n'étaient pas pour rien dans son attirance. L'exaltation qu'il mit à convaincre l'abbesse de profiter de ses talents d'orateur produisit un nouveau miracle. On lui confia à nouveau la chaire, il y brilla, on le convia le lendemain et les jours suivants. L'affluence ne faiblissait pas. On manquait de sièges. Et lui, applaudi par les sœurs dès la fin de la messe, souriait aux jeunes pucelles, s'aventurant parfois à caresser les cheveux de l'une d'elles, ravi de tenir dans sa main le parfum de la virginité.

Le succès du jeune prédicateur finit par plaire au marquis de La Place qui le choisit comme directeur de conscience, puis lui proposa de l'installer dans son bel hôtel de la rue de la Couture-Sainte-Catherine afin de veiller sur les caractères de ses deux fils et de sa fille. Le vice et le mal entrèrent masqués car Marolles prit soin de ne réclamer qu'une chambre austère, située à l'arrière des belles pièces de la magnifique demeure.

Il rendait compte à ses supérieurs, vantait les progrès de la foi, citant le nombre de fidèles qu'il accueillait aux Annonciades célestes, et l'influent marquis de La Place

1. Situé rue de la Couture-Sainte-Catherine (aujourd'hui, rue de Sévigné). À l'emplacement du couvent, on trouve le lycée Victor-Hugo.

obtint de conserver près de lui l'estimable Marolles, le poison insidieux infectant les lieux.

*

Le drame survint peu avant la fin de l'année 1637. Il avait vingt-sept ans, les quatre vœux avaient été prononcés et rien ne devait plus lui faire barrage. Puis vint Marie, servante à la beauté sans pareil, et Joseph de Marolles découvrit qu'une âme sincère et pure pouvait résister. Alors, il écouta le diable qui, attendant ce moment, lui murmurait qu'il était temps d'oublier les bonnes paroles et de se servir de la violence – d'être soi-même. Et qui avait pu oublier ce qu'il s'était passé[1] ?

Il l'avait prise un soir, dans cette chambre minable, piégeant la jeune fille qui venait chercher son linge. Un moment de possession et de folie qu'il n'avait jamais regretté, soulevant sa soutane et faisant de même avec la jupe de la garce, soudoyant son corps, la brutalisant, jurant pendant qu'il besognait et suait qu'elle connaîtrait l'enfer si elle racontait l'aventure. Les gémissements de douleur de Marie excitaient Marolles qui se vida, en râlant que la chienne jouissait d'être prise, qu'elle prenait du plaisir. « Hein, tu aimes ! » grognait-il, tandis que Marie, le ventre en feu, serrait sa chemise déchirée pour cacher sa poitrine.

Mais cette idiote pouvait se plaindre. Allons, personne ne la croirait, se répétait-il pour calmer l'inquiétude qui naissait. Par prudence, il avait exigé de l'entendre en confession sur-le-champ afin qu'elle avoue ses intentions, et Marie, martyrisée, choquée, suppliciée par la souffrance autant morale que

1. En italique, extrait de *Un jour je serai roi*, *op. cit.*

physique, s'était soumise. S'agenouiller et implorer Dieu pouvait peut-être effacer ses taches. Marolles, recouvrant sans vergogne l'allure sévère du jésuite, avait parlé d'un crime, certes commis à deux, mais dont le principal responsable était le petit air de vicieuse de l'aguicheuse. Usant des ressources extraordinaires qu'offre l'herméneutique, cette science de l'interprétation des textes bibliques, habitué à débattre du sexe des anges ou à défendre n'importe quelle cause et son contraire, il avait conclu que c'était par sa faute car elle l'avait provoqué. Donc, elle seule serait punie, à commencer sur la terre, si elle babillait. « Tu deviendras la catin excommuniée », chuchota-t-il. « Aucun homme ne voudra de la fille du démon qui a couché avec le prêtre, si tu racontes ce que tu as fait. » Elle était partie ainsi, attendant la fin du service pour laver à l'eau fraîche ses chairs meurtries dans la cuisine.

Des remords, Marolles n'en avait jamais connu. Si elle passait dans un couloir, elle baissait les yeux, lui les laissait ouverts, sévères, inquiétants. Oui, elle gardait son secret et Marolles se prit à rêver qu'il pouvait renouveler l'expérience. Il résista un temps, tremblant de désir, repoussant ses envies et se donnant autant de bonnes raisons d'y céder. Un soir, il se décida et la saisit par la taille. Elle lutta, mais il était fort. Ses mains s'accrochèrent. Il comprit que son ventre était rebondi. Il paniqua, exigea un autre péché : qu'elle avorte – ce qui, pour lui, n'était pas tout à fait tuer. Marie s'y refusa ; d'ailleurs, il était trop tard.

La devineresse Paillard avait achevé l'œuvre monstrueuse de Marolles, étouffant Marie après la naissance de l'enfant. Ainsi était né le *Roi noir*, fils de Joseph de Marolles.

Chapitre 25

POURQUOI MAROLLES n'avait-il pas tué l'enfant ? La peur de déplaire à Dieu ne comptait pas pour grand-chose. Il savourait le plaisir interdit à ses coreligionnaires de procréer. Un droit naturel pour toute créature humaine ! Les sentiments qu'il éprouvait pour ce fils n'avaient donc rien de touchant, mais la jouissance égoïste d'être un autre en secret le gonflait d'orgueil. Et tout cela n'avait coûté que le maigre sacrifice d'une servante quelconque dont la terre se moquait. Que risquait-il ? Aucune preuve, personne pour l'accuser. Un *détail* déjà oublié dont le Tout-Puissant, Lui-même, ne se souviendrait pas.

L'impunité lui procurait une sorte d'exaltation. Le malaise des premiers mois – il n'éprouvait aucun regret – s'estompait. Il oubliait parfois que son fils était le produit d'un viol et se voyait sur ses vieux jours lui annoncer une partie de la vérité. Peut-être par écrit, de peur d'affronter les questions. L'histoire se rodait ; il inventerait un amour impossible et une fin tragique pour la mère qu'il avait amèrement pleurée sans pouvoir partager son chagrin. Et pour toute pénitence, il abandonnerait aux œuvres du couvent des Annonciades célestes les mille louis qu'il possédait déjà.

Sauf que rien ne s'était déroulé comme prévu.

Le gosse était sournois, solitaire, silencieux, imprévisible. À seize ans, il avait fui le collège de Montcler, annonçant qu'il se vengerait. L'idiot imaginait être le fils du marquis de La Place ! Et il fallut songer à se débarrasser de ce poids encombrant. Marolles s'y essaya. Rien n'y fit, le père et les deux fils du marquis de La Place y passèrent, au nom de la colère d'un bâtard à qui on aurait caché la vérité ! À coup sûr, le suivant sur la liste du revanchard serait Marolles qui, se voyant perdu, crut se sauver en avouant à Toussaint la fable mitonnée pour ses vieux jours. Le viol, il n'en fut, bien sûr, pas question.

Un fils allait-il tuer un père pour lui avoir *simplement* caché une historiette d'amour ? Et si ça ne suffisait pas pour arrêter le couteau qui le condamnait pour ses mensonges, il pouvait plaider le triste sort d'un jésuite ayant rompu son vœu de chasteté à cause d'un noble sentiment. Qu'on le plaigne, oui, il vivait dans le deuil, seul, murmurant sa douleur parce qu'il lui était interdit de crier – et sa croix valait celle de nombreux martyrs. Mais il n'eut pas besoin d'inventer davantage. Toussaint l'avait laissé filer avec ses explications confuses. Trop de sang vain avait coulé, et la lumière sur sa vie qui, maintenant, se montrait lui semblait plus cruelle que l'obscurité. Il n'était que le fils d'un être détestable et cynique l'ayant abandonné à la dure éducation des jésuites. Et qu'il aille au diable !

En attendant ce qui allait forcément se produire, Marolles, à quarante-cinq ans, fuyait au Portugal, reclus dans l'*Universidade do Espirito Santo* d'Evora détenue par la Compagnie de Jésus.

Sans doute en seraient-ils restés là, le père crevant de peur à cinq cents lieues d'un fils ayant choisi la violence pour tuteur, condamné par son affiliation diabolique à tenir le rôle du *Roi noir*. Mais, disait Calmés, préfet de discipline du collège de Montcler, Dieu surgissait là où on ne L'attendait pas. Ce jésuite si droit, si différent de Marolles, patienta dix années avant de soumettre son protégé, Toussaint Delaforge, à une ultime épreuve. Ah ! le coup fut terrible, digne d'un soldat de Jésus. Il informa Toussaint du retour prochain de son père à Paris et ajouta ceci : pris au piège par *Passe-Muraille*, le surnom de Calmés, qui s'acharnait à déterrer la vérité, Marolles avait troqué sa fuite et sa protection contre la confession de ses forfaitures. Eh quoi, les péchés avoués sous serment obligeaient le receveur à se taire. Marolles le crut, ce fut son erreur car, avant de céder à la mort, Calmés raconta à Toussaint les fautes de son père dans une lettre pathétique. Ce n'était pas la folie d'un vieillard sénile qui devrait rendre des comptes à Dieu pour avoir trahi la règle intangible du secret de la confession. En toute conscience, Calmés soumettait une dernière fois son ancien élève à l'épreuve. S'il résistait au désir de tuer son père malgré ces révélations, le jésuite lui promettait le salut éternel et le pardon de ses péchés. On sait qu'Amandine l'empêcha de commettre un meurtre. L'un et l'autre se sauvèrent donc mutuellement, chacun étant la *bonne étoile* de l'autre. Et le paveur Vautron prit la suite, échangeant la promesse de veiller sur la jeune fille contre celle de Toussaint de renoncer à s'en prendre à Marolles [1].

Et la vie alla ainsi. Mais qu'en avait-il été de l'ordure ?

*

Dix ans après l'exil, Marolles était donc réapparu à Paris. Dix années de pénitence rythmées chaque jour par

1. Voir *Un jour je serai roi* et *Le Roi noir de Versailles, op cit.*

un examen de conscience solitaire car il n'avait pas eu le courage de partager ses fautes. Ce fut une nouvelle erreur, instruite par l'orgueil qui avait déjà produit tant de mal. Il n'y avait rien de pire que de ressasser seul ses erreurs, de les revivre sans le soutien de quiconque. Dans ces conditions, nul espoir de les accepter, nulle chance de se réformer. Il manquait à Marolles un docteur de l'âme. Plongé dans la prière, usant à s'en étourdir de la discipline et du silence, faisant face des nuits entières au Christ miséricordieux sacrifié sur la Croix, s'accusant d'être responsable de Ses plaies, il finit par ressentir des remords, mais ils baignaient dans la noirceur. Dans sa tête malade, le résultat de la contrition était tordu.

Ne disait-on pas qu'il n'y a pas pire dévot que le repenti ?

Celui-ci changea de peau. On le vit maigre jusqu'à l'os, se privant de tout, multipliant les sacrifices douloureux, marchant pieds nus l'hiver sur des lieues qui l'emmenaient aux limites de ce que le corps peut souffrir, puis, l'été, s'interdisant de se désaltérer pendant ces heures où l'ardeur du soleil brisait la pierre blanche des murs d'Evora, la ville citadelle. Il allait sur ses soixante ans ; vieilli prématurément, on le supplia presque de revenir à la raison.

Quelle que fût la cause de ses tourments, le Supérieur lui expliqua que Dieu seul le jugerait le moment venu.

— Et tant qu'Il ne vous appellera pas, vous retournerez à la vie sur la terre.

— Vous me chassez ? gémit-il

— Je vous aide, répondit-on, puisque raisonner était encore la meilleure arme du soldat jésuite.

*

On le vit à nouveau au Marais. Et qui aurait reconnu l'être métamorphosé qui déambulait dans les rues ? Joseph de Marolles, éthéré et fripé, s'adonnait à son métier avec l'ardeur d'un novice : *aider les âmes*. On le voyait partout où l'Esprit saint l'appelait, du moins le croyait-il, menant une féroce croisade contre la luxure. Dévot n'était plus assez ; inquisiteur, non plus. Il s'imaginait général de l'Apocalypse, à la tête d'une armée d'anges livrant une lutte titanesque contre l'impureté. Son sabre était la croix, sa sentence, l'excommunication – les flammes de l'enfer ! Il promettait nul repos au vice tant qu'il ne serait pas éradiqué, arpentant la cour des Miracles de la cour Brissel, non loin de la rue de la Mortellerie et de la rue du Temple[1]. Il saisissait par le col les coquillards, toisait les cajoux, menaçait les marfaux[2]... Si bien que les piètres, les millards, les malingreux, les rifodés, cette horde de faux estropiés et de vrais voleurs passaient leur chemin dès qu'ils apercevaient le dément. Millard avait eu raison de l'écrire : en matière d'intolérance, c'était *le pire de tous*.

Seules les filles de joie trouvaient grâce auprès de Marolles qui leur promettait le salut à condition d'abjurer le démon.

Aussi étrange que cela paraisse, le missionnaire obtint des résultats, convainquant quelques-unes d'entre elles de prendre le chemin de la pureté. Chaque conversion était un grand spectacle qu'on n'aurait manqué sous aucun prétexte. Rassemblés au cœur de la cour Brissel, les argotiers, terme générique pour désigner la faune, suivaient la transformation de ces femmes qui, hier, se vendaient

1. Quartier de l'Hôtel de Ville en remontant vers la rue des Archives.

2. Les coquillards sont de faux pèlerins. Les cajoux, les bras droits du ragot, le chef de la cour des Miracles. Les marfaux, des maquereaux.

pour dix sous et qui avançaient maintenant, paumes jointes et dirigées vers le ciel, vêtues d'une grossière robe de bure, chantant la gloire du Seigneur, accueillant Sa bénédiction sous la forme d'un nouveau baptême, source de la nouvelle vie.

La Compagnie de Jésus en vint même à s'intéresser à ce parcours chaotique. Et l'on finit par croire que la prière et l'effort avaient peut-être produit un résultat miraculeux. Après des années d'errance, la transformation était formidable. Si bien que l'on approfondit l'enquête, vint l'espionner, questionnant le meilleur et le pire du quartier. Le jésuite était irréprochable, loin du fat vautré dans le luxe de l'hôtel du marquis de La Place. Dix ans de pénitence à Evora, dix ans encore à sillonner la cour des Miracles, le parcours laissait rêveur. À plus de soixante-dix ans, Joseph de Marolles se révélait un missionnaire solide. Un renfort dont la Compagnie avait grandement besoin pour remettre dans le droit chemin les oisifs de Versailles.

On le fit venir à la maison professe du Marais où il suivit une ouverture de conscience approfondie[1]. Eh bien, il fallait se rendre à l'évidence. Aucun esprit ne pouvait être plus soumis et plus désireux de convertir. Aussi, ne tarda-t-on pas à proposer à Marolles de rejoindre Versailles pour bouter la religion prétendument réformée et les us et coutumes libertins[2]. Car on manquait de soldats du gabarit de La Chaise.

1. Chaque année, le jésuite livre ses joies et ses peines ainsi que les dangers qu'il affronte afin de définir avec lui les tâches où il donnerait le meilleur de lui-même.

2. Religion prétendument réformée : il s'agit du protestantisme.

Marolles ressortit de l'entretien plus décidé que jamais. Dieu lui confiait une nouvelle mission ; les épreuves précédentes avaient servi à cela : l'amener au soir de sa vie à la plus belle des victoires. Il serait de ceux qui guideraient le royaume de France sur le chemin du pape, Vicaire du Christ. L'illuminé ramènerait au Général de la Compagnie la révocation de l'édit de Nantes.

Ainsi s'expliquait la missive de Thierry de Millard destinée à Bontemps. Apparaissait à Versailles, dans l'entourage immédiat de La Chaise, donc du roi, un personnage néfaste pour la liberté. Il fallait le surveiller, se méfier, ne jamais sous-estimer sa capacité de nuisance. Il influencerait les consciences, ne s'en priverait pas. Alors que le clan de l'indulgence faiblissait, que toutes les actions de Sa Majesté seraient observées et jugées à l'aune de nouvelles règles morales, Millard avait pris soin d'alerter Bontemps, fidèle parmi les fidèles et protecteur du roi. Le nouveau venu était de ceux qui se serviraient du moindre écart pour nourrir sa cause.

*

Mais avant de partir pour Versailles, Marolles décida de retourner une dernière fois dans la cour des Miracles pour dire adieu à ce monde qui l'avait sauvé. Cela tombait bien. Une catin y mourait et voulait qu'il l'entende. Elle avait dû être belle, mais l'intraitable ne prêtait plus attention à ces détails depuis fort longtemps. Il écouta ses plaintes, ferma les yeux pour accueillir la liste de ses péchés, et les rouvrit en entendant le nom que balbutiait la pécheresse. De quoi parlait-elle ? Qui était-elle ? Pourquoi Dieu, qui n'avait donc pas oublié, le forçait-Il à revenir au passé ?

Il demanda à la femme de répéter, voulut entendre toute son histoire et, plus elle se confiait, plus Marolles s'affolait. Rien n'avait changé, le passé remontait des abysses et, au milieu du chaos, se montrait son fils, Toussaint Delaforge. Le *Roi noir*.

Cinquième partie

Un homme qui a vécu dans l'intrigue un certain temps ne peut plus s'en passer[1].

1. Jean de La Bruyère.

Chapitre 26

LUNDI 3 SEPTEMBRE 1685, l'été se plaît tant qu'il s'attarde à Versailles. Personne ne se plaint, sauf Vautron, l'incurable râleur. Deux mois qu'il souffre de la chaleur épaisse, lourde, qui colle la chemise à la peau, sèche la gorge, met du plomb dans les jambes. Si ça lui chante, l'oisif musardera toute la journée dans les jardins. Lui, il pense à la quantité de pierres qu'il soulèvera ; et ça ne tarde pas. Il est six heures trente, lorsqu'on en livre une charrette sur le chantier de la maison du Parc-aux-Cerfs. Des beaux carreaux à un louis la centaine – et le crétin chargé de la course rate son affaire.

— Attention, recule ! vocifère Vautron.

Trop tard ! La roue droite enfoncée dans un nid-de-poule prend un angle inquiétant. Elle est à moitié sortie de son axe et va se briser en deux.

— Mets-toi sur le côté.

Vautron parle calmement. Pour le moment, nul reproche. Pas la peine d'user ses forces. D'abord, explique-t-il, il faut tirer la charrette à bout de bras pour la sortir de l'ornière. À peine dit, il crache dans ses mains pour se donner du courage – et hue dia !

— Encore… Encore un poil et on y est.

Le fautif se dit que le vieux a une sacrée poigne ; il vaut mieux ne pas l'énerver.

— C'est bon. Maintenant, on va essayer de réparer.

La carriole gémit, le bois craque, la manœuvre a aggravé dangereusement le porte-à-faux. Le péril empire, l'axe peut céder, broyant la charrette lestée par le chargement. Pourtant, Vautron s'allonge et s'enfonce dessous sans prendre le temps de respirer.

— Au signal, tu glisses la roue dans l'essieu. T'as compris ?

Pas question de discuter.

— Un, deux, trois ! Vas-y !

Le vieux à quatre pattes porte tout sur les reins ; il serre les dents, souffle comme un taureau, le visage en feu.

— Tu y es ? Tu y es ! grogne-t-il.

— C'est bon. Ch'uis d'dans…

Vautron relâche lentement son effort pour que le plateau tienne bon et, par prudence, il demande à Dieu de pardonner ses fautes.

Quand les craquements cessent, il rouvre les yeux, rampe sur ses coudes jusqu'à l'air libre, roule sur le côté pour se dégager. Faudrait pas non plus tenter le diable…

Une fois debout, il fait le tour de la scène et son humeur naturelle revient au galop.

— Regarde-moi le travail… grognasse-t-il.

Le chargement a basculé d'une bonne moitié sur la route et le paveur gueule encore parce qu'il faut dégager le passage. Ce n'est pas tout. Des carreaux devront être retaillés parce que les arêtes ont pris des coups. Un éclat par-ci par-là, pas grand-chose, pas de quoi rouspéter, s'aventure le jeune maladroit, en haussant l'épaule. Un débutant ignorant encore que Vautron déteste que la marchandise soit abîmée. Les pierres, il les lustre une à une avec la manche de sa veste rapiécée et y grave un V avant de les poser.

La sueur glisse dans les rides qui lézardent son visage, les veines du cou sont gonflées. Manquerait plus que l'orage éclate et qu'il barbote dans la boue, les sabots collés, la main mal assurée, l'eau entrant dans le col de la chemise. Il en a pour deux heures à nettoyer ce foutoir !

— File ! Va chercher le reste, jette-t-il au jeune Limousin qui attaque son troisième jour dans l'entreprise Pontgallet.

— M'sieur, gémit-il, je suis désolé…

— La prochaine fois, tâche d'être moins ballot, réplique le patriarche d'une voix adoucie.

Et le gamin file sans demander son reste au soupe au lait.

*

Le voilà seul, le curé défroqué, maugréant dans sa barbe poivre et sel, allant d'un tas à l'autre, ne sachant trop comment s'y prendre. Un regard vers le haut de l'échafaudage. Va falloir hisser le tout à vingt pieds – dix carreaux par chargement dans un seau en cuir qui parfois se déchire. Et que fabriquent les autres ? Trois apprentis recrutés en mai. Déjà un quart d'heure de perdu ! Hier, c'était dimanche. Alors, la nuit douce, le bon vin et deux ou trois œillades aux jolies filles d'ici… Ils arriveront le poil en bataille, l'œil bas, le reste pas mieux. Ces idiots ont forcément dépensé la solde du samedi et c'est lui, encore, qui les dépannera.

Un jour comme celui-ci, Vautron se dit que la jeunesse le fatigue plus que les années qui comptent double à présent.

— Sans parler du travail qui déboule…

Deux commandes viennent de rentrer. Deux maisons. Le carnet est plein…

— Tu te plains ou tu ronchonnes ?

Bon sang ! sursaute-t-il, voilà que son ouïe est moins fine. Il n'a pas entendu arriver Jean Le Faillon.

— On embauche à six heures, par ici, trouve-t-il seulement à répondre. Il y a peu j'aurais eu vraiment besoin de toi.

— Qu'est-ce qui ne va pas aujourd'hui, mon ami ? continue le fils Le Faillon sur le même ton moqueur.

— T'en as de belles, renâcle le paveur. T'as vu ? Non, tu n'as même pas regardé. Je vais passer la journée à réparer les âneries des autres… Au moins cent carreaux de foutus.

— Qui a fait ça ?

— Rien. C'est du passé…

— Il ne trahit pas, le père Vautron, plaisante toujours Jean. Râleur mais charitable…

— Arrête, Jean !

— Je vais te donner un coup de main, lance-t-il gaiement en ôtant sa veste.

— T'as pas la tenue. T'es endimanché… T'as oublié qu'on était lundi ?

— J'ai un rendez-vous important, s'assombrit aussitôt le fils Le Faillon. La surintendance. Dans une heure…

— Repose cette pierre tout de suite, tu vas te saloper.

Vautron lui arrache des mains et la pose délicatement sur le sol en pliant les genoux :

— Manquerait plus que tu te blesses la main, lâche-t-il en se redressant. Toi, c'est le dessin. N'oublie pas…

Il se masse le dos, regarde Jean avec affection.

— Qu'est-ce qu'on te veut encore chez Hardouin-Mansart ?

— Sais pas trop…

*

La convocation est arrivée à l'entreprise, le lendemain de la soirée d'Appartement. Un message sibyllin.

Vous êtes attendu le 3 septembre à sept heures trente.

C'était signé Marigner, chef du Bureau chargé du Budget [1].

— Peut-être l'aile Nord… s'interroge Jean à voix haute. J'ai entendu dire qu'il y avait du retard.

Il ne veut penser à rien d'autre de sombre. C'est fini, oui. Amandine et lui sont ressortis de Versailles main dans la main. Ils ont dormi chez les parents Le Faillon, blottis l'un contre l'autre.

— On n'en parle plus ? avait proposé Jean dans le noir.

— Je suis d'accord, avait chuchoté Amandine.

Il avait été question de la surintendance, de l'aile Nord. Le roi avait ajouté que Versailles gagnerait à profiter des talents du jeune architecte… C'était tout ?

— Oui, c'est tout, avait répété Amandine, mais les paroles de Madame de Maintenon entendues par elle seule cognaient dans sa tête : *Ne me volez pas le roi.*

*

1. Le nom de Marigner est emprunté à l'organisation de la surintendance sous Jules Hardouin-Mansart, en 1699, décrite par F. Tiberghien dans *Versailles, le chantier de Louis XIV*, déjà cité. Marigner dirigeait le 4e Bureau de la direction de l'administration générale.

— Fais attention avant de prendre du travail.

Vautron ramène Jean sur terre.

— Souviens-toi de Marguerite. Elle a voulu toucher le ciel et tu connais la suite… Bâtisseur du roi, c'est bien, mais faut parfois en payer le prix. La jalousie, sale défaut, méfie-t'en.

— Je retrouve le prêche du curé, sourit Jean.

— Fous-moi la paix avec ça ! Tu ferais mieux d'écouter. Je connais Versailles mieux que toi et j'en ai vu… T'imagines pas.

— Je te promets d'être prudent, répond-il gravement.

Jean s'interroge aussi. La convocation de la surintendance est-elle vraiment une bonne nouvelle ?

Chapitre 27

AMANDINE SE SENT MIEUX à Saint-Val. La fin de l'été y est pour quelque chose, mais la soirée si attendue et si redoutée à Versailles explique surtout la mutation. Désormais, elle voit clair. Le ménage est fait dans sa tête. Le bien, le mal, ce qui est bon ou pas pour elle se dessine aussi nettement que la ligne d'horizon du pré du *Couchant* fixant les limites de son territoire. Elle répète ce possessif – *son* territoire –, s'y accroche. Personne ne viendra plus troubler sa quiétude et que Maintenon ne s'inquiète pas. Lui voler son roi, ce n'est pas son intention.

Cette femme malheureuse murmurait, suppliait qu'on lui réponde, mais c'était impossible. Trop de monde, de regards ; les bons mots ne venaient pas. Aurait-elle ouvert la bouche, juste acquiescé en silence que surgissait un doute. Cela pouvait dire qu'elle se sentait coupable. Or, il n'existe nulle faiblesse, aucune trahison. Le roi est venu à Saint-Val, elle ne l'a pas invité. Un regard, un jour déjà ancien à la Cour, ce n'est ni une invite ni une provocation. Cent autres cherchaient à attirer l'attention de Sa Majesté. Qui n'aurait pas cédé à ce plaisir ? Elle reconnaît que ce fut une maladresse. Mille pardons et dix fois plus de regrets. En retour, elle demande qu'on la croie. Sa conduite fut irréprochable.

Voilà pour la raison, l'argumentation qu'on se répète pour apaiser sa crainte. Hélas, rien n'y fait. Les idées cheminent malgré tout sans logique, et les mauvaises pensées surgissent. *Ne me volez pas le roi.* Comment doit-elle le prendre ? Est-ce une menace ou une supplique ? Il n'y a rien de plus dangereux qu'une femme se sentant en danger. Et celle-ci est puissante. Amandine regrette de ne pas avoir su étouffer la détresse de Madame de Maintenon. Il suffisait de lui jurer pareillement à voix basse qu'il n'y avait rien à craindre. Elle tente de retoucher la scène, modifie la fin, l'imagine s'achevant sur un sourire. « Merci, je vous crois… » Un épilogue plus rassurant qu'un regard désespéré.

Puis les jours défilent et ce sale moment la laisse en paix de temps à autre ; l'inquiétude s'endort. Tout est passé. Elle n'est rien, ne compte pour personne. Une semaine s'est écoulée depuis la soirée d'Appartement. Cahin-caha, la vie d'avant reprend sa place. Loin du tapage, l'esprit s'apaise, le cœur bat moins vite. Amandine se persuade même que son histoire a du bon. La digue a tenu. Malgré les vagues et les remous, elle et Jean ont résisté. Maintenant, il faudrait oublier, et c'est plus dur depuis qu'elle se retrouve seule, sans jalon. Car, depuis hier, Jean est à Versailles.

*

Le 28 août au soir, ils rentraient à Saint-Val. Antoine a sauté dans les bras de son père. Le roi ? Le roi ! hurlait-il. Est-ce qu'ils l'avaient revu, reviendrait-il bientôt ? Jean a répondu : « On ne sait jamais », en regardant Amandine dans les yeux.

Mais elle était certaine qu'il n'y aurait pas d'autre fois.

Ils ont connu quatre jours tendres, délicieux, rescapés de la tempête. Ils se regardaient, se souriaient pour s'assurer qu'ils vivaient le même conte… Puis Jean a dû repartir. L'entreprise, les travaux, son père… Ces contraintes qui pèsent de plus en plus.

— Tu sais, a-t-il commencé…

Il allait pour lui dire qu'il songeait à quitter Versailles pour toujours. Il voulait peindre, rien que ça. Toussaint Delaforge avait été généreux. Outre Saint-Val, il leur avait abandonné une part de sa fortune déposée chez un notaire de Paris. De quoi s'échapper à tire-d'aile, faire un beau voyage, par exemple. Et Jean pensait à Cadix, même s'il rompait l'accord avec La Reynie qui interdisait le rapprochement avec le père d'Amandine. Qu'en saurait le policier du roi ? Ils ne se croisaient plus. Et puisque Jean voulait changer de vie… Adieu Versailles ? Il fallait y penser, mais ne pas se précipiter.

D'abord, laisser à son père de quoi vivre sans peine, au moins assez pour la supporter – jusqu'au jour où… Puis boucler les dossiers en cours, placer son équipe chez d'autres. Vautron ? N'était-il pas temps pour lui aussi de passer la main ?

— Oui, Jean. Que veux-tu me dire ? demandait Amandine.

Une fois partis, il lui parlerait de Toussaint Delaforge, sa *bonne étoile*. Peu à peu, il l'amènerait vers la vérité.

— Rien de grave, a-t-il simplement répondu. Une idée qui trotte. Quelque chose qui serait peut-être bien pour toi… Et pour nous. Mais c'est encore trop tôt pour t'en parler.

Avec un peu de courage, il pouvait se décider au retour.

*

Depuis, Amandine l'attend. Elle ignore ce rendez-vous à la surintendance dont se méfie Jean. Elle ira cueillir des fleurs au jardin, écoutera le jardinier Marcel lui parler des roses. Il est midi. Antoine déboule. Un grand signe de la main. Le repas est servi !

C'est le moment choisi par un carrosse pour se montrer au milieu de l'allée, juste après la courbe qui lui cachait jusque-là le château de Saint-Val. Bel ensemble, juge le visiteur. Et cela ne fait qu'accroître son plaisir. Bientôt, il mettra fin à tout cela.

Chapitre 28

JOSEPH DE MAROLLES n'avait eu qu'à écouter la mourante. Il hochait la tête de temps à autre pour l'encourager à tenir jusqu'à ce qu'elle lui ait raconté son histoire et il tendait l'oreille quand la voix faiblissait trop. Pour le reste, il contrôlait le plus possible ses émotions – clef de voûte du métier de confesseur. Quelle que fût la gravité des fautes, il ne fallait jamais montrer sa surprise, encore moins son horreur. La sincérité et la totalité des aveux étaient à ce prix. Ensuite, quand tout avait surgi, l'esprit étant soulagé, l'âme pour ainsi dire à moitié lavée, le ton pouvait changer. Le regard s'enflammait à l'image du Tout-Puissant menaçant le fautif des flammes de l'enfer, la voix tonnait, la sanction tombait… Quelle jubilation d'avoir dompté l'ancien égaré, de le transformer en un doux agneau ne cherchant plus que la protection du berger.

Des histoires comme celle d'Anne Pontgallet, fille unique de Marguerite Pontgallet, il en avait entendu des centaines et des centaines. Pitoyable, ridicule. Si humaine. Une pucelle fautait et se trouvait engrossée par un gredin, souvent un employé du père si celui-ci avait une bonne situation. La gourde tombait en pâmoison devant l'inconnu, était attirée par le danger – l'inverse d'un cocon familial rassurant et ennuyeux. Une petite vicieuse, concluait sans appel Marolles, qui payait au prix fort la curiosité : un marmot, un bâtard ! De tels récits l'ennuyaient et le dérangeaient. Il y voyait trop de similitudes avec son passé. Aussi délivrait-il en vitesse sa leçon de morale, y ajoutait une sentence à base de prières et de discipline, la teintant parfois de châtiments corporels, comme de se priver de manger. Puis, un *Pater*, un signe de croix. *Amen*.

Mais pour sa dernière mission à la cour des Miracles avant de partir à Versailles, le Seigneur le soumettait à une redoutable épreuve. La vermine ayant profité de la fille Pontgallet s'appelait Delaforge.

En entendant ce nom, Marolles avait peut-être respiré un peu plus fort, rien que cela. Sinon, il avait fermé les yeux.

— Continuez, je vous prie…

La boîte de Pandore s'ouvrait.

*

Il avait eu droit aux aventures des Pontgallet, une famille apparue au temps ancien où Toussaint avait été placé par Calmés en apprentissage chez le maître maçon. Il découvrait ainsi la vie de son fils puisque les liens entre eux avaient été rompus avant cette époque. Il ne craignait pas d'être démasqué. Il n'avait jamais été chez les Pontgallet et, même si Delaforge avait à l'époque cité son nom, Marolles ne s'était pas donné la peine de se présenter à la chique à mi-chemin de la mort. Non, il ne pouvait être identifié par cette catin. Et qui d'autre dans ce cloaque reconnaîtrait feu le flamboyant confesseur du marquis de La Place ? Méconnaissable. Allons, se rassurait-il, il n'était rien pour elle.

— Continuez, chuchotait-il pour l'encourager.

Ce garçon, Toussaint, avait donc hérité du plus sombre de son père. Menteur, corrupteur, violent… Autant de fers brûlant le géniteur qui y voyait le reflet de son âme. *Continuez,* ne cessait-il pourtant de répéter.

Amandine était née. Anne avait trouvé un mari, Léon, qui promettait de devenir un excellent maître bâtisseur. Une nouvelle vie débutait à Versailles. Hélas, vint le moment des retrouvailles des Pontgallet et du *Roi noir*, surnom évocateur qui se passait de commentaires. Des ennemis irréductibles et, forcément, l'un des deux était de trop [1].

Marolles découvrait que le diable avait un double, et lui en était l'auteur. Restait à entendre le pire : après avoir tout entrepris pour détruire ce clan, brûlé leur maison, et sans doute tué le mari d'Anne, homme généreux qui avait épousé autant la femme que l'enfant, Toussaint Delaforge avait sauvé Amandine en apprenant qu'il en était le père, avant d'être englouti corps et âme dans l'*étang puant*. Marolles se comparait. N'avait-il pas évité une mort certaine à Toussaint en l'enlevant à sa mère ? Si lui n'y avait pas abandonné sa vie, cela ne rachetait pas les fautes du *Roi noir*. Anne bredouillait à présent que sa mère, Marguerite, et elle avaient dû vivre avec un fantôme hantant leurs nuits, entendre sa fille réclamer sa *bonne étoile*, taire ce qui l'unissait au monstre qui avait tué son frère, peut-être son mari, par peur que le poison coulant dans les veines d'Amandine ne se réveille et produise de nouveaux ravages.

1. Lire *Le Roi noir de Versailles, op. cit.*

Marolles écoutait toujours. Ce sang était aussi le sien. Lui-même était donc maudit pour avoir donné la vie au *Roi noir*. Dieu lui soufflait une nouvelle mission : couper la veine, éradiquer le mal, éteindre la filiation infernale qui se perpétuait de génération en génération.

La fin fut plus embrouillée. Anne Pontgallet crachait une sorte de liquide épais et noir, ses mots s'entrechoquaient. Il crut comprendre qu'elle s'accusait d'avoir été elle-même infectée par le mal en devenant catin, en buvant sans raison, en volant même sa mère avant d'être chassée de Versailles par Jean Le Faillon et d'achever sa vie dans la fange de la cour des Miracles. Elle eut encore des mots pour le *Roi noir*, jurant tantôt qu'il était mort dans l'*étang puant*, puis parlant d'ombres qui la menaçaient encore, des corps qui avaient disparu, celui de Léon et celui de Toussaint. Et c'était à cause d'eux qu'elle avait fui Versailles et les siens.

Le jésuite songea aux effets sataniques, bien connus, du pécheur rongé de l'intérieur par la culpabilité. La drôlesse délirait avant de s'éteindre ce qui, chez ces gens abandonnés de Dieu, était assez fréquent. Marolles y vit surtout une bonne nouvelle. Son fils manchot ne lui nuirait plus.

— Je n'ai jamais été aimée des hommes, gémissait-elle. Mais vous, mon père, je sens que vous êtes bon. Sauvez-moi…

Elle s'accrochait à sa main, usant ses dernières forces dans ce geste qui la rattachait un peu à ce dernier espoir. Elle se taisait, sa bouche cherchait avidement de l'air, son haleine puait la peste, son regard partait à la dérive. Soudain Marolles en eut assez. Pour l'avoir croisée à ne plus savoir qu'en faire, il devinait que la mort prenait possession de ce regard. D'un geste sec, il se défit de sa poigne, il abandonnait Anne, et elle renonça à le retenir.

— Mon père, pardonnez-moi mes péchés… parvint-elle à bredouiller.

Marolles se redressa.

— Dieu, peut-être, mais pas moi.

Chapitre 29

— VOUS ÊTES AMANDINE PONTGALLET ?

— Oui, répond-elle à l'inconnu, un vieillard sec, au regard méchant.

Il est sorti sans effort du carrosse, détaille la jeune femme sans complaisance et sans pudeur. Il est l'inquisiteur, le maître des consciences venu pour exercer la Loi de Dieu.

— Joseph de Marolles, jésuite et proche du père François d'Aix de La Chaise, confesseur du roi.

Le cœur d'Amandine se serre. Le roi. Qu'y a-t-il encore ?

— Saint-Val, un bien joli nom. Mais vous êtes ici chez qui ? continue Marolles, étonné par la richesse des lieux et se servant du ton et de la méthode rodés par des années de persécution.

De quel droit pose-t-il ses questions ?

— Chez moi… Pourquoi ?

Maintenant Amandine a peur. Et Jean n'est pas là.

— Peu importe, rompt-il sans creuser la piste, pressé d'engager le fer, de triompher férocement, convaincu d'affronter une sotte. Connaissez-vous Toussaint Delaforge autrement célèbre sous le nom du *Roi noir* ?

Marolles n'a jamais été si heureux. La proie est délicate et lui rappelle des souvenirs délicieux qu'il croyait enterrés à jamais. Cette femme très belle est le portrait craché de Marie, la mère de son fils, celle qu'il a violée. Même délicatesse, même fragilité.

Il n'en fera qu'une bouchée.

Chapitre 30

FRANÇOIS D'AIX DE LA CHAISE est un homme bon, modeste et sage. Il aime pardonner, croit à la rédemption, fait confiance à l'esprit. Espérer est son *credo*. Sa méthode s'appuie sur l'écoute et la patience. Il faut de tout cela, et en grande quantité, pour sonder l'âme de Louis Dieudonné, défenseur de la foi, garant et rempart de la chrétienté, élu donc par Dieu. Mais le père La Chaise aime sa mission, même s'il doit batailler sans cesse contre ce lion car voici le revers de la médaille : plus l'esprit est fort et plus l'être se croit sans limites, plus les deux se révoltent contre l'autorité.

Le cas de Louis XIV n'est pas ordinaire. Il peut tout, rien ne lui résiste. Qui d'autre n'en profiterait pas outrageusement car il n'est pas aisé de détenir un pouvoir absolu en se gardant d'être tyran ? D'aucuns prétendent pourtant (mais sous cape) que le roi en est un. Que rien ni personne ne doit lui résister, pas même une femme. Son confesseur sourit. Lui encourage l'effort, note les progrès et se dit prêt à combattre les détracteurs car, soutient-il, le pécheur s'est, depuis trois ans, sincèrement converti. Mais voilà, Madame de Maintenon n'est pas de cet avis. Elle a voulu le voir. D'urgence. C'était aussi le lendemain de la soirée d'Appartement, et on ne refusait rien au meilleur soutien du combat qu'il menait.

*

— Elle me le volera, je l'ai lu dans ses yeux.

Maintenon ne parlait pas de la beauté d'Amandine, mais aurait pu ajouter que c'était un atout maître et peut-être mortel.

— Même si c'était son intention, je ne crois pas qu'elle ou une autre y parviendrait, prétendit La Chaise. Sa Majesté cherche sincèrement à s'amender.

Le climat tournait à l'orage. Maintenon ne décolérait pas.

— Je m'oblige à céder aux fantaisies du roi. Je le fais pour le bien du Seigneur. J'accède aux exigences quotidiennes que, dit-il, sa nature lui réclame. En retour, qu'ai-je obtenu ?

— La fidélité, Madame. Le roi s'y tient.

— Eh bien, vous vous trompez. La vipère est dans le nid !

S'était-elle déjà glissée dans le lit de Sa Majesté ?

La Chaise manquait sincèrement d'arguments. Impossible de ne pas prêter attention aux commérages de la Cour. L'apparition d'Amandine Le Faillon à Versailles, qui faisait suite à une visite au château de Saint-Val, n'était pas passée inaperçue. Le lion était de retour, le parti dévot bientôt battu.

— Au moins, reconnaissez que le danger existe…

Elle le suppliait de la croire. Et La Chaise eut pitié.

— L'un des nôtres, le révérend Joseph de Marolles, prétend en effet que cette… famille, et cette femme en particulier…

— Quoi donc ?

— Il semble avoir découvert que le passé ne plaidait pas en leur faveur.

Étrangement, Maintenon se détendit aussitôt. Quelqu'un tenait enfin compte de son avis. On lui accordait que la méfiance, au moins le doute, était de rigueur. Désormais, paria La Chaise, le ton changerait, le calme reviendrait. Les tractations débuteraient. Un jésuite aussi fin ne méprisait jamais une opinion contraire, ne l'affrontait jamais de face car, alors, son défenseur multipliait ses arguments et s'éloignait ainsi de la rive adverse. Mais approcher le contradicteur, oui. Pour mieux l'étouffer. Aussi concédait-il qu'il existait des zones d'ombre, sans accuser précisément la femme. Il y mettait le conditionnel, avançait prudemment, se méfiait surtout du ton passionné, exagérément emporté, pour tout dire sectaire, du dénommé Marolles, détaché depuis peu de la maison professe de la rue de Jouy pour œuvrer à ses côtés au progrès de la foi. Ce soldat y mettait trop d'ardeur à son goût. La Chaise cherchait à convaincre ; l'autre dragonnait Versailles.

— La prudence vous oblige à vérifier cette opinion.

— Et à faire aussi la part entre vérité et mensonge.

— Vous pensez qu'il pourrait…

— Non, Madame, pas lui.

— Qui d'autre ?

— La Cour. Ses excès. Vos ennemis. Et les nôtres. Tout est bon pour nuire à notre cause, et vous le savez.

— La meilleure façon de mettre fin à la rumeur, c'est de la couper. Alors, apportez-nous la preuve que tout est faux.

Elle y venait lentement. *Faux ?* L'histoire n'était peut-être qu'un bruit détestable, de ceux qui couraient à Versailles comme le prochain retour en grâce de Montespan.

Idiot, ridicule ! Et c'est sans doute en y pensant que La Chaise crut pouvoir ajouter :

— Voyez-vous, Madame, j'absous d'avance Sa Majesté.

À vouloir triompher rapidement, il venait de commettre une erreur.

— Eh bien, s'emportait-elle à nouveau, voilà exactement ce pourquoi je dois me méfier aussi de vous !

— Madame, comment pouvez-vous…

Le jésuite avait béni son union secrète avec le roi. C'était un proche, un ami, un allié…

— Votre sincérité est mise à rude épreuve, poursuivit-elle. Vous êtes tenu par le secret de la confession. Et qui nous dit que vous ne me cachez pas *des choses* ? Rien ne m'interdit de penser que le roi s'est confié à vous. Mais, prisonnier de votre serment, vous ne pouvez parler honnêtement.

La dévote se montrait aussi redoutable que le plus habile des exégètes.

— Vous ne m'enlèverez pas de la tête que si vous saviez… continua-t-elle. Eh bien, vous le couvririez !

Les rives s'écartaient, il fallait les rapprocher.

— Je ne vois qu'une solution pour nous sortir de l'impasse, soupira-t-il. Puisque son opinion semble affirmée, je confierai à Joseph de Marolles le soin de mener les investigations. Croyez-moi, lui enquêtera à charge. Le moindre indice deviendra une preuve car il ne semble pas aimer ces gens, et notamment la femme.

— La connaît-il ?

— Il m'a dit, sans plus de précision, avoir connu sa mère.

— Dans quelles circonstances ?

— Une pauvre femme, morte dans une cour des Miracles où il aidait les misérables et les infortunées…

— De mieux en mieux. Madame Amandine Le Faillon (elle prononçait son nom pour la première fois) est la fille d'une catin ou d'une voleuse.

— Laissons Marolles agir. Et attendons pour juger.

— Je l'ai vu dans son regard. Je l'ai suppliée de m'épargner. Elle n'a pas dit un mot. Rien ne l'arrêtera, j'en suis certaine…

— Rassurez-vous. Marolles soutient qu'il peut la museler.

— Dans ce cas, agissez au plus vite.

Et le jésuite avait cédé pour, croyait-il, apaiser Maintenon, persuadé que le dossier était vide. Le roi s'était confié. Il avait abjuré le passé, promettait de renoncer au *bon temps*.

Bientôt, tout rentrerait dans l'ordre.

Chapitre 31

VAUTRON EST TOUJOURS LÀ dans les coups durs. Vers qui d'autre Jean se tournerait-il ? Le paveur sait tout des secrets des Pontgallet, d'Amandine, du *Roi noir*, ce salmigondis d'amour et de violence qui vient de se réveiller et annonce une formidable tempête. Cela devait se produire. D'une manière ou d'une autre, la vérité éclaterait. Et c'est fait. Un regard appuyé à Versailles a suffi. La machine à détruire le bonheur est lancée et ne s'arrêtera pas. Elle s'est même furieusement emballée depuis l'avant-veille lorsque Marolles est apparu à Saint-Val.

Vautron l'interroge du regard, respecte son silence, même s'il crève d'envie de le prendre aux épaules, de le secouer afin que cesse le supplice des questions sans réponses. Pourquoi est-il livide ? Deux jours que le paveur attend, trépigne. Jean avait rendez-vous à la surintendance, convoqué par Marigner. Et depuis, aucune nouvelle. Que s'est-il passé ? Pourquoi a-t-il disparu, laissé à vau-l'eau l'entreprise Pontgallet comme cela lui arrive de plus en plus souvent ?

— Je me suis fait un sang d'encre, glisse gentiment Vautron pour l'aider.

Jean lève la tête, le regard est embué, parti ailleurs ou resté dans le passé qu'il a tant de mal à expliquer.

— C'est à cause de la surintendance ? tente le paveur. S'il prend les événements dans un ordre chronologique, Jean doit commencer ainsi. C'est plus simple, oui. Surtout moins douloureux. Ensuite, il parlera d'Amandine.

*

Marigner, responsable du 4e Bureau chargé du Budget à la surintendance des bâtiments du roi, l'attendait de pied ferme au premier étage. La mine était sévère, l'allure raide. Celle d'un juge ayant forgé son intime conviction sans même entendre le suspect. Son attitude était sans doute influencée par les missions dont il avait la charge. Préparer les ordonnances de paiement, c'est-à-dire contrôler les dépenses avant d'autoriser le règlement effectué par le trésorier général, rendait cet homme particulièrement méfiant. Il traquait l'erreur ou la négligence, cherchait dans les justificatifs ce qui clochait, convaincu par avance que les créanciers gonflaient artificiellement les factures. En somme, il se méfiait par habitude, et même par vocation.

— Asseyez-vous.

Ce n'était pas une invitation, mais un ordre. De même, il ne s'agissait pas de se montrer aimable, comme on doit l'être avec un visiteur. Le siège à l'assise raide avait une fonction précise.

— Nous en avons pour un long moment.

Marigner loucha sur une pile énorme de papiers :

— Nous allons étudier ces documents.

Par un miracle dont seul un vrai commis détient les clefs, l'histoire versaillaise de l'entreprise Pontgallet se trouvait réunie. De l'élévation d'un mur à la pose du marbre de l'Appartement des Bains, de la taille des pierres à la fourniture d'un échafaudage ou d'un simple palan, tous les travaux étaient fichés. Cela débutait par le devis paraphé et signé, puis venait la commande (le jour, le mois, l'année), la date de la livraison, l'avis de paiement et, ce qu'ignorait Le Faillon, une appréciation en marge du dossier sur la qualité de l'exécution. Sur celui qu'il apercevait, il était écrit : *Avis conforme – À payer*.

— À un ou deux détails près, je crois n'avoir rien oublié, annonçait Marigner en parlant de sa récolte.

Quinze années, au moins, de la construction de Versailles se trouvaient réunies. Non que l'entreprise ait tout réalisé, mais d'une manière ou d'une autre, de loin ou de près, on retrouvait sa patte. Six des dix-sept arches accueillant les trois cent cinquante-sept miroirs de la galerie des Glaces, les piliers sud de l'enveloppe de Le Vau, les fondations des statues animalières du Labyrinthe, des toises et des toises de murs entourant les jardins, quelques morceaux de marbre de l'Escalier des Ambassadeurs… Marigner avait rassemblé l'œuvre de Marguerite Pontgallet.

À vrai dire, cette somme incroyable de plans et de chiffres était un peu le mausolée de la veuve de feu son mari, le maître maçon. Sur cette table de bois clair tenait objectivement ce qu'elle avait produit pendant sa vie et ce que lui devait Versailles.

— Un lourd héritage, soupira le chef du 4e Bureau chargé du Budget.

Où tout cela les menait-il ?

— Et qu'allons-nous en faire ? continua Marigner comme s'il devinait les pensées de son visiteur.

Il se leva, fit deux ou trois allers-retours, mais en restant derrière son bureau et, lorsque ses pensées furent en ordre, il se décida :

— Mon rôle est de tenir les budgets (il serrait le poing) ! Je reçois pour cela les cahiers des charges et je m'occupe également de la comptabilité. Je contrôle tous les maillons de la chaîne…

Il se rassit, croisa les mains et fit craquer les articulations de ses phalanges.

— Je détiens donc le registre complet des acomptes qui ont été payés à des entreprises comme la vôtre.

Jean commençait à s'ennuyer ferme.

Voilà des années que Pontgallet ne travaillait plus pour la surintendance. Alors que lui voulait-on ?

— Dès mon arrivée, j'ai entrepris une vaste enquête sur les travaux contrôlés par mon prédécesseur.

C'était souvent le cas dans ce genre d'officine. Le nouvel occupant commençait par critiquer le passé avant de rentrer dans le rang et d'inventer l'eau tiède.

— Eh bien, Monsieur Le Faillon…

Il s'assit, fit mine de prendre un dossier au hasard.

— Il y a eu du coulage…

— Que voulez-vous dire ?

— Des négligences, des trop-payés, des travaux inachevés ou non conformes au cahier des charges. En somme, un manque total de rigueur et moult irrégularités.

— Cela remonte à si loin… Et moi-même, je n'étais pas…

— Je sais, je sais, Le Faillon, mais aujourd'hui vous êtes là ! Et ce n'est pas un hasard. Dites-moi, je parle bien au responsable de l'entreprise Pontgallet ?

— C'est le cas en effet.

— Alors, c'est à lui que j'annonce le prix : quatre-vingt-trois mille livres, le tout étant arrondi en votre faveur.

— Mais de quoi parlez-vous ?

— De la somme que vous réclamera la surintendance pour manquements divers et variés dans l'exécution de vos tâches.

— Je vous dis que je n'y suis pour rien !

— Eh bien, nous allons voir. Tenez, commençons par ceci.

L'affaire remontait à 1675. Il n'était qu'un enfant...

— Indiquez-moi la provenance exacte de cette livraison de pierre prétendument des Pyrénées et surtout son usage ? Il semble, railla-t-il, que son prix rivalise avec celui de l'or...

Il fit mine de regarder par la fenêtre de son bureau.

— J'ai sondé Versailles. Hélas, je n'ai rien trouvé d'aussi... reluisant.

— C'était au temps de l'architecte d'Orbay et Colbert...

— C'est Jules Hardouin-Mansart qui réclame des comptes ! s'emporta-t-il.

Ou plutôt qui réglait les siens. Jean venait de comprendre le prix de la visite du roi à Saint-Val.

*

Après trois heures d'une interminable réunion, Marigncr avait libérc Jcan ct, sur lc pas dc la portc, lui avait annoncé :

— Je suis prêt à faire un geste. Après vos explications dont je salue le sérieux, je ramènerai la pénalité à trente-six mille livres, et vous vous en sortez bien.

Jean crut un moment qu'il allait se jeter sur lui. Mais c'est d'une voix calme qu'il répondit :

— Il vous sera difficile d'obtenir quoi que ce soit. Le temps a fait son œuvre, les responsables ont disparu...

— Je peux convoquer l'architecte d'Orbay.

Le gentil François d'Orbay à la probité indiscutable. Qui avait dû céder sa place à Jules Hardouin-Mansart.

— Vous manquerez cruellement de preuves, Marigner, et je vous crois même incapable d'en fabriquer… Tout à l'heure, vous n'avez pu faire la différence entre le marbre de Carrare et celui de Paros [1]. Et je vais demander à mon père de me venir en aide. Lui se souvient de tout. Aussi, je gagnerai votre fichu procès et vous serez le dindon de la farce.

Le chef du Bureau ne broncha pas et même sourit.

— Je sais tout cela, dit-il sans élever le ton. Mon domaine, ce sont les chiffres. Et qui parle de procès ? Le contentieux suffit. Tant qu'il ne sera pas levé, j'imagine mal la surintendance confier des travaux à une entreprise au passé suspect. Croyez-moi, Jean Le Faillon, continuez à construire des hôtels, et oubliez Versailles.

*

— Je t'avais dit de te méfier, grogne Vautron en lançant un grand coup de sabot sur une pierre dont Marigner n'aurait su dire si c'était du granit ou un porphyre. Un clin d'œil, et tu as fait des jaloux. Tu te souviens de Marguerite…

— Je sais, s'agace Jean qui n'a pas apprécié l'allusion au *clin d'œil.* Et tu radotes, Vautron. D'ailleurs, je vais te dire la vérité : je me moque de la surintendance et même du château.

Il pense un moment à avouer son projet de départ, mais ce n'est pas le jour. Il y a plus grave, beaucoup plus grave,

1. Le premier d'Italie (Toscane), le second de l'île de Paros (dans les Cyclades, en Grèce). Tous deux sont très réputés depuis l'Antiquité.

et voici le vrai sujet qui le ronge et explique qu'il soit à Versailles.

— Après avoir quitté la surintendance, je suis parti tout de suite à Saint-Val.

— Moi, je t'ai attendu jusqu'au soir…

— Franchement, les menaces de Marigner n'étaient pas une mauvaise nouvelle. J'imaginais qu'on continuerait à bâtir en ville, voilà tout. Et personne ne s'en plaindrait.

— Alors, qu'est-ce qui t'a retenu si longtemps à Saint-Val ?

Le visage est grave, la mâchoire serrée.

— Des ennuis ? insiste Vautron.

Jean rentre la tête dans les épaules.

— Le père… Le père de Toussaint est venu à Saint-Val.

Le paveur a besoin de temps pour réaliser. Il lui faut même l'entendre encore parce qu'il ne veut pas y croire :

— Joseph de Marolles… Tu parles de lui ?

L'abject, le violeur, ses mensonges, ses trahisons, sa fuite par peur de perdre la vie, tout ce que lui a appris Calmés remonte. Tout ce que Jean sait aussi et qu'il gardait au fond de lui comme une souffrance parce qu'il s'était juré de ne jamais en parler à Amandine afin qu'elle ne découvre pas que, sans doute, sa *bonne étoile* avait tué Léon, celui qu'elle croit toujours être son père.

— Pourquoi ? finit par demander Vautron – et comme on ne lui répond pas, il jure, et c'est rare : Bon Dieu ! Qu'a-t-il fait ?

— Le pire que tu puisses imaginer, cède Jean après avoir longtemps hésité.

Chapitre 32

La mission de Marolles avait été définie par La Chaise : simplement tenir à distance le danger en vérifiant les intentions bonnes ou mauvaises de cette fausse courtisane. Attention, aucun scandale ! Une confession où se mêlerait, si besoin, la menace de l'enfer suffirait pour obtenir des résultats, soutenait La Chaise.

Marolles, en revanche, entendait négocier davantage. Après sa visite, prétendait-il, la femme ne se présenterait jamais plus à Versailles. Ainsi, la tentation s'envolerait en fumée. Et ce n'était que la première d'une longue liste car sa mission était de purger Versailles, prémices à la remise en ordre d'une société en son entier viciée par la licence et l'indulgence dont on ne triompherait vraiment qu'en révoquant l'édit de Nantes.

— Débutons par elle, avait rétorqué un La Chaise que ces propos va-t-en-guerre inquiétaient. Comment procéderez-vous ?

— Je n'aurai qu'à lui rappeler le passé de sa famille. Elle aura peur du scandale. Vous n'entendrez plus parler d'elle.

Cette promesse, qui réglait son problème avec Maintenon, rendait La Chaise perméable au point de vue de l'émissaire. Mais la méthode, autrement appelée chantage, le mettait mal à l'aise.

— Vous risquez de la salir injustement.

— Non, je laverai l'honneur de Madame de Maintenon.

— Je vous en félicite. Mais, parmi les arguments dont vous userez pour convaincre cette femme de... s'effacer si, bien sûr, il appert que son intention est de se faire apprécier du roi...

— Et donc ?

— Pour la... raisonner, dit plus simplement La Chaise, irez-vous jusqu'à utiliser ce que vous apprîtes en confessant sa mère ?

— Uniquement ce que j'entendis hors de l'absolution de ses fautes. Vous le savez, une fois soulagée, la brebis perdue se confie plus librement. Je détiens ainsi assez de renseignements pour faire trembler l'épouse Le Faillon sans rompre mon serment.

Il mentait et parce que La Chaise s'en doutait et ne voulait pas être mêlé à ces procédés peu respectueux de l'obéissance aux Lois de Dieu, il n'en demanda pas plus et laissa partir Joseph de Marolles. Dans l'ordre des priorités, il fallait apaiser Maintenon.

*

La visite à Saint-Val avait épuisé Marolles. Une balade à la campagne, ce n'était plus de son âge, mais, plus que la fatigue, il s'interrogeait dans le carrosse qui le ramenait à Versailles. Avait-il vraiment agi comme il le fallait ? La question le tarabustait.

Pourtant, tout avait parfaitement débuté. D'abord, l'effet de surprise. Ah ! Dieu, son coup était réussi. Annoncer Delaforge dès l'entrée, voilà qui avait stupéfié la jolie fille qui, sans conteste, était l'exemple de ce que la nature pouvait produire de plus beau. Et dire qu'il s'agissait de son propre sang…. Lui, le grand-père… Jouir de ce secret en toute impunité, pouvoir torturer l'innocente le remplissaient d'allégresse. Les souvenirs revenaient, il contemplait Marie et, en faisant un pas, il pouvait la toucher puisqu'elle était à nouveau vivante. Il la détaillait, s'attardait sur cette taille où, dans une vie antérieure, il avait posé les mains. Son grain de peau était doux et ses seins, ronds et pleins. C'était la même. La tentation, la fille du démon.

— Je vous répète ma question : connaissez-vous Toussaint Delaforge autrement plus connu sous le nom du *Roi noir* ?

La pauvresse tremblait de la tête aux pieds et Marolles eut l'idée d'approcher pour la soutenir, une audace qu'il justifiait par avance. Il devait se montrer dur et protecteur à la fois, souffler le chaud et le froid afin d'adoucir sa proie, la rendre malléable. Et l'étourdir définitivement. Mais il en fut empêché par l'arrivée d'un petit enfant qui brandissait une épée en bois.

— Que voulez-vous à ma maman ?

Le gamin le menaçait ! Le diable, oui, se dit-il. La violence de l'autre, Toussaint Delaforge. Même sang, même ravage ! Et lui, qui était-il par rapport à ce gosse et cette femme qui ressemblait à Marie ? Il dut faire un effort pour revenir à la réalité. C'était donc son arrière-petit-fils… La lignée de Marolles existait, elle passerait l'épreuve du temps – et il en était le père fondateur comme ceux des tribus d'Israël. Il ressentit une sorte d'étourdissement.

— Madame, j'ai fait un long périple et ce que j'ai à vous dire mérite votre attention. Aussi, je vous prie de chasser ce marmot et de me recevoir dans un lieu où nous serons au calme.

Antoine s'était collé à la jupe de sa mère, les deux faisaient front et cela suffit pour rendre Amandine courageuse. Qui était ce personnage hideux dont le regard vicieux s'était attardé sur son corps au point de faire ressurgir l'image du valet salace qui l'avait violée.

— Allez-vous-en ! hurla-t-elle.

La garce tentait de reprendre le dessus. Marie aussi s'était débattue pendant qu'il abusait d'elle. Il en avait maté d'autres.

*

— Je venais en ami et suis mal récompensé, se força-t-il à répondre calmement. Aussi, vous m'obligez à employer d'autres méthodes.

Tout doux, se disait Marolles, gagné par la rage d'autrefois qu'il croyait enfouie à jamais.

— J'ai entendu les derniers mots de votre mère. Anne, c'est bien elle ?

— Que… Que dites-vous, Monsieur ?

Amandine recula d'un pas, s'accrocha au dossier branlant d'un vieux fauteuil en osier qui finissait sa vie sur la terrasse. Ses défenses faiblissaient, Marolles la tenait à nouveau en main.

— Oui, je suis celui qui l'accompagna dans sa souffrance.

Anne avait disparu après avoir tenté de voler le pactole de Marguerite. Jean l'avait retrouvée sur la route des Chantiers, à la sortie de Versailles. Il avait récupéré la bourse et Anne avait fui. Depuis, plus aucune nouvelle [1]…

— Vous m'assurez qu'elle est…

Elle regarda Antoine et se tut pour ne pas l'effrayer.

1. Voir *Les Glorieux de Versailles, op cit.*

Marolles sauta sur l'occasion.

— Partie, en effet. Dans des circonstances que j'aurais peine à rapporter en présence de cette âme innocente.

Amandine caressa tendrement les cheveux de son fils.

— Va retrouver Magdeleine, s'il te plaît.

Le bout de chou hésitait.

— Je t'en prie… Ne crains rien. Tout va bien.

*

Ils se rendirent au salon où, au plafond, Vulcain terrassait l'hydre. Mais le vrai monstre se trouvait sur terre.

— Voilà ce que j'ai à vous apprendre.

Il débuta ainsi, vida son ramassis d'ordures. Le pire, tout y passa. En parlant de Delaforge, Marolles se décrivait lui-même et, pour un peu, se persuadait qu'il confessait ses fautes, se soulageait du fardeau qui infectait sa vie depuis plus de quarante ans.

— Et savez-vous qui est cet homme ?

Sa *bonne étoile*, faillit-elle répondre.

— Votre père, Madame, car tous, y compris votre mère, vous ont caché cette horrible vérité. Ainsi, votre héritage s'appelle la mort, la violence, la souffrance ! Mais ce n'est pas tout.

Qu'allait-il encore vomir ?

— Celui que vous pensiez être votre père, Léon, je crois, eh bien, faites-en donc le deuil puisque ce n'est pas lui. Mais il y a mieux. Il fut tué par le *Roi noir*. C'est lui qui priva sa bâtarde de l'affection d'un homme dont votre mère m'a décrit la bonté.

Amandine croyait entendre le valet, alors elle avait posé ses mains sur ses oreilles, mais la voix de l'ignoble montait, entrait dans sa tête, prenait possession de son corps. La *bonne étoile* qui l'avait sauvée, Saint-Val et la lettre dans laquelle La Fragua parlait de l'amour que lui portait le *Roi noir*... Tout était faux ?

— Vous mentez ! hurla-t-elle.

— C'est votre père. Je le jure, blasphéma-t-il.

— Il n'a pas tué... Léon... mon père...

Tout se mélangeait, et Jean n'était pas là pour la protéger, Jean qui était peut-être au courant et lui avait menti...

— Non ! Il n'a pas tué Léon. Je le sais !

C'était un cri de désespoir, mais Marolles fut désarçonné par la force et la conviction qu'elle y mettait. Il lui sembla que ses mots sonnaient vrai. Pour quelle raison ? Il se souvint qu'Anne n'avait pas assuré que le *Roi noir* avait exécuté Léon. Du moins, elle avait hésité, revenant à la fin sur ses premières affirmations. Oui, tout était confus et Marolles avait hâtivement retenu ce qui l'arrangeait. En fait, les corps des deux hommes avaient disparu. Voilà seulement ce dont on pouvait être certain.

— Et je vais vous dire pourquoi ! brailla Amandine.

Un instant, le regard du vieillard flancha. La petite peste était plus finaude qu'il ne l'avait imaginé.

— Je serais heureux de l'entendre, tenta-t-il de railler.

— Seul Toussaint Delaforge pourrait répondre.

*

De quoi parlait cette folle ? Non, non, il n'y avait aucun doute à propos de son fils. Anne Pontgallet lui avait raconté avec assurance que le *Roi noir*, blessé à mort, s'était évanoui dans l'*étang puant*. *Évanoui ou disparu* comme Léon ? Comme ces corps jamais retrouvés et que la vieille catin en plein délire appelait des ombres parce qu'elles venaient la hanter...

La panique s'empara de Marolles. C'était impossible… La femme qui lui résistait cherchait à le tromper. Enfant, son maudit père n'avait pas son pareil pour se montrer inquiétant.

— Doit-on comprendre que vous parlez aux morts ? Voilà de la sorcellerie ! Eh bien, votre cas s'aggrave. D'abord, vous tentez de séduire le roi et…

— Vous êtes ici pour cela ? Pour me menacer ?

Maintenant, elle le coupait et rien ne se déroulait comme il l'avait prévu.

— Vous voulez me faire peur… Et vous inventez…

— Vous fréquentez le diable pour séduire le roi. Savez-vous ce qu'il en coûta aux devineresses condamnées dans l'Affaire des Poisons ?

— Sortez, Monsieur !

— Seulement si vous renoncez au roi.

— Je n'aurai aucun mal puisque je n'y ai jamais cédé.

— En faites-vous la promesse ?

Elle le fixa durement :

— Je crains fort de confier une parole honnête à quelqu'un qui ne l'est pas !

— Méfiez-vous, je…

— Pour la dernière fois, sortez !

— Je vous préviens. Apparaissez encore à Versailles et je ne vous laisserai plus en paix, les pires rumeurs circuleront. Votre nom sera souillé. Et je prédis aussi la ruine pour votre époux !

— Moi, je vous annonce que vous périrez dans les flammes de l'enfer…

*

Marolles était sorti de Saint-Val moins fier qu'il était venu. Sur le retour, il avait eu cent fois le temps de se persuader que l'essentiel avait été fait. La fille était affolée, elle pleurait quand il s'était retourné pour lui jeter un dernier regard haineux avant de grimper dans le carrosse. Elle renoncerait à Versailles, il pouvait toujours le promettre à La Chaise. Il y gagnerait la confiance du confesseur du roi – et, plus important, celle de Maintenon. Aussi, se souciait-il de la façon de présenter au mieux son expédition. Il insisterait sur la peur, omettrait la révolte. Elle tremblait – ce qui voulait dire qu'il y avait anguille sous roche ; son esprit n'était pas au repos. En manigançant bien, il proposerait de faire lui-même le compte rendu à Madame de Maintenon, approchant ainsi un peu plus du Soleil. Et Marolles en concluait que sa vie avait été étrange, le sort bien capricieux, mais, qu'à la fin, les événements tournaient toujours en sa faveur.

*

Quel étrange destin que le sien ! Revenir au sommet grâce à la progéniture de celui qu'il avait abandonné et trahi. Sa petite-fille ! Il s'efforçait de donner un sens à cette filiation. Il ne pensait pas à l'amour, ne ressentait aucune tendresse, n'éprouvait qu'un plaisir narcissique : être le seul à savoir ce qu'il avait fait. Il l'avait menacée, martyrisée. Ressentait-il des regrets pour s'être montré brutal ? La seule émotion qui venait était que nul ne saurait jamais rien de ce qu'il était vraiment et il se laissait aller à la jouissance de l'impunité.

Tout allait donc pour le mieux, n'eût été la petite voix qui résonna à mi-chemin dans sa cervelle aride. Il fallait reconnaître que cette femme ne l'avait pas trop cru (c'était un euphémisme) à propos de son père, rétorquant que *seul Toussaint Delaforge pourrait répondre.* Que sous-entendait-elle ? Parlait-elle au passé, ce *pourrait* signifiant que le *Roi noir* étant mort, personne ne saurait affirmer qui était le père ? Allons, se rassurait-il, il s'agissait d'une bravade. Lui seul *pourrait* en effet dire ce qu'il représentait vraiment. Mais à la condition qu'il vive, hypothèse hautement improbable.

Puis, dans ce carrosse qui n'en finissait pas de le chahuter, surgissait, à la secousse suivante, une hypothèse plus inquiétante.

Toussaint Delaforge avait disparu – comme Léon –, ce qui ne prouvait pas qu'il était mort. Alors, Marolles se fixait sur cette nouvelle piste puisque le retour à Versailles n'en finissait pas et, le ventre tordu par la peur, il élucubrait encore…

Supposons, débutait-il, qu'il ait survécu à ses blessures. Ainsi, il aurait échappé à la mort, postulat crédible car le manchot avait, dès sa naissance, surmonté nombre d'aventures funestes. Alors, en effet, il *pourrait* répondre. Mais cette hypothèse n'avait aucune chance de se réaliser. Pourquoi ? Voyons, se rassurait-il, encore faudrait-il, *primo*, qu'Amandine Le Faillon le sache en vie, *secundo*, qu'elle connaisse sa cachette. À l'évidence, ce n'était pas le cas. Sinon, elle n'aurait pas paru aussi étonnée. Marolles souriait. S'il lui fallait une nouvelle preuve que son fils était vraiment mort, il ajoutait que cet imbécile, qui avait risqué sa vie pour sauver une enfant, n'aurait pu résister à l'envie de la revoir ensuite.

C'est donc qu'il était définitivement *ad patres*.

*

En arrivant à Versailles, Marolles se sentait plus jeune. La lassitude était passée. Il se précipita chez La Chaise pour faire son rapport. Le confesseur du roi, lui expliqua un valet, était reparti à Paris. Joseph de Marolles ne cacha pas son impatience. Il avait si hâte de triompher qu'il mit le cap sur l'Escalier de la Reine donnant sur les appartements de Madame de Maintenon. Une fois de plus, le sort lui était profitable. La Chaise n'aurait rien à lui reprocher. L'urgence était d'apaiser l'épouse du roi. « Madame, je vous ai débarrassée du caillou qui vous gênait. » Voilà ce qu'il dirait en rentrant.

Si bien que le 3 septembre 1685, on vit sur le soir un vieil homme assez alerte escalader les marches sans prendre le temps de saluer ceux qu'il croisait comme si le diable était à ses trousses. Marolles était tant à sa tâche, si près du triomphe, qu'il ne vint pas à cet esprit tordu la seule question qui vaille d'être creusée : par quel miracle une jeune fille d'extraction modeste, dont la mère avait fini sa vie dans une cour des Miracles, profitait-elle du cadre enchanteur de Saint-Val ?

Chapitre 33

SANS LE SAVOIR, MAROLLES et le fils Le Faillon s'étaient peut-être croisés sur la route reliant Saint-Val à Versailles. Jean sortait de la surintendance, il rentrait aussitôt. C'était un jour à larguer les amarres, à se délester de ce monde qui ne voulait pas d'eux et que lui détestait. Il y pensait alors que la courbe de l'allée de Saint-Val s'effaçait pour montrer le château. Antoine surgit sur la terrasse, alerté par le crissement du gravier blanc au passage des chevaux. Le petit bonhomme avait un air grave.

— C'est maman…

— Où est-elle ? demanda calmement son père.

Dans sa chambre. Elle veut pas sortir. C'est à cause du méchant monsieur qui l'a disputée. Elle arrête pas de pleurer.

Il prit le gosse dans ses bras et fila dans la cuisine.

— Qu'est-il arrivé ? demanda-t-il à Magdeleine.

Elle avait entendu des cris dans le salon. Amandine hurlait à cet homme – un vieux prêtre – de partir. Et lui ne le faisait pas. Soudain, la porte s'était ouverte et il avait été chassé.

— Elle lui a dit qu'il périrait en enfer, et l'autre a filé.

— Il s'est présenté, il a donné un nom ?

— J'ai entendu Marolles. Joseph de Marolles.

Prenez garde, c'est le pire de tous. Jean se souvint du pli écrit pas le conseiller Millard et perdu par Ceyrac, le *duc de Méli-Mélo.* Vautron l'avait ramassé dans l'Escalier des Ambassadeurs.

Le père de Toussaint… À Saint-Val… C'était impossible.

— Occupe-toi d'Antoine, Magdeleine. Je monte.

*

Elle regardait par la fenêtre, immobile, et ne tourna pas la tête lorsqu'il entra. Il avança à pas feutrés, mais, forcément, elle l'entendait. Il la prit à la taille et tenta de l'embrasser dans le cou. Elle s'échappa aussitôt.

— Amandine, que s'est-il passé ?

Alors, seulement, elle leva les yeux, bleu et gris, délavés par les larmes. Elle reprit plusieurs fois sa respiration comme on le fait avant d'entamer un gros effort – de se libérer d'un trait.

— Un jésuite est venu ce matin pour me menacer (sa voix était hachée, mécanique, douloureuse). Il m'interdit de retourner à Versailles, sinon il dévoilera les pires horreurs. Toi, moi, nous tous serons détruits.

Elle leva la main pour que Jean comprenne qu'elle n'avait pas fini. Si on l'interrompait, elle n'irait pas jusqu'au bout :

— Il dit que je suis la fille du *Roi noir.* Mon sang serait celui du démon.

Elle se servit d'un sanglot pour se donner du courage.

— Ma mère lui aurait confessé au moment de mourir… Et je ne sais même pas où elle est enterrée…

Trop de mots d'un coup. Même si sa mère avait dépouillé et frappé Marguerite, maudit les siens et fui comme une voleuse, Amandine était dévastée. Et Jean affolé par l'évocation du *Roi noir*.

— Marolles n'est pas le seul à te vouloir du mal, s'efforça-t-il de dire calmement. On m'a interdit le chantier de Versailles.

Elle fouilla son regard, cherchant ce qui s'y cachait.

— Comment connais-tu le nom du jésuite ?

— Magdeleine l'a entendu, répondit-il un peu trop vite.

— Tu n'as pas l'air étonné, comme s'il n'était pas étranger ?

Il ne réussit pas à la contredire.

— Moi, continua-t-elle, je serais la fille du *Roi noir*… Et tu n'as pas bronché ?

Il aurait dû. C'était déjà trop tard.

— Marolles prétend qu'on m'a caché la vérité.

Ses yeux le suppliaient : que savait-il ?

Combien de temps pourrait-il encore feindre ? À présent, elle douterait, ne lâcherait plus ; lui s'enfermerait davantage. Était-ce le pire ou le meilleur moment pour céder à la sincérité ? Trop tard pour y voir clair. Le barrage se brisa.

— J'avais promis…

— Promis à qui et quoi ? cria-t-elle.

— À ton père… Toussaint Delaforge. Le *Roi noir*.

C'était incompréhensible. Elle secoua la tête pour en faire sortir le sale cauchemar. Elle allait se réveiller, ça ne fonctionnait pas. Elle revoyait Léon, ronronnait dans l'épaule de son papa…

— Non ! Tu te trompes.

Elle cherchait une bonne raison qui lui permettrait de s'en persuader.

— Tu n'aurais pas pu me le cacher… Pas toi.

Sur la fin, sa voix n'était plus qu'un filet.

— Ce serait simple de te faire croire que je découvre le *Roi noir*, dit-il tristement. Je jouerais l'étonné, je n'en reviendrais pas. Je prétendrais que La Fragua était un mystère et tu l'accepterais parce que tu as confiance en moi. Tu te dirais : depuis le temps où je l'appelais Petit-Jean, il ne m'a jamais trahie. Et pour taire mes remords, je me répéterais que j'agis pour ton bien. Mais c'est fini. Je vais t'expliquer, même s'il sera difficile de te prouver que je voulais te protéger… Te protéger, oui. Comme le voulait aussi ton père.

Elle serrait les poings pour cacher le tremblement de ses mains, son visage était livide. *Elle prenait la main de Léon, ils riaient.*

— Écoute, Amandine. Ensuite, tu jugeras. Moi et les autres.

*

Tant de choses à entendre… Et à accepter ?

Jean se montra honnête. Tout ce qu'il pouvait expliquer, il le fit. En dressant le portrait de Toussaint Delaforge, il ne passa pas sous silence les turpitudes du *Roi noir* et lui trouva pour seule excuse le fait qu'il ignorait, jusqu'au jour où il sauva Amandine, le lien qui les unissait. Avait-il aimé Anne, où l'avait-il connue ? Jean croyait savoir qu'il avait été apprenti chez son père. Forcément, il y avait des vides à combler, mais une idée dominait. Marguerite, Anne ou Jean, tous cherchaient à la protéger du sombre héritage de son père.

— Lui-même pensait agir pour ton bien.

Amandine se sentait volée, salie, dépouillée de sa propre vie. Un pantin dont on s'était servi à coups de *petits arran-*

gements. Comment imaginer que sa grand-mère ait pu s'allier avec son pire ennemi ? Et qui d'autre l'avait dupée ? Mais elle rongeait son frein car, peu à peu, les réponses venaient.

Jean avait découvert la vérité alors qu'il était enfant. Ses parents en parlaient à voix basse, il était caché sous l'escalier… Le sujet semblait si interdit qu'il n'avait pas osé poser de questions. D'ailleurs, personne n'évoquait ce secret de famille. Alors, le petit chevalier d'Amandine avait jugé bon de le confier aux oubliettes. Pourquoi faire le mal en lui apprenant que Léon n'était pas son père ?

Jean se tut. Il ne fallait pas s'arrêter sur Léon. Pas encore.

— Pourquoi le *Roi noir* m'a-t-il secourue ? demanda-t-elle.

Une idée germait dans la tête d'Amandine, mais, d'abord, il fallait écouter.

— Ta grand-mère lui avait avoué qui tu étais, répondit Jean. C'était le seul moyen de te sauver. Lui, il pouvait combattre de féroces dragons. Ravort en était un et ton père un grand guerrier. Il s'est battu à en mourir, par amour pour toi. Rien que pour cela.

Jean s'était arrêté sur ce mot – l'amour –, si éloigné du *Roi noir* car Amandine devait comprendre qu'à cause de ce cœur qui battait, il avait également renoncé à elle. Ah, il n'était pas simple d'expliquer que ses sentiments lui semblaient irréconciliables avec le passé, qu'après avoir fait couler le sang, il était impossible de revenir en arrière – de rattraper des vies. Bien sûr, ça ne manqua pas, vint la question qui embarrassait Jean. Et Amandine la posa parce qu'elle voyait plus clair et pensait même qu'elle approchait de la vérité.

— Marolles m'a dit que… Le *Roi noir*… Que Léon…

C'était dur de parler de *ses pères*, l'un l'ayant conçue, l'autre adoptée, et d'imaginer que le premier avait pu tuer le second…

— Je te parlerai de Léon… Plus tard.

Sagement, elle hocha la tête. Le crédit revenait-il ou était-ce seulement le désir d'en apprendre le plus possible ?

Ainsi, avait poursuivi Jean, Toussaint, car il s'interdisait de l'appeler le *Roi noir*, avait décidé de fuir sans revoir sa fille.

— Tu savais qu'il n'était pas mort ?

— Non, je l'ignorais.

Il semblait sincère, il l'était. Amandine s'en convainquait. Petit-Jean n'avait pas changé. Naïf, sûrement loyal. Lui aussi avait été abusé, se dit-elle.

— Tu imagines ma surprise lorsque je l'ai vu à Saint-Val.

Et en se remémorant ce souvenir, il ouvrit grand les yeux. Non, décida-t-elle, Jean ne lui mentait pas lorsqu'il racontait sa découverte : La Fragua et Delaforge n'étaient qu'un et il aurait sans doute trahi les deux si Toussaint n'avait expliqué sa présence. Vautron entrait en scène. Le paveur l'avait porté exsangue chez les sœurs de Vincent-de-Paul après le combat contre Ravort et promis aussi de l'alerter si Amandine était en danger. De loin, en France, le *Roi noir* veillait toujours sur elle.

— Souviens-toi. Nous étions ruinés, moi blessé, et toi…

Il n'eut pas besoin de lui rappeler le viol, la grossesse et la fausse couche. Vautron avait écrit à Toussaint, tout allait mal. Et, en dépit des risques, il avait surgi sous les traits de La Fragua, se moquant d'être pris, condamné.

Et pendu. Existait-il plus belle preuve d'amour ? Amandine ne fit pas de commentaires.

*

— Il s'est montré sans fard, plaidait toujours Jean, m'a confié Saint-Val, t'a offert le domaine et assez de fortune pour ne jamais manquer. En échange, il n'exigeait qu'une chose.

— Que tu gardes le secret ?

Il amorça un sourire :

— Non, Amandine. Ton père voulait t'apprendre lui-même la vérité. Il allait te rencontrer, quitte à ce que tu le rejettes. Et La Reynie s'en est mêlé. Il l'a piégé à Versailles.

En se laissant arrêter sans résistance, il avait pu négocier avec le policier la remise de la lettre de La Fragua à Amandine.

— Il t'annonçait qu'il te confiait Saint-Val.

Ensuite, tout s'éclaircissait, selon Jean. Delaforge s'était officiellement échappé et naviguait quelque part entre Cadix et le Nouveau-Mexique. Le royaume de France se félicitait de compter un filou de moins et La Reynie répétait qu'il avait ainsi épargné la vie des geôliers d'un *Roi noir* décidé à tout tenter, y compris tuer, pour s'échapper. Son procès aurait été long et le résultat incertain. Delaforge possédait de quoi soudoyer ceux qui se pencheraient sur son cas. L'Affaire des Poisons était l'exemple pitoyable d'un gâchis judiciaire. La Reynie avait usé ses nuits et ses jours pour un résultat médiocre. Le dossier avait été enterré. Trop de têtes connues s'affichaient au prétoire. En réalité, ce policier intraitable avait organisé lui-même la levée d'écrou (discutable) du prévenu Delaforge et ce n'était pas un moment de faiblesse, mais une manière de rendre justice en se servant de son propre fléau : attendu que le coupable avait commis de nombreuses fautes ; attendu qu'une partie, selon le lieutenant de police, avait été rachetée lors de son sacrifice pour sauver Amandine, et que Dieu étudierait les autres, il avait rendu sa sentence. Au premier signal, au premier geste, dès que Delaforge franchirait la frontière dans le dessein de se montrer en France, a fortiori à Versailles, le glaive frapperait sa fille. Saisie des biens, opprobre, enquête sur le passé, on pouvait aussi faire ressurgir l'époque du *Roi noir*. Ruiner la réputation des Pontgallet – et pourquoi pas révéler le vrai nom du père ? D'un commun accord, Jean et Toussaint avaient décidé de respecter le pacte.

— Pour lui, le plus grand châtiment était de vivre sans te revoir et j'ai choisi le silence pour t'éviter de souffrir davantage. Voilà, je crois t'avoir tout dit…

*

Ils restèrent silencieux un long moment. Le soir venait, l'air doux de Saint-Val entrait par la fenêtre ouverte. Amandine ne l'avait pas interrompu ou si peu. Ils étaient debout, à deux pas l'un de l'autre. Il chercha sa main, s'en saisit avec précaution, elle faillit la reprendre. Amandine lui en voulait, mais chez lui, même le mensonge était pardonnable. Qu'il ait bien ou mal agi, il l'avait fait sincèrement pour, disait-il, la protéger. Et elle mesurait à quel point feindre avait dû être difficile pour son chevalier servant. Si ce n'était pas l'absolution, peut-être songeait-elle à l'indulgence, s'efforçant de trouver une différence entre mensonge et omission – sans doute par peur que rien de sa vie ne soit jamais plus vrai. Jean l'avait laissée dans l'ignorance, et c'était plus facile à admettre que la trahison.

— Au moins, me comprends-tu ? tenta-t-il.

C'était brutal. Sans doute était-il impatient d'entendre son jugement. Mais trop de choses avaient été révélées et beaucoup trop devaient être acceptées. Pour le moment, Amandine tentait de se mettre à la place du *Roi noir*. Son passé l'empêchait-il vraiment de la revoir ? Parmi ses fautes, laquelle était irrémédiable au point de ne pouvoir braver l'interdiction de La Reynie ? Alors, revint l'idée épouvantable qui martelait sa tête :

— A-t-il tué Léon ? lâcha-t-elle brutalement.

Jean la regardait droit dans les yeux.

— Je n'en ai jamais eu la preuve absolue. Lui seul connaît la réponse, soutint-il, utilisant sans le savoir les mots qu'elle avait prononcés devant Marolles.

À défaut de certitude, il refusait d'accabler le *Roi noir*. Mais elle avait la conviction que ce dernier avait commis un meurtre.

— J'ai pleuré Léon des nuits entières et je l'ai maudit parce que je pensais qu'il m'avait abandonnée. Et c'est le *Roi noir*…

— Attends. Ne juge pas trop vite et avant de décider qui est ton père, tu dois savoir ce que fut sa vie….

Jean le défendait à nouveau. Aveuglément. Et Amandine en eut soudain assez !

— Il a tué Léon, donné son corps au chien ! Et il m'a sauvée pour réparer son erreur ! Non, il ne m'aime pas… Voilà la vérité. Il n'est pas ma *bonne étoile* et il se cache de peur d'être arrêté.

— Il a voulu te voir à Versailles, répondit doucement Jean. Il ne craint pas d'affronter le danger, et prendrait le risque de te perdre pour s'expliquer.

— Il ne voudra pas ! La Reynie lui servira de prétexte pour ne pas me rencontrer.

— Toi, serais-tu décidée ?

— Oui, jeta-t-elle de toutes ses forces sans hésiter.

Pour savoir qui elle était vraiment.

— Alors, je t'assure qu'il répondra à ton appel...

— Comment peux-tu l'affirmer ?

— J'ai promis de l'avertir au premier danger et il me semble que c'est le cas. Marolles est une menace. Toussaint le connaît, il viendra donc te défendre.

— Il le connaît ? répéta-t-elle.

Le jésuite, l'envoyé du démon. Il fallait y venir.

Jean raconta l'ignominie du personnage, ne passant pas sous silence le viol de la mère de Toussaint. Amandine réalisa que la chose repoussante venue à Saint-Val était son propre grand-père. Et le tortionnaire le savait. Jean cherchait à l'attendrir en expliquant que Toussaint avait enduré sa violence, mais elle s'en horrifiait : le poison du vieillard dont il parlait coulait aussi dans ses veines. Le jésuite et le *Roi noir*, voilà ce qu'était son sang.

La lignée à laquelle elle appartenait.

Chapitre 34

— C'EST MA FAUTE, martèle Vautron. Tout est de ma faute.

— Pourquoi t'accuses-tu ?

— J'aurais dû t'écouter. Il fallait prévenir Delaforge dès que nous avons su que Marolles se trouvait à Versailles.

Jean Le Faillon vient de lui raconter la visite du jésuite à Saint-Val. Et ce qui s'ensuivit : sa terrible confession – ses aveux d'il y a deux jours.

*

Après avoir expliqué qui était Marolles, Jean s'était tu. Il attendait la sentence, qu'au moins Amandine réagisse, l'accuse de tous les maux – qu'ainsi, il puisse se défendre. Et c'était pire que les injures : elle se murait dans le silence. Une gêne insoutenable s'était installée. Ils campaient chacun dans leur coin et la distance semblait infranchissable comme s'ils étaient soudain devenus des étrangers. La connivence, l'affection, la complicité pouvaient-elles se dissoudre en si peu de temps ? Pour des raisons aussi graves, il semblait que oui. Est-ce que l'amour s'enfuyait ? La réponse ne tenait qu'à un fil, prêt à casser : Amandine n'avait toujours pas dit si elle donnait son accord à propos de la lettre qu'il proposait d'écrire à son père. Il ne restait que ça pour briser le barrage plus infrangible que la glace de janvier sur la *Mare aux perdrix* de Saint-Val.

Malheureux comme la pierre, Jean s'était finalement décidé à reprendre la parole. Si elle ne voulait pas que son père vienne, on pouvait se rendre à lui. Une expression maladroite, et ce *on* indéfini, ce n'était déjà plus eux. Jean attendait un signe, simplement un mot. Amandine ne parlait plus ; peut-être ne l'entendait-elle plus ? Puis Antoine frappa à la porte avant de montrer le bout du nez et sa mère se força à jouer la comédie. Elle sourit, le prit dans ses bras, promit que ses yeux rougis étaient de l'histoire ancienne.

— Allons voir Magdeleine.

Elle chercha même la main de Jean, et Antoine le vit bien, mais sa paume était froide et, pour la première fois, ses doigts ne voulurent pas se glisser entre ceux de son époux. C'était le *statu quo*. Devant Antoine, rien n'avait changé, le vieux monsieur très âgé ne reviendrait plus jamais. Mais, le premier soir, dès que l'enfant fut couché, Amandine monta à l'étage, s'enferma dans la chambre voisine. Jean dormit seul. Enfin, dormir… Il s'essaya à dix lettres qu'il adressait à Amandine. *Mon amour…* Et les déchira toutes.

*

Au matin, Amandine descendit et se comporta comme si tout allait bien. Elle parla à Jean, ils soupèrent ensemble. Puis elle remonta se coucher dans la même chambre. Mais avant que la porte ne se referme, Jean glissa un pied. Non, il n'approcha pas et ne fit rien pour s'imposer. Il lui tendit simplement une lettre. Elle était adressée à Toussaint Delaforge.

— Lis-la et, demain, dis-moi si tu es d'accord…

Elle referma la porte sans prononcer un mot.

Cette lettre sera triste, débutait Jean. Attendez-vous au pire et je commencerai par cela. Joseph de Marolles n'est pas mort et il est à Versailles. Mais ce n'est pas tout. Amandine connaît le nom de son père. Et, pour tout dire, je me sens soulagé de ne plus avoir à lui mentir.

Une série de hasards, écrivait-il, pesant ses mots pour ne pas blesser Amandine, avait conduit le roi à tourner le regard vers eux. Sa Majesté s'était même rendue à Saint-Val.

Ainsi, nous avons commis la faute de plaire au roi, chacun à sa façon. S'en est suivie une cabale, dictée par la jalousie. D'abord, la surintendance m'a interdit le chantier, puis Marolles a surgi, promettant le pire si nous nous présentions à nouveau à la Cour. Pour vous, la surprise est de taille ; pour moi, elle le fut moins. Ce jésuite est réapparu voilà quelque temps à Versailles. La sincérité m'oblige, car désormais je n'y dérogerai plus, à vous l'avouer : je vous l'ai caché en accord avec Vautron. Vous devinez pourquoi. Le bon père Vautron craignait que le pacte que vous passâtes autrefois ne fût mis à mal. Il le sera peut-être en vous apprenant que nous comprîmes alors l'ampleur de la cruauté de cet être et vos raisons anciennes de le voir disparaître : il a assuré à Amandine qu'elle était la fille du diable. Et il vous a cité : Toussaint Delaforge, dit le Roi noir. *Comment le saurait-il ? En confessant Anne Pontgallet avant qu'elle ne meure. À cette triste nouvelle s'ajoute l'indignité du personnage : il n'a pas dit où, quand et comment Anne était décédée. En revanche, je n'ai pu cacher la vérité à Amandine qui m'a assailli de questions auxquelles j'ai sincèrement répondu quand je le pouvais. Mais il en est certaines que vous seul pouvez résoudre. Ainsi, ce que vous redoutiez et espériez s'annonce. Vous savez pour Marolles, mais, en échange, votre fille veut vous rencontrer. Et elle fera votre siège jusqu'à entendre ce qu'elle cherche. N'en doutez pas, cette épreuve sera rude. Il sera question de Léon.*

Maintenant, décidez. Viendrez-vous à Versailles ou préférez-vous que nous allions à Cadix ? À moins que ma lettre ne reste sans réponse.

Jean ne prenait pas de gants. La franchise, c'était la règle. L'espoir d'un nouveau départ.

*

À l'aube suivante, Amandine se rendit dans leur chambre. Elle serrait la lettre dans sa main. Jean avait fini par s'endormir. Elle le regarda longtemps, écouta ce souffle qui, autrefois, l'avait apaisée et la rassurait, puis, effleura son épaule. Avant, elle l'aurait embrassé. Il ouvrit les yeux. Le bel ange était si près de lui qu'il voulut s'en saisir. Le chevalier Perceval, racontait Chrétien de Troyes, avait vu le Graal avant de le laisser s'enfuir. L'ange fit de même. Il recula à tire-d'aile.

— Je comprends ta souffrance, dit Amandine. Elle est autre que la mienne… mais, oui, je la comprends. En t'écoutant hier et, toutes ces heures à te relire, je devine… non je suis certaine que tu as souffert de devoir me cacher ce que tu avais appris malgré toi. Maintenant, je dois accepter… admettre qu'il s'agissait du sincère désir de me protéger. Et pour cela, j'ai besoin de temps.

La chevelure de Jean était ébouriffée. L'épis rebelle dont avait hérité Antoine pointait vers le ciel. Amandine avait envie de glisser la main dans la tignasse, mais le visage de Marolles surgit. Il l'avait hantée toute la nuit. Elle était la fille du diable… Et c'était pour cela qu'on lui avait caché la vérité.

— Qu'as-tu décidé ? demanda Jean à cent lieues de deviner ce qui la rongeait.

Il fallait commencer prudemment par quelques mots qui, pensait-il, l'obligeraient à répondre – à renouer le dialogue. Mais elle attendait peut-être que son chevalier lui promette de chasser les horribles pensées qui la meurtrissaient.

Elle cligna des yeux pour revenir au réel. Sa bouche n'était qu'un trait, ses joues se creusaient.

— Envoie la lettre au *Roi noir*, dit-elle brusquement comme si sa décision lui arrachait le cœur – sans doute aussi parce qu'elle craignait de la regretter.

Avant de changer d'avis, elle lui tendit les deux feuillets et fit demi-tour. Mais Jean lui saisit le bras pour la retenir.

— Je l'expédierai depuis Versailles. Je dois m'y rendre…

En te pressant, tu y seras ce soir, dit-elle en se détachant.

Il crut qu'elle le chassait de Saint-Val – de sa vie, peut-être –, mais ce n'était qu'une façon maladroite de ne pas reprendre la lettre. Lui, une fois loin, elle ne pourrait revenir sur ses pas.

— Et je ne rentre pas ? demanda-t-il douloureusement.

Elle ne savait quoi répondre. Il se leva, était dénudé. Elle se retourna et, parce qu'il n'y avait plus rien d'autre à faire, sortit.

En début de matinée, il était prêt. Antoine l'accompagna jusqu'au carrosse. Il tenait sa mère par la main, la forçait presque, et Jean crut qu'elle sauverait les apparences en faisant mine de l'embrasser. Un contact affreusement froid.

Mais ses lèvres s'entrouvrirent et leur baiser dura.

— Reviens, murmura-t-elle.

Il partit sur cette promesse.

*

Vautron achève de lire le message écrit par Jean.

— C'est ma faute, répète-t-il. On aurait dû alerter Toussaint de la présence de Marolles.

— Il aurait tué son père, c'est certain. Et maintenant que je sais de quoi cette ordure est capable, je le comprendrais. Non, il ne fallait pas l'alerter. Pas encore. Le mieux était de se taire…

— Tu le penses aussi pour Amandine ?

— Au premier mensonge, c'était déjà trop tard, soupire-t-il en haussant les épaules. J'y ai pensé mille fois, je me donnais de bonnes excuses pour retarder le moment. Et Marolles lui a jeté à la figure la vérité en se servant de ce qu'elle avait de plus cruel…

— Pour lui, l'addition s'alourdit et je sais qui la présentera à ce chien. Delaforge va lui faire la peau et s'en ira aux enfers, s'énerve-t-il parce que l'idée le rend malade.

— Pas sûr… murmure Jean.

— T'as pas vu le *Roi noir* dans ses œuvres, grimace Vautron.

— S'il venait, ce serait aussi pour se réconcilier avec sa fille. Du moins, j'en prends le pari. Et crois-tu qu'il réussirait s'il se comportait tel celui qui a tué Léon ?

— Tu es donc certain qu'il l'a fait…

— Amandine, oui.

— Et toi ?

Jean hésite.

— Ça remonte à si loin…

— Réponds-moi, demande gentiment le paveur. Sais-tu ce qu'il s'est passé ?

— Un jour, mon père m'a raconté que Léon avait eu une sacrée discussion avec Marguerite. Il voulait savoir pourquoi elle avait si peur du *Roi noir*. Qu'est-ce qui l'empêchait d'agir ?

— Et alors ?

— Il ne lâchait pas, Léon. Tu le connaissais bien. Plus gentil et plus calme, c'était impossible. Mais ce jour-là, il avait la rage. Et Marguerite a cédé. Elle a livré le nom du père d'Amandine.

— Léon a réagi comment ?

— Sur le coup, mon père dit qu'il est resté impassible. Il a fait mine d'écouter Marguerite lui raconter qu'elle était soulagée de lui avoir appris cela. Elle lui répétait qu'il était le gendre idéal, qu'il comprendrait pourquoi elle n'avait jamais parlé de ce dernier secret. Delaforge était le père, et même s'il avait commis le pire, il était intouchable à ses yeux. Je crois surtout qu'elle en avait très peur. Et Léon ne bronchait toujours pas alors que Marguerite lui expliquait qu'il n'était rien dans cette histoire de sang. Un bon gendre oui… Et l'époux d'Anne. Voilà tout. Elle oubliait qu'il se comportait tel un père, aimait Amandine qui le lui rendait bien. Alors, quand elle s'est enfin tue, il est sorti, a été chercher une hache dans l'entrepôt et a dit à mon père : « Je vais tuer Delaforge. »

— Il ne l'a pas empêché ?

— Ils se sont battus, les deux amis. Et Léon a eu le dessus.

— Bon sang, ton vieux avait pourtant de la poigne…

— Léon était déchaîné. On ne pouvait plus l'arrêter…

— Et que s'est-il passé ?

— Il s'est enfoncé dans le quartier nord, celui du *Roi noir* et on ne l'a plus revu. Mon père était le seul à savoir où il était allé. On n'a pas retrouvé son corps, il n'y avait aucun témoin. Les *Sans Aveux* du *Roi noir* ont digéré Léon. Après, plein d'histoires ont circulé. On l'avait vu sur la route des Chantiers, il quittait Versailles sur un coup de tête et on mettait ça sur le compte de l'engueulade avec Marguerite. Et puis on a raconté qu'il s'était aussi disputé avec Anne et que le couple n'allait pas fort et toutes sortes de sornettes qui permettaient de cacher la vérité à Amandine. Léon l'avait abandonnée… Fin de l'histoire.

— Foutue connerie…

— Un coup de pelle de plus pour enterrer la vérité.

Jean, tête basse, fixe le sol.

— Mais tout remonte. La terre finit par rendre les cadavres aux hommes…

— Tu penses donc que Delaforge a tué Léon ?

— Ça aussi, Amandine le lui demandera. Moi, je ne sais pas.

*

Vautron a donné son accord, la lettre est partie. Il a voulu y ajouter quelques lignes :

Delaforge, réfléchis à ce pourquoi tu reviens, si tu te décides à le faire. Est-ce pour Amandine ou Marolles ? Réfléchis à qui se présentera à sa fille : Toussaint ou le Roi noir ? *Dans cette histoire, peut-être la dernière de ta vie, tu ne joues pas que ton âme – à vrai dire, tu verras la question avec le Créateur. Non, mon ami, tu décideras du véritable héritage que tu laisseras à ta fille. Tu sais, l'argent, Saint-Val… Tout cela n'est pas éternel… Mais savoir de quoi est fait son sang, et qui coule dans ses veines, est très important. Jusque-là, Amandine n'a pas été très gâtée. Oui, réfléchis, Delaforge.*

C'était le 5 septembre 1685. À présent, ils patientent. Jean a fait appel au coursier qu'il emploie habituellement. Depuis que lui et Vautron écrivent à Delaforge, les rouages sont huilés. Le solide Palcote livre le bois et les pierres des Pyrénées. Il connaît les relais de poste d'ici à la Navarre, et au-delà, puisqu'il trafique avec les Espagnols. Pour cette fois, il fallait le plus rapide et le plus sûr.

— J'ai ce qu'il te faut, a répondu Palcote à Jean.

Le gaillard est solide – et poilu comme l'ours des contrées montagneuses que fréquentent ses équipages.

— Mets-y le prix et je te garantis la jonction avec Cadix.

— Comment feras-tu après Pampelune ?

Palcote sourit. Cette fois, le loup des montagnes se montre.

— Les Miquelets prendront la suite.

Il parle de ces mercenaires catalans armés jusqu'aux dents, dignes héritiers de Miquelot de Prats [1], sillonnant la péninsule ibérique quand ils ne se révoltent pas contre la monarchie espagnole.

— Cent livres parce que c'est toi.

*

15 octobre. Aucune nouvelle de Cadix. À Versailles, Marolles ne se manifeste pas plus que la surintendance.

1. Miquelot de Prats prit, en 1640, la tête d'une troupe de mercenaires catalans dressés contre la monarchie espagnole.

Vautron et Jean travaillent d'arrache-pied sur les chantiers en cours, comme s'ils pouvaient accélérer le temps. L'autre soir, Palcote est passé. La lettre serait en Espagne. Ensuite ? Si Toussaint ne vient pas, ils attaqueront Marolles, purgeront l'humeur. Ils l'accuseront d'être le père de Toussaint Delaforge. Le scandale éclatera ! Et rejaillira sur Amandine ? Mauvaise idée. Ils se taisent, réfléchissent à autre chose. Marolles sait-il que Toussaint est vivant ? Non. Il n'aurait pas été à Saint-Val. Mais tant qu'ils ne l'auront pas en face, aucune certitude… Que fait Delaforge ? Le 21, aucun signe. Jean rentre à Saint-Val, Amandine le questionne du regard. Rien.

Depuis le 5 septembre, c'est le même refrain.

Entre eux, la prudence est de mise, le chemin risque d'être long. Une nuit d'octobre, elle est entrée dans leur chambre, s'est allongée sur le lit en tremblant. Les yeux fermés, elle ne cessait de voir et de revoir sa mère qui la suppliait de lui pardonner et de revenir chez elle. Puis Marolles se montrait. Jean l'a prise dans ses bras. Dans le noir, leurs corps se sont trouvés en silence. L'amour sans un mot. L'amour ? Delaforge, que l'un appelle Toussaint et l'autre le *Roi noir*, les hante. Qu'il vienne ! Dieu, qu'il vienne…

24, 25… Bientôt, les chantiers ralentiront, les Limousins retourneront chez eux. L'hiver arrivera. Et puis, le 30 octobre, un carrosse meurtrit le gravier de l'allée de Saint-Val.

La porte s'ouvre, un homme en noir descend.

— Eh bien, vous me reconnaissez ? dit-il à Jean.

Et comment oublier Nicolas de La Reynie, lieutenant de police de Sa Majesté Louis XIV ?

Sixième partie

Une idée sans exécution est un songe[1].

1. Saint-Simon.

Chapitre 35

AU FOND, SE DIT MAROLLES, André Le Nostre est (presque) aussi vieux que lui[1]. Et le jardinier court allègrement, se rend de Paris à Versailles sans effort, se plaît à cultiver un bel art de vivre dans sa maison des Tuileries, gouverne paisiblement des milliers d'acres et autant d'hommes. L'a-t-on vu une seule fois épuisé, se plaindre, consulter des médecins pour des viscères douloureux, gémissant qu'en se tenant toujours penché sur la terre, depuis des décennies, ses jambes grincent, son dos gémit ? Est-il toussoteux aux premiers brouillards automnaux, la goutte le réveille-t-elle la nuit ? L'homme est alerte, l'œil vif, la peau peu fripée, les dents accrochées. Il se tient droit, parle d'une voix égale, ne fait jamais répéter. Et il plaît toujours au roi.

Marolles se compare, échafaude. Il se voit vivre très vieux, jusqu'à la fin de ce siècle – car rien n'est impossible à l'ambitieux. Atteindre quatre-vingt-dix ans ! Certains réussissent ce miracle et il n'est guère pressé de rencontrer le Tout-Puissant.

À sa bonne santé s'ajoute une formidable réussite depuis qu'il séjourne à Versailles. Le temps du sacrifice et de la

1. André Le Nostre, ou Le Nôtre, est né en 1613 et mort en 1700.

misère est terminé. Il fréquente Madame de Maintenon. Le prodige remonte au jour où il revint de Saint-Val, l'esprit contenté par la mise au pas de la petite peste velléitaire qui tournicotait autour du roi. Nouvelle preuve que tout allait bien, il fut reçu par Maintenon à qui il fit un compte-rendu élogieux de son action et vanta sa personne. « Je vous ai ôté le caillou qui encombrait votre soulier. » C'est en effet ce qu'il avait annoncé. L'image était audacieuse – il semblait à la marquise que ce qui se passait dans sa chaussure faisait partie de son intimité et que seul le roi pouvait y accéder. Mais à quoi bon chicaner ? Ce ton à l'emporte-pièce était rassurant.

— Qu'en est-il précisément ? avait-elle toutefois réclamé.

— Vous n'en entendrez jamais plus parler, promit Marolles.

La rage grinçante qu'il mettait à l'en convaincre surprenait cette femme inquiète par nature.

— Vous n'avez pas usé de la violence ?

— Les paroles du Christ sont la seule arme dont je me sers.

— La persuasion, oui, avait-elle soupiré.

— Et, au bout, la conversion, Madame… Non sans effort.

Il assura avoir entendu la pécheresse en confession, exigé qu'elle pratique un solide examen de conscience selon les *Exercices spirituels* d'Ignace de Loyola. Ah, son périple à Saint-Val n'avait pas été inutile. Une âme avait été sauvée. Et Maintenon se plaisait à entendre la ferveur du jésuite.

Puis vint l'heure où le roi ne tarderait pas. Marolles se leva lestement, prouvant que le soldat de Dieu blanchi sous le harnais ne manquait pas d'énergie. Leur réunion un peu secrète avait ravi Maintenon et ce départ précipité lui donnait un air de complot. De telles aventures (sans danger) méritaient de se renouveler. Un rendez-vous fut pris. Demain. Même heure, même lieu…

Marolles bénissait son hôtesse – et se demandait s'il devait s'incliner – quand la porte s'ouvrit. Manon, la vieille servante, se montra. Le roi serait là bientôt et…

Marolles s'éclipsait, mais on le retint d'un geste :

— Croyez-vous sincèrement que cette femme…

— Amandine Le Faillon ?

— Oui, celle-là.

— Eh bien ? cingla le jésuite qui prenait de l'assurance.

— Avait-elle l'intention de… Je veux dire, se reprit-elle, le roi et elle… Me comprenez-vous ?

— J'en suis certain. Elle est la fille et la petite-fille du diable, s'entendit-il répondre.

*

Depuis, ils se voient, même si ces paroles violentes ont un peu étonné Maintenon. Mais la foi du soldat manque à Versailles. Il faut des esprits carrés pour que triomphe le parti dévot. Si Louis XIV vient finalement de révoquer l'édit de Nantes, signe nouveau et fort attestant que la mutation est radicale, la tolérance menace toujours. Aussi, pas question de se relâcher… La victoire est trop récente. Il faut la consolider !

Deux mois ont passé, novembre s'annonce, et Maintenon ne parvient toujours pas à se faire une opinion sur Marolles. Son intransigeance l'inquiète et l'attire comme le serpent de l'Éden. Il souffle le chaud et le froid, part à rebours lorsqu'il sent qu'il va trop loin, prêche la raison, se prétend magnanime, dénonce soudainement les dragonnades et assure qu'il préfère la conversion volontaire à la soumission brutale. Il noie son opinion sous des flots de paroles absconses et, quand il se retire, l'épouse du roi, lénifiée, ne sait quoi penser. Le lendemain, il revient, toque à sa porte, entre, se glisse à pas feutrés jusqu'au salon. Un soupir, un sourire, ses bras se lèvent pour rejoindre le Ciel, et il prononce une phrase bien sonnée :

— Pardonnez ce retard. Je confessais. Aujourd'hui, Dieu aura les épaules lourdes… Une si mauvaise chrétienne !

— De qui parlez-vous, Monsieur de Marolles ?

— Torturez-moi ! Je ne lâcherai rien.

Puis, faisant mine d'y être forcé :

— Un indice : vous la connaissez fort bien.

Le démon la tente, mais elle résiste et ne demandera pas un nom. Alors, Marolles n'insiste pas.

— Comment vous portez-vous ?

— Je m'étiole, mon ami, soupire Maintenon, je m'étiole…

Elle s'emmerdaille, songe-t-il. À moitié dans l'ombre et à moitié dans la lumière, sans jamais profiter des deux. Lui préfère l'obscur.

— Prenez ce fauteuil, propose alors sa victime.

Il s'assoit là où, d'ici peu, Sa Majesté posera son auguste fessier. Franchement, n'y a-t-il pas de quoi être satisfait ?

Marolles ressent une jubilation proche du temps béni où il dirigeait les consciences de la famille du marquis de La Place. Son pouvoir d'ingérence était formidable. Selon l'humeur ou le jour, il châtiait (souvent) ou pardonnait ces bons esprits, variant la peine et le jugement pour la même faute. Désormais, son pouvoir est moins installé. Le sujet est plus délicat. On ne manie pas Madame de Maintenon, tête solide et bien faite, aussi facilement qu'un marquis taillé à la hache et coureur de jupons. Chez elle, le péché se débat, s'analyse, l'affaire est sensible ; ce n'est pas trois prières, et bonsoir ! D'ailleurs, est-elle pécheresse ?

Il n'en sait rien. Il ne la confesse pas encore… Mais, fichtre, elle s'interroge sans cesse sur le sens de sa vie et plaide souvent coupable.

— Cessez de vous plaindre, ose-t-il. Pensez à nos succès ! La révocation de l'édit de Nantes, ce n'est pas rien…

— Au moins, soupire-t-elle, voici la fin des dragonnades.

— S'il le faut, elles continueront ! Et soyez certaine, tempère-t-il, que je le regretterai.

Ces conversions barbares usant de la force, de la violence, révulsent Madame de Maintenon et, voilà peu, elle s'interroge sur ce jésuite incorruptible en apparence qui entre et sort de chez elle. Il plastronne depuis la révocation comme s'il en était l'auteur, campe férocement chez les vainqueurs, attaque, pourfend tout ce qui n'est pas de sa cause. Il se croit intouchable et, cette attitude si éloignée du pécheur repentant, conscient de ses faiblesses et pardonnant celles des autres, la heurte. Hier, elle s'en est plainte au confesseur du roi qui croisa les mains sur le ventre et soupira :

— Vous remarquerez qu'à propos de Marolles, je n'ai pas cherché à vous influencer.

— Votre opinion, quelle est-elle ?

— Il se pousse du col. C'est là son moindre défaut.

La Chaise n'avait pas supporté que Marolles approche Maintenon dès son retour de Saint-Val.

— Tout de même, il a réglé la question de cette femme… Personne ne la voit à Versailles.

La Chaise ferma les yeux pour cacher son agacement.

— Il n'a pas terrassé un dragon !

— Vous la croyez toujours innocente ?

— J'en ai la certitude.

Il s'appuyait sur ce qu'il avait appris du roi pour trancher aussi nettement, mais n'eut pas besoin de livrer ses sources.

— Aussi, entendez mon conseil, ajouta-t-il. Éloignez Marolles.

Sub secreto, elle admettait que l'homme la fatiguait, parfois même l'inquiétait.

— Il vient vous voir tous les jours. On jasera bientôt.

— Mon père… Imaginez-vous que…

— Non, bien sûr, mais cet… isolement vous nuit. On vous voit trop rarement. Soyez près de ceux que l'intolérance accable. On vous en rendra grâce et vous y gagnerez de l'estime. Mercredi, présentez-vous à la soirée d'Appartement avec le roi. Et d'ici là, ne revoyez plus Marolles.

— Je vous écouterai, mon père, promit-elle.

Chapitre 36

À NAPLES, MERCREDI 7 NOVEMBRE, on discute âprement la levée d'une nouvelle taxe – l'impôt va et vient… À Leinden, dans les Provinces-Unies [1], on signale le baptême d'Abraham Monnie, ce qui ne changera rien à la face du monde. C'est à peu près tout ce que l'Histoire retiendra de la journée. En France, nul scandale, nulle affaire, calme plat, exception faite du lent travail de sape de l'intolérance. Depuis le 5 novembre, le Conseil d'État interdit aux avocats ayant fait profession de la religion prétendument réformée d'exercer leur métier. C'est une conséquence insidieuse de la révocation de l'édit de Nantes – une de plus.

Sans qu'on en mesure encore les effets, les protestants quittent ce beau pays qui compte vingt millions de sujets et en perdra deux cent mille. Des gouttes d'eau qui deviendront un fleuve, bientôt un océan aussi vaste que celui qui mènera certains un jour dans le Nouveau Monde. Mais, au royaume de Versailles, tout cela semble bien loin. Car ici, tout est immense.

Aussi, le 7 novembre à huit heures, Bontemps murmure-t-il à l'oreille de Louis XIV : *Voilà l'heure.* Débute alors

1. Situées aux Pays-Bas.

la ritournelle de l'étiquette. Le Grand chambellan avance suivi par une myriade de valets – *la barbe, la perruque, la garde-robe, les souliers*… Vêtu de neuf, Sa Majesté passe immanquablement par la galerie des Glaces en prenant garde de ne pas adresser de regards trop appuyés à une inconnue, puis va à la messe, puis en son Conseil et dîne ensuite seul devant sa fenêtre.

L'après-midi, nulle escapade à l'extérieur de son grand domaine. Le roi rend visite à la nouvelle Orangerie que lui bâtit Hardouin-Mansart, l'œuvre ancienne de Le Vau ayant fait son temps. Au cours de ce périple, l'actuel Premier architecte se voit gratifier de remarques réconfortantes à propos de son travail, jugé excellent. Qu'il ne craigne rien, tout est en ordre et l'affaire du fat Le Faillon appartient au passé.

On insiste sur le parfait équilibre de l'ensemble en train d'être bâti et on salue son art, sa griffe, sa marque de fabrique, car il existe *un air de famille* entre la galerie des Glaces conçue par lui et l'Orangerie. Même schéma, mais plus long, plus large, plus haut ; en somme, plus immense. Versailles a besoin de superlatifs pour se renouveler sans cesse.

Pourquoi se rendre ailleurs, dans le Nouveau Monde, par exemple, puisque le spectacle permanent se trouve là ? Celui du jour est étonnant. Du nord au sud, à l'échelle de Versailles, on prépare la migration de ce qui risquerait de souffrir du froid dans ce rival de l'Éden. Voilà que se profile le dessein de l'Orangerie, un logis d'hiver pour les mille cinq cents arbustes ornementant les jardins à la belle saison. L'oranger, bien sûr, arrive en tête, suivi du grenadier et du myrte, des essences exotiques mystérieuses, participant à l'idée que ce palais a capturé toutes les merveilles et toutes les promesses de l'univers.

*

Louis a fait mille fois le voyage minuscule qui le mène de son château à sa nouvelle folie située du côté de l'aile du Midi et à laquelle on accède en empruntant l'un des deux escaliers appelés les *Cent Marches*. On les grimpe ou les descend, et ces monuments de pierre valent les chemins escarpés des montagnes sauvages.

Arrivée à bon port, la troupe qui s'y rend à pas lents pour consumer les longues heures de l'après-midi est étourdie par la fragrance des orangers que de patients jardiniers cajolent, essuient feuille à feuille et s'apprêtent à rentrer dans la partie hors d'eau de l'Orangerie. Les senteurs sont si fortes qu'on imagine aborder l'île de Malte, l'Olympe de ce fruit doux. Inutile de se joindre à Vasco de Gama ou à Fernando de Magallanes [1], ces intrépides voyageurs, et d'entreprendre à leur suite une circumnavigation pour goûter à la chair sucrée. À Versailles, il suffit de tendre la main, et même de délaisser l'orange pour la grenade, débarquée d'Arménie ou de Socotra, île lointaine, incertaine, cocon de la mer d'Arabie. Et ce mirage oriental prend vie lorsque le roi croque dans cette manne pulpeuse et charnelle arrachée au ciel.

La récolte sera bonne, prédit-il, car le roi vérifie tout. Les ballots de paille posés le long des portes sont-ils bien fixés ? On s'en sert pour protéger ces espèces fragiles et craintives des premiers frimas de l'hiver. Qu'en est-il de l'épaisseur des murs ? Cinq mètres, est-ce bien certain,

1. Fernand de Magellan, en castillan. Navigateur et explorateur portugais.

Hardouin-Mansart ? Il faut cela pour abriter ces trésors. Eh quoi, le roi est chez lui. Il contrôle son bien, la fourmi ferait de même, selon Jean de La Fontaine.

*

Une fois à l'intérieur, Louis XIV se demande si l'immense bassin taillé dans le marbre de Rance qui ornait l'Appartement des Bains ne finirait pas sa vie dans l'Orangerie[1]. Ce souvenir du *bon temps* où Athénaïs de Montespan, la *Sultane*, enluminait ses jours et ses nuits n'a plus sa place au château de *Maintenant*. Désormais, il l'encombre : adieu les ondes chaudes d'autrefois où se mêlaient les effluves d'épices capiteuses dont l'amante avait le secret et qui enivraient son demi-dieu. Il restera un bloc octogonal de pierres froides, trois marches sculptées dans la masse, gardant en mémoire l'empreinte d'Ulysse et de Calypso se baignant nus à la source de l'île d'Ogypie[2]. A-t-il jamais connu depuis plus belle excursion ? Ces pensées, comme tant d'autres, n'appartiennent qu'à lui.

Ainsi, il cherche où reposera le bassin, mais n'en parlera pas, n'a nul besoin d'un métreur. Les yeux fermés, il pourrait arpenter l'Orangerie, et c'est vrai pour la totalité de Versailles. Voilà près de trente ans qu'il fréquente obstinément les lieux et parcourt les jardins. Il a étudié chaque plan, décidé des perspectives, connaît, à la toise près, l'emplacement des bosquets, des fontaines, des statues ornant les allées. Versailles est son double, son jumeau.

---

1. Ce bassin octogonal figure, en effet, dans l'Orangerie. Mais sa place actuelle ne fut acquise qu'après un long périple qui le mena de Neuilly au Vésinet en passant par le jardin de l'Ermitage.

2. Au cours de son périple, Ulysse fut retenu sept longues années sur l'île d'Ogypie par la nymphe Calypso.

C'est une immense qualité pour un bâtisseur et un terrible handicap pour les autres : le roi veille à tout. C'est peut-être aussi ce qui explique la grandeur absolue de son règne et la fascination qu'il exerce de la base jusqu'au sommet. À quoi sert un roi ? Lui a répondu en cherchant à accorder son rêve de Versailles à celui de son peuple. N'importe quel sujet peut voyager ici, explorer afin de ressentir la fierté d'appartenir à ce royaume car c'est aussi dans l'orgueil que se forme une nation. Celle que conçoit Louis XIV se déchiffre à Versailles, miroir de l'absolue unicité de son règne, un catéchisme qui l'a convaincu de révoquer l'édit de Nantes. Regretter l'exil des protestants ? Que les mécontents cherchent ailleurs, au Nouveau Monde ! leur idéal. Celui du roi, Versailles, est si grand qu'il ne craint nulle comparaison.

Mais qu'adviendra-t-il lorsqu'il aura atteint les limites de *sa* terre, qu'alors, cette conquête plus excitante que la guerre prendra fin ? Il voudrait que l'aventure se poursuive, ne s'arrête pas ! Or, que reste-t-il de formidable, d'*extravagant* à entreprendre ?

Le jour avance. Bientôt, il faudra rentrer au château, mais le roi n'en a pas fini. Il n'est jamais rassasié, veut parcourir encore son domaine. Il reprend la marche, prend la tête de l'expédition, ordonne au cortège de passer du midi au septentrion.

— Cette aile Nord, où en est-on ? s'impatiente-t-il.

— Elle progresse, Sire. Elle progresse, répond sur-le-champ Hardouin-Mansart.

L'architecte se retourne vers un commis. Des esquisses surgissent d'un sac dans lequel patiente ce qu'il reste à construire du projet du grand roi. D'autres s'en contenteraient. Louis XIV ne jette qu'un œil aux plans. Il a vu cela des dizaines de fois. C'est un long bâtiment qui équilibre son double, bâti côté sud peu avant. Il n'y a guère d'invention, le style se mêle au précédent. Le palais aurait-il livré *toutes ses promesses* ? L'audace, ce fut d'imaginer l'enveloppe qui sauva le vieux château de Louis XIII d'une mort certaine, de surélever le nouveau en creusant autour pour dégager une terrasse sur laquelle tout repose et se grandit. La passion collective partagée par des milliers d'hommes et de femmes, Louis XIV l'a connue lorsqu'il fut décidé de créer le Grand Canal, de vaincre la tourbe, d'assagir sur des milliers d'acres la terre rebelle, de planter, tailler, sculpter. L'aventure, ce furent les bassins, les jets d'eau, les fêtes dans des bosquets surgissant par sa seule volonté. Mais une aile, si grande qu'elle puisse être, est-ce toujours un morceau du rêve intrépide qui transcendera son règne ? Est-ce ainsi que l'éblouissement dont la Cour oisive est prisonnière continuera de fonctionner ?

— Sire, souhaitez-vous que je vous parle de la chapelle ?

Hardouin-Mansart ne se lasse jamais. Il sait combien le roi aime revenir sur le métier. La chapelle… Elle sera édifiée. Mais faut-il se presser ou retarder le jour où tout ce qu'il était possible d'entreprendre s'achèvera et que s'éteindra alors la fougue du lion [1] ?

L'audace ! La hardiesse ! Louis en veut encore.

*

L'hiver approche, l'armée prendra bientôt ses quartiers. Le royaume est en paix, les tambours sont rangés [2]. Com-

1. Les travaux ne commencèrent qu'en 1687 et s'interrompirent en 1689 pendant dix ans, du fait de l'effort financier réclamé par la guerre de la ligue d'Augsbourg. La chapelle royale ne fut bénie qu'en 1710.

2. La guerre des Réunions opposant la France à l'Espagne s'est achevée en 1684 par la victoire de la première (trêve de Ratisbonne).

ment se sauver de l'ennui qui menace ? Il reste le chantier de l'Eure, la construction titanesque du canal destiné à vaincre, enfin ! son pire ennemi, cette eau qui lui échappe et se moque. Voici peut-être la belle bataille qui lui manque pour recouvrer la féroce jubilation de ces années d'insouciance où tout restait à faire. Ensuite ? Le jour tombe déjà. Le Roi-Soleil se retourne pour contempler le château à qui il a donné naissance. Nombre en tireraient de la vanité. Lui ne pense pas à l'œuvre accomplie, il cherche celle qui le fera vivre.

— Rentrons.

La troupe se met en ordre de marche, le temps passe vite. Tout juste en prendra-t-on un peu pour se changer avant que ne débute la soirée d'Appartement où compte se rendre Madame de Maintenon.

Ainsi devrait donc s'achever le mercredi 7 novembre, une journée apparemment fort ordinaire.

La suivante sera la guerre de la ligue d'Augsbourg (1688-1697). L'Angleterre, le Saint Empire, les Provinces-Unies, l'Espagne, le Portugal, l'Écosse, la Suède… feront front contre la France. Puis ce sera la guerre de Succession d'Espagne. Sur la fin de sa vie, Louis XIV se reprochera d'avoir trop aimé la guerre…

Chapitre 37

LE 27 OCTOBRE, trois jours avant sa surprenante apparition à Saint-Val, Gabriel Nicolas de La Reynie, Premier lieutenant de police de Sa Majesté, se trouvait à Paris dans ce monde de la nuit qu'il affectionne par-dessus tout. Accompagné de son bras droit, l'exempt François Desgrez qui s'était fait remarquer dans l'Affaire des Poisons[1], il remontait la piste de *Jean de la Colère*, recherché depuis un an pour de multiples exactions allant du crime au recel en passant par le pillage des églises du quartier de la montagne Sainte-Geneviève. La liste de ses forfaits était plus longue qu'un jour sans pain, mais le bougre restait insaisissable. Par deux fois, il avait échappé à la souricière malgré l'abnégation des *mouches*, les auxiliaires de La Reynie, ces espions ou plutôt ces informateurs mêlés aux canailles et peu repérables puisqu'ils appartenaient eux-mêmes à ce milieu. À une nuance près : ils étaient repentis.

La méthode du recrutement était rodée : un sermon lors de l'arrestation, suivi de la menace des galères et, pour

1. À propos du rôle de François Desgrez dans l'Affaire des Poisons, lire *Les Glorieux de Versailles.* L'expression « exempt », désignant un officier de police, fait référence aux hommes exemptés de cavalerie et reversés dans la maréchaussée.

finir, un donnant-donnant que peu refusaient : la liberté conditionnelle en échange de petits services. Partant du principe extraordinairement lucide que la perfection n'existait pas sur terre, La Reynie classait les exactions en deux genres : les inacceptables et le reste. Aucune négociation n'était possible lorsqu'il s'agissait d'une ordure ayant estropié un enfant pour en faire un mendiant ou commerçant avec le corps des gamines. Mais un vol à la tire, une bourse arrachée à la ceinture d'un bourgeois sur le Pont-Neuf, on pouvait discuter... En échange de la promesse d'une loyauté sans faille, La Reynie cédait parfois à l'indulgence. Ce n'était pas de la faiblesse, mais du bon sens. L'homme sage savait à quel point il était illusoire de vouloir éradiquer la racaille. Autant s'attaquer au chiendent. Pour une tête arrachée, dix apparaissaient. Batlowka, un monte-en-l'air originaire des Carpates, avait sauvé la sienne en se mettant au service de La Reynie. Il surveillait la place de la Contrescarpe. Depuis des semaines, la fine mouche tendait l'oreille, questionnait l'air de rien, plus tenace que sa sœur, la bestiole battant des ailes au-dessus du bol de lait, et le renseignement était tombé. *Jean de La Colère* jouerait aux cartes, cette nuit, au *Rat gris*, un bouge réputé pour ceux qui aimaient le vice et le vin frelaté[1].

*

La Reynie était à son affaire. Il adorait nager dans les bas-fonds où les filous grenouillaient. Il s'y sentait même comme un poisson dans l'eau ; bien mieux que dans le monde tempéré de Versailles. Ah, Paris ! La fumée de ses

1. Pour mieux connaître cet établissement et Batlowka, lire *Un jour je serai roi.*

cheminées, son air lourd et puant, ses égouts à ciel ouvert, sa fine pluie d'automne qui glaçait les os... Combien il aimait se fondre dans la masse – sa cure de jouvence ! –, écoutant d'une oreille les jérémiades de la mégère vociférant sur le prix du pain tandis que, de l'autre, il s'intéressait au dernier lazzi d'un poète monté sur un tonneau, haranguant la foule et l'invitant à se révolter contre les impôts que la férocité guerrière de Louvois engendrait. *Toujours plus de soldats pour verser plus de sang !* claironnait l'impudent. *Ta hargne fera long feu, rentre donc dans le rang*, répondait en silence – et en alexandrin – La Reynie. Il n'avait qu'à adresser un signe du menton aux hommes qui attendaient son ordre pour arrêter le calomniateur ; et le calme reviendrait.

L'officier du roi était un infatigable serviteur. Il nettoyait les cours des Miracles, unifiait les polices, promettait la sécurité au peuple en éclairant les rues[1]. Rien ne lui résistait. À l'exception de la Contrescarpe où sévissait *Jean de la Colère*. Mais la nuit du 27 octobre, tout serait réglé, le coupe-jarret arrêté. Un symbole assez fort pour que ce quartier rebelle soit muselé.

— Alors ? chuchota La Reynie à l'ombre avançant vers lui.

François Desgrez se colla à son supérieur.

— Rien. Que pouic... Le bougre ne s'est pas montré.

— Que dites-vous ?

— Ça sent le coup fourré...

— Batlowka nous a trompés ?

— Je ne crois pas.

Desgrez haussa les épaules :

1. L'application stricte de la taxe des Boues et Lanternes améliore sensiblement la salubrité de Paris.

— L'engeance a du nez. Elle a senti la souricière...

Puis il soupira :

— Quelqu'un de notre équipe s'est peut-être fait repérer. Ce n'est pas aisé de rester sur place. La rue, c'est le mouvement et si vous êtes les bras ballants, eh bien...

— Je sais ! Donc, selon vous, c'est terminé pour cette nuit ?

— Je le crains...

— Y a-t-il de l'agitation dans la salle du *Rat gris* ? insista sons vis-à-vis.

— Plus rien. Le patron, *l'Irlandais*, est en train de fermer.

La Reynie hésita. Lâcher l'os, ce n'était pas son habitude.

— Laissez le dispositif en place pendant une heure.

— Tous les hommes ?

— Pas un ne quitte son poste.

Dix carrures quadrillaient la Contrescarpe.

— Nos gens sont épuisés, tenta Desgrez en pensant à lui.

— Rendez-vous dans une heure devant ma voiture, lâcha La Reynie d'un ton sec en faisant aussitôt demi-tour.

— Attendez. Un de nous va vous accompagner.

— Je n'ai besoin de personne. Restez plutôt vigilant ! Avec de la chance, *Jean de la Colère* peut encore surgir.

La teigne, il ne cède jamais, se dit Desgrez. Et c'était aussi pour cela qu'il vouait une admiration sans bornes à son chef.

Qu'ai-je à craindre dans ma ville ? songeait de son côté l'entêté. Il se sentait partout à l'aise, n'avait peur de rien, surtout pas de la nuit dont il connaissait les vices. Aussi, l'impasse borgne vers laquelle il marchait ne l'inquiétait-elle pas. D'ailleurs, Desgrez et les autres se trouvaient à portée de voix. Pour l'urgence, il restait le sifflet serré dans sa main et relié à son poignet par une solide cordelière. À la première alarme, la harde bondirait à son secours. En l'attendant, il comptait sur le Miquelet, un solide pistolet dont il faisait usage dans les cas désespérés. Il s'en était servi contre le *Roi noir* ou plutôt contre l'un des siens et sa main n'avait pas tremblé[1]. Aussi, avançait-il sans méfiance vers ce corridor sans lumière. Le cocher et la voiture se trouvaient à l'angle suivant – à cent pas tout au plus.

Le cul-de-sac venait d'être franchi et pas même un rat ne s'était montré. Cent pas, oui, et il se mettrait au chaud, rongeant son frein et cherchant surtout un autre moyen pour arrêter *Jean de la Colère*. Quand le drame se produisit.

*

Une poigne solide l'avait saisi dans le dos, lui bloquait les bras, l'empêchant de produire le moindre mouvement, pas même de s'emparer de son maudit sifflet – encore moins du Miquelet. Le danger avait surgi du passage plongé dans le noir. Et La Reynie se dit qu'on apprenait à tous les âges...

Il se vit mort, ayant pour seule pensée le regret de ne pas avoir arrêté *Jean de la Colère*. Il imagina même que c'était lui qui le tenait férocement. Puis, il entendit une voix :

— Tiens-le fort, mais ne le tue pas encore.

Cette voix... Il cherchait...

— Si vous n'appelez pas, vous resterez en vie.

Il bougea la tête de haut en bas en signe d'acquiescement. A minima, ils étaient deux. L'un lui faisait les

1. Voir *Les Glorieux de Versailles*, *op. cit.*

poches, prenait le Miquelet, arrachait son sifflet pendant que l'autre parlait. La voix, il la connaissait… Gagner du temps… Il ne pensait qu'à cela.

Ils s'engagèrent dans le goulot étroit, et si serrés les uns aux autres que les épaules se frottaient aux murs, jusqu'à rejoindre une porte rongée d'humidité d'où s'échappait une odeur âcre de bois pourri qui brûlait la gorge.

— Ouvrez, Monsieur de La Reynie… Donnez un coup sec du genou.

L'officier s'exécuta. Sans mollir, on le poussa à l'intérieur. Quelques marches (par habitude, il en compta six), à nouveau une porte. Derrière une pièce aux murs couverts de salpêtre, meublée d'une table, de quatre chaises. Et, assis sur l'une d'elles se trouvait *Jean de la Colère*… Solidement ligoté. Bâillonné. Terrorisé à en juger par les regards affolés qu'il jetait tantôt à La Reynie, tantôt à ceux qui se trouvaient toujours dans le dos de leur nouveau prisonnier.

La prise qui l'étouffait se relâcha et il n'eut pas besoin de se tourner pour faire connaissance de ses ravisseurs. Ils faisaient face et se montraient dans la lumière des chandeliers posés sur la table.

— Cette voix, bien sûr, comment l'oublier ? murmura le policier sans afficher plus d'émotion. Je me disais aussi…

— Je vous présente Conwoion, surnommé le *guerrier*, dit l'homme vêtu de noir qui venait d'être identifié.

— Abrégez les présentations. J'ai en mémoire le souvenir cuisant de notre dernière rencontre, lâcha La Reynie sur le ton civilisé dont il usait dans les salons du Marais.

— Pourtant, vous ne l'aviez qu'entraperçu. Permettez-moi de saluer votre perspicacité.

— Ce fut rapide, en effet. Mais ce jeune homme a... comment dire, laissé à l'un des miens un souvenir impérissable. Une belle estafilade. C'était à Versailles, il y a trois ans.

— Vous-même, vous avez tué notre cocher.

— Nous nous battions à l'époque. Nous étions ennemis.

— C'est exact.

— Et qu'en est-il cette nuit ? demanda le policier en jetant un regard impassible sur *Jean de la Colère* toujours ficelé.

— Je ne voulais pas revenir à Paris les mains vides...

— Un présent ? fit mine de s'étonner La Reynie.

— Une entrée en matière, si vous préférez... Ne procède-t-on pas ainsi en matière de diplomatie ?

— Et que devrait-on négocier ?

— Je vous livre *Jean de la Colère* après qui, semble-t-il, vos hommes courent depuis très longtemps...

— En échange de quoi ?

— Une trêve...

— Quand en aurai-je donc fini avec vous, Monsieur Delaforge ? soupira le Premier lieutenant de police du roi.

Chapitre 38

TROIS JOURS PLUS TARD, La Reynie se présente donc à Saint-Val, le sourire aux lèvres, forçant un peu la porte tandis que Jean écarquille les yeux. Refuse-t-on l'hospitalité au Premier policier du roi ? Sitôt entré, ce dernier déclare vouloir rencontrer Amandine car ce qu'il a à dire la concerne au premier chef. Les voici dans le salon, les plus jeunes sur leurs gardes, le lieutenant à son aise. Des séquelles de son aventure nocturne ? Aucune, apparemment. De même, il se veut aimable, complimentant Amandine pour sa beauté qui ne s'altère pas et Jean, le brillant architecte de Saint-Val. Il va jusqu'à donner un avis sur Antoine qu'il trouve peu farouche et pour tout dire intrépide.

— La hardiesse ne manque pas dans votre famille, fait-il mine de badiner.

Est-ce une allusion à Delaforge ?

Jean se tourne vers son épouse dont le visage est tendu. Ses mains, serrées l'une contre l'autre, laissent penser qu'elle prie. Depuis des jours, elle attend un signe, un message. Elle espère et redoute le retour du *Roi noir*.

— Trois années que nous nous sommes vus, continue La Reynie, guère pressé d'expliquer sa présence. Combien de fois ai-je pensé à vous rendre visite lorsque je me trouvais à Versailles ? Mais quatre lieues au bas mot… Le travail, que voulez-vous. J'ai beau faire, les fripouilles ne baissent jamais les bras.

Il soulève un sourcil :

— Peut-être est-ce mieux ainsi. Quand on me voit, ce n'est, hélas, pas toujours accompagné de bonnes nouvelles…

L'ombre du *Roi noir* s'attarde sur Saint-Val. La promesse faite à La Reynie de ne jamais plus le revoir hante Jean. Que va-t-il annoncer ? L'arrestation de Delaforge et la cohorte d'ennuis qui suivra. Bien sûr, il s'est fait coincer ! Vautron avait raison. Il s'est précipité, a voulu se venger, le passé est remonté des enfers. Il s'en est pris à Marolles et ses mains étaient couvertes de sang quand La Reynie lui a sauté dessus…

— Hélas, soupire celui-ci, je ne suis pas ici pour le plaisir de vous raconter ma vie. Oui, bien sûr, il faut venir à ce pour quoi j'ai parcouru tout ce chemin. Et comment dois-je débuter ?

Il fait mine de réfléchir, l'œil pétille. S'amuse-t-il ?

— Il y a peu, se décide-t-il, j'étais sur le point de coincer un dangereux écorcheur…

— Dites-le. Il s'agit du *Roi noir*, lâche Amandine d'une voix douloureuse.

— Diable ! lance La Reynie en jouant l'étonné. Voilà un nom qui surgit et que je croyais proscrit…

— Vous disiez que vos nouvelles étaient rarement bonnes, intervient Jean. Je vous en prie : qu'allez-vous nous annoncer ?

— C'est le *Roi noir* ? répète Amandine.

— En effet, je l'ai vu, cède le policier.

Il marque un temps d'arrêt comme si les mots suivants lui arrachaient le cœur.

— Ce n'est pas lui que j'ai arrêté. Je dois même préciser que c'est plutôt l'inverse, ajoute-t-il à regret. C'est lui qui m'a ferré…

*

La Reynie avait du mal à l'accepter : le *Roi noir* connaissait mieux la Contrescarpe que ses hommes. L'eau avait coulé sous les ponts, pourtant l'ancien lutteur des arènes y disposait toujours de solides relations[1]. En quelques heures, il en avait su autant, peut-être plus, que Desgrez et consorts. Batlowka aurait juré le contraire, même sous la torture, mais le monte-en-l'air avait choisi son camp, celui de Delaforge, en souvenir du passé, d'une dette de sang. Vingt ans plutôt, Toussaint lui avait sauvé la vie en prenant celle d'un égorgeur décidé à faire subir le même sort à ce frère des Carpates. L'histoire n'avait nul besoin d'être rappelée. Delaforge était apparu, le 27 octobre au matin, au coin des rues Mouffetard et Saint-Médard, à trente pas de la Contrescarpe.

— Nom de Dieu… Le revoici chez lui…

Blasphème ou pas, rien n'avait changé entre ces hommes.

— Depuis quand ?

— Ce matin.

Aussitôt, la *mouche* avait sondé la foule qui déambulait.

— Restons pas là. Ça grouille d'ennuis…

Desgrez et ses hommes étaient déjà en place, sur le dos de *Jean de la Colère*. Batlowka avait poussé la porte du *Lièvre à trois pattes*, une taverne dont la salle étroite et profonde était peu éclairée. Les murs couverts de suie ren-

1. Voir *Un jour je serai roi*, *op. cit.*

forçaient l'obscurité. Un coup d'œil à *La Ronge*, le patron de l'estaminet, avait suffi. Rien à signaler. Les deux hommes s'installèrent à la table la plus éloignée de l'entrée et la plus proche d'une issue donnant sur un labyrinthe de courettes.

— De retour ? demanda Batlowka comme s'il s'adressait toujours au lutteur des arènes ou encore au *Roi noir*.

Il serrait les poings ; la mâchoire aussi. Ses yeux brillaient. Un mot, un seul, et il rejoindrait l'aventure.

— Non, sourit Toussaint. Je dois régler une ultime affaire, après je rentre à Cadix. Et si tu veux m'y retrouver…

— Merci, mon ami, avait souri Batlowka. Je suis trop vieux pour changer d'air. J'ai mes habitudes et on me laisse en paix…

— Tu fais toujours la *mouche* ?

— Pourquoi tu t'intéresses à ça ? s'était-il tendu.

— Ne t'inquiète pas. Je dois approcher La Reynie.

— Pour le tuer ?

C'était demandé sans émotion.

— Simplement discuter. Est-ce que tu peux m'aider ?

— Comment ?

— Je te donne un message pour lui.

— Et tu espères quoi ? Qu'il te gracie !

— Je lui propose un rendez-vous secret dans un lieu neutre.

— Comment comptes-tu l'appâter ?

— Je détiens des informations qui peuvent l'intéresser…

La voix était moins assurée. En face, le monte-en-l'air se frotta la barbe.

— Il t'encerclera. Une armée à tes trousses. Tu n'as aucune chance. Et quand tu seras sous cloche, il te demandera de quoi tu voulais causer. Tu déballeras ta marchandise, il te prendra tout ce que tu pourras donner et, direction la Bastille. Mauvais plan…

— Je n'ai pas mieux… Et je manque de temps.

Batlowka s'était fendu d'une grimace, montrant ainsi ses canines taillées en forme de crocs de loup.

— Y a de la veine pour les crapules…

— Pourquoi ?

— Moi, je t'apporte sur un plateau une monnaie d'échange.

*

S'emparer de *Jean de la Colère* avait été simple. Pourquoi se serait-il méfié d'un Breton dénommé Conwoion qui se proposait de lui vendre une croix en or et un calice serti de rubis subtilisés dans l'église Saint-Étienne-du-Mont ? Le magot se trouvait à deux pas, dans le cul-de-sac où, plus tard, La Reynie allait être piégé. La suite se devinait. Inutile de chercher *Jean de la Colère* au *Rat gris*, et c'était le donnant, donnant. Une entrée en matière pour aborder La Reynie à armes égales.

— Si nous ne parvenons pas à nous entendre, je libérerai *Jean de la Colère*. Dans le cas contraire, il est à vous.

Delaforge avait ajouté qu'il regrettait la méthode, mais il n'en avait trouvé aucune autre pour le rencontrer.

— Que ferez-vous de moi si je refuse vos combines ?

— Je disparaîtrai.

Un passage en coup de vent, quasi invisible et aussi rapide que ce qu'il avait à dire ?

— Venons-en au fait, s'impatienta La Reynie.

Eh quoi ! Il avait libéré le *Roi noir*, cédé à l'indulgence en échange de la promesse de ne jamais plus croiser ce criminel, et voici la façon dont il était remercié !

— Je devine vos pensées, tenta Delaforge, mais…

— Vous êtes en dessous de la vérité. Croyez-moi, ce n'est pas fini. Et cette fois…

— Écoutez-moi d'abord…

— Je ne négocierai rien ! Vous avez failli à votre parole. Et gardez l'autre forcené, *Jean de la Colère*. Lui aussi tombera un jour ou l'autre. Comme vous, Delaforge… Comme vous…

— Dans ces conditions… soupira le geôlier.

— Qu'allez-vous faire ? Me tuer, ajouter du sang à celui qui ronge vos mains ? Allez-y, Delaforge ! Finissons-en…

— Vous avez du courage, Monsieur de La Reynie, murmura le *Roi noir* en s'avançant.

— Vous, vous ignorez l'honneur !

— D'accord ! rugit Delaforge. Mettons-y l'honneur. Si vous n'êtes pas convaincu par ce que je vais vous apprendre, je me livre à vous.

— Que dites-vous ?

— Je vous libère et je me rends. C'est ce que vous voulez ? Mais il y a une condition : avant, il faudra m'entendre.

— Comment vous croire ?

— Écoutez-moi ! Je dois vous parler d'un être nuisible et immoral. D'une manière ou d'une autre, il faut l'éliminer.

— La mort, la violence… Vous n'avez pas changé. Attendez-vous ma bénédiction ?

— L'homme est dangereux. Il est à Versailles. Au plus près du roi…

Exactement ce qu'il fallait dire pour intéresser le policier. Méfiance… Delaforge était retors. Tous les coups étaient permis. Mais, bon sang, le roi !

— Soyez précis. Quelle menace, de qui parlez-vous ? lâcha-t-il à regret.

— Joseph de Marolles. Un jésuite. Intime de La Chaise. Le confesseur de Sa Majesté.

Soudain, il oublia le froid et l'humidité.

— C'est aussi mon père.

Et La Reynie oublia même *Jean de la Colère*.

Chapitre 39

LE LIEUTENANT DE POLICE aime les exposés carrés. C'est son caractère, à l'image d'une physionomie tout en raideur et dont le détail saillant est un nez long, émergeant d'un visage orné d'une perruque foisonnante qui augmente sa taille. Il marche de long en large dans le salon de Saint-Val ; il dirige la manœuvre. Amandine et Jean savent déjà que Toussaint Delaforge est à Paris. Pourquoi ne se présente-t-il pas ? Patience, leur visiteur ne changera pas sa méthode. Il abordera les questions selon l'ordre qu'il s'est fixé.

— Par quel miracle l'ai-je finalement écouté ?

Il commencera donc ainsi.

— Eh bien, je n'avais guère le choix… Voilà une première raison. Il y avait aussi l'évocation de ce personnage, Marolles, qui s'agitait à Versailles. Pour me convaincre qu'il pouvait être dangereux, Delaforge m'a donné à lire la lettre que vous, Jean, lui écrivîtes. Vous y affirmiez que Marolles avait été violent envers Amandine… Pas suffisant pour en faire un criminel. Alors, il me montra une lettre du révérend Calmés écrite voilà fort longtemps. La confession de Marolles, avouant avoir violé Marie, la mère de Toussaint, était évoquée [1].

1. Voir *Un jour je serai roi, op. cit.*

La Reynie fronce le sourcil :

— Mais deux lettres… Était-ce suffisant pour prouver la culpabilité de Joseph de Marolles ?

Peut-être s'interroge-t-il encore…

— Delaforge parlait également des aveux de la devineresse l'ayant mis au monde. La sorcière aurait reconnu avoir étranglé la pauvre Marie par ordre de Marolles.

Il s'interrompt à nouveau.

— Vous sentez-vous assez forte pour entendre la suite ?

Amandine répond d'un simple hochement de la tête.

— Trois pistes concordantes, poursuit le narrateur. Cela ressemblait à une preuve. Mais elles reposaient sur Delaforge, un témoin discutable… Il manquait *quelque chose* pour me convaincre. Je suis donc allé voir Vautron.

Il se tourne vers Jean.

— Il me charge d'un message : l'entreprise Pontgallet aurait besoin de vous. Mais revenons à nos moutons. Si je devine qu'il connut une vie… mouvementée avant de paver Versailles, ce vieil homme m'a fait bonne impression. Il m'assurait de l'honnêteté de Calmés et j'ai moi-même mené l'enquête au collège de Montcler. Calmés y a laissé d'excellents souvenirs. On en parle comme d'un saint. En deux jours, je me suis donc forgé une solide conviction : Marolles méritait que j'y prêtasse attention.

— Il est abject ! lance Amandine.

— Étrange, tempère La Reynie. Son parcours est chaotique. Confesseur du marquis de La Place ; soudain, un exil au Portugal et un retour à Paris dans la cour des Miracles de Brissel. Devinez quoi ? Je m'y suis rendu. Cela m'a pris peu de temps pour cueillir des avis sur l'individu. Austère, intransigeant, tyrannique, obsédé par le péché… Cherchait-il à racheter ses fautes ? Je n'ai pas tenté de percer ce secret. Les faits, rien qu'eux. Et j'ai découvert ceci…

Il soupire.

— Je vous ai mise en garde, ma pauvre Amandine…

— Parlez, je vous en supplie, murmure-t-elle en cherchant la main de Jean.

— Marolles avait-il entendu votre mère en confession ? Et si oui, où l'avait-il connue ? J'ai creusé cette voie en pensant à la lettre que Jean avait écrite à Delaforge… J'ai peu cherché pour retrouver sa trace. Elle vivait cour Brissel, là où agissait Marolles. Et on s'y souvient encore d'elle.

Il ne dira rien de plus au sujet d'Anne et, pour éviter les questions d'Amandine, il se tourne vers Jean.

— Vous écriviez à Delaforge que vous ne saviez pas où elle avait été enterrée. Au moins, voici la réponse. À l'extérieur de la cour Brissel, dans un enclos voisin. Un bon curé qui prend soin de ses ouailles a fait au mieux. Et si ce n'est pas Byzance, j'ai au moins retrouvé sa tombe.

Il n'en tire nulle fierté. Il a fait son métier.

— Voulez-vous que nous fassions une pause ? demande-t-il gentiment.

Jean se tourne vers Amandine qui déjà répond :

— Continuez, je vous en prie, Monsieur de La Reynie.

*

— Ma mission n'est pas de juger les coupables, mais de les arrêter. Pourtant, je reconnais que le cas Delaforge pose un vrai problème. Plus j'apprends à le connaître, plus je découvre ce qu'il a enduré. C'est au tribunal de trancher, pas à moi. Il reste qu'il est difficile de statuer en faisant abstraction de…

— Vous excusez ses crimes ? l'interrompt Amandine.

— Je me garderai de fixer la sentence.

— Au moins, savez-vous pourquoi il s'est adressé à vous ? s'interpose Jean.

— Soyez plus précis ! Pourquoi m'a-t-il enlevé ?

Il bouge la tête, soupire à plusieurs reprises.

— Il m'a bien fallu entendre ses arguments.

Le voici qui cherche un siège.

— Quatre lieues pour venir chez vous. Épuisant lorsqu'on déteste les voyages. Mon pauvre dos… Mais où en étions-nous ? Vous demandiez ce que me voulait Delaforge. Aussi surprenant que cela soit, il m'a annoncé qu'il ne venait pas tuer Marolles. Du moins, dans un premier temps.

— C'est la vérité, intervient Jean.

Il pense à Vautron. Delaforge lui a promis de ne plus donner la mort.

— D'où que vous vienne cette assurance, j'ai moi-même fini par me faire à cette idée, acquiesce le policier. Il pouvait se rendre à Versailles et, à la première occasion, sauter sur Marolles. Je peux témoigner. Le *Roi noir* est toujours efficace…

— Vautron vous a-t-il parlé de ce qui les unit ?

— Pas précisément, répond La Reynie, ce qui est une façon de ne dire ni oui ni non.

— Avant de s'enfuir en Espagne, le *Roi noir* a demandé à Vautron de veiller sur Amandine.

— Est-ce le paveur qui l'a sauvé de ses blessures ?

— Je ne suis certain que d'une chose, ment Jean. Les deux connaissaient Calmés. Un saint homme, en effet. Au nom de ce lien, Vautron lui a fait promettre de ne plus jamais verser le sang. En échange, le paveur devait le prévenir si Amandine avait besoin d'aide. Dix ans plus tard, il est revenu pour la secourir. Et vous l'avez arrêté.

— Je sais, bougonne La Reynie.

Le portrait sans nuances du *Roi noir* se délite. Il aime les situations simples. D'un côté, les méchants et, de l'autre, les bons. Où se situe Delaforge ?

— Puis-je poser une question ? demande Amandine.

— Je vous en prie.

— S'il n'est pas venu tuer Marolles, que cherche-t-il ?

— Selon moi, il pense à vous plutôt qu'à la vengeance. Il veut faire place nette, supprimer les obstacles qui pourraient vous blesser. C'est pourquoi il commencera par éliminer Marolles.

— À l'instant, vous disiez le contraire…

— Ce n'est pas forcément lui trancher la gorge. Simplement l'empêcher d'agir, car c'est un être nocif, et pas seulement pour vous. Je vous en parlerai…

— Comment s'y prendrait-il ? intervient Jean.

— Un coup risqué… répond La Reynie. Je ne peux en dire davantage. J'ai promis de ne pas m'y opposer et, croyez-moi, c'est une formidable concession. Mais si Delaforge échouait, je serais obligé de l'arrêter. C'est notre accord.

Tout cela est si contraire à ses principes que lui-même semble étonné d'avoir cédé.

— S'il s'en sort, il vous approchera, Amandine. Il procède dans cet ordre afin d'être certain que Marolles ne vous nuise plus. Mais je devine qu'il usera de moyens plus expéditifs s'il ne parvient pas à le museler selon le plan convenu.

— Il pourrait prendre sa vie ? demande Jean.

— S'il échouait, je le crains. Dans ce cas, je l'empêcherai d'agir sur-le-champ. Et lui se consolera de cet immense gâchis en se répétant qu'il ne vous rencontrera sans doute jamais, mais qu'il vous aura débarrassée de ce poison. Je vous l'ai dit… Il cherche à vous protéger.

— Pardonnez-moi, Monsieur de La Reynie, mais vous semblez convaincu de la culpabilité de Marolles…

— Je le suis, Monsieur Le Faillon.

— Dans ce cas, pourquoi ne pas s'en prendre à lui ?

— Quels seraient mes arguments ? Deux lettres, dont l'une écrite par vous… Ajoutez-y le témoignage d'un paveur au passé opaque. Pensez-vous pouvoir triompher ainsi d'un personnage qui est proche de Madame de Maintenon ?

Il s'arrête enfin de marcher.

— Car voici la seule question qui méritait d'être posée : quel profit tirerais-je en m'associant à Delaforge que j'ai traqué si longtemps ? Il me trahit, revient à Paris, m'enlève, m'oblige à des manœuvres que je réprouve. Eh bien, c'est à cause de Madame de Maintenon ! Elle s'est acoquinée à Marolles, elle joue avec le feu. Une rumeur, et ce sera la tempête. Je sors de l'Affaire des Poisons. Montespan y a tout perdu. Et ce n'était qu'une favorite…

Il se mord les lèvres.

— Je dois éviter un scandale. Or ce diable de Delaforge me l'a garanti si je ne l'aidais pas. En bon maître chanteur, il promet de dévoiler le passé de Marolles si je n'accepte pas ses conditions. Un scandale, je vous l'assure, qui rejaillira sur Madame de Maintenon. Bien sûr, elle se défendra, mais ses détracteurs chuchoteront qu'il n'y a pas de fumée sans feu. Peu après la révocation de l'édit de Nantes, le parti dévot sera humilié, menacé par une nouvelle affaire d'État. En somme, s'agace La Reynie, Delaforge m'a coincé, m'obligeant même à venir vous porter son message : le 7 novembre, si tout se passe comme prévu, la carrière nauséabonde et néfaste de Marolles prendra fin.

Moi, j'aurai épargné à Madame de Maintenon une épreuve dont je doute qu'elle puisse triompher. Vous, Amandine, déciderez alors d'accueillir ou pas votre père.

— Que se produira-t-il le 7 novembre ? demande Jean.

— Voici exactement ce à quoi je ne répondrai pas. Une façon de se venger de ce qu'on lui impose ?

Chapitre 40

LA CHAMBRE N'EST PAS VASTE, le confort incertain, la fenêtre petite. Elle donne sur l'une des cours intérieures de l'aile du Midi et le point de vue se limite à un vis-à-vis sinistre avec les ouvertures d'en face. L'air humide stagne, l'odeur du moisi s'incruste dans les vêtements. En novembre, le jour s'éclipse dès que le soleil passe au-dessus des toits du château pour basculer à l'ouest, embrasant alors les jardins ; un spectacle féerique visible depuis la galerie des Glaces lors des soirées d'Appartement.

Il faut se presser, venir tôt, prendre place aux premières loges. Le moment de grâce dure peu ; bientôt l'obscurité gagne, et c'est un autre divertissement de se laisser happer lentement par la lueur ambrée des chandeliers que les valets enflamment un à un tandis que les premiers accords de Lully résonnent au salon d'Apollon. Et pour vivre ce ravissement, le courtisan oisif est prêt à endurer la vie spartiate qui gouverne en coulisse.

Marolles est de ceux-là. Un lit, une table, un coffre, un prie-Dieu et un Christ en Croix, voici son intimité. La rudesse ne le dérange pas. Au temps du marquis de La Place, il vivait dans ce genre d'univers. L'austérité fait partie de son fonds de commerce, une composante de l'abstinence et du refus public des jouissances terrestres, soubassements de la doctrine qui façonne la légende du soldat de Dieu et distille la peur et le respect chez les crédules. Au Portugal, ce fut pire. La cellule où il vécut un calvaire manquait exagérément de confort. Pas d'eau, bien sûr, aucune chandelle, le vent entrant par la meurtrière, une planche de bois pour lit. Une bauge, glaciale l'hiver, brûlante l'été quand les flammes ardentes du soleil léchaient les pierres blanches de l'*Universidade do Espirito Santo* d'Evora. À Versailles, ce n'est que du provisoire. Marolles a de l'ambition et sa relation avec Maintenon portera bientôt ses fruits. Il fonde de grands espoirs sur l'intimité malsaine qu'il a enfantée. La manipulation lui a toujours réussi. Il deviendra l'âme damnée de feu la *belle Indienne*.

*

Encore que. Depuis quelques jours, l'épouse du roi garde porte close. Il se présente, frappe, on ouvre. Manon, la servante sénile qu'il déteste parce qu'elle fronce les sourcils à chacune de ses apparitions et le détaille en silence de la tête aux pieds, soupire et prend un air de matrone veillant sur le Messie.

— Que voulez-vous encore ?

Encore ! La vieille ne l'emportera pas au paradis… Mais ce visiteur est adroit. Il tente un sourire, se force à paraître contrit et modeste, joint les mains, penche la tête un peu de côté.

— Votre maîtresse m'attend…

— Elle ne m'en a pas informée.

Les doigts fermement accrochés à la poignée, ce cerbère bloque l'entrée.

— Eh bien, allez la trouver ! s'emporte le jésuite.

L'antre se referme. Marolles patiente dehors. Et cela dure. Quand Manon réapparaît, elle a le sourire aux lèvres.

— C'est bien ce que je vous disais.

Et l'idiot reste à l'extérieur, le nez collé à la porte, tandis que s'entend le bruit de la clef tournant deux fois dans la serrure.

Marolles n'est pas encore franchement inquiet. Ce n'est pas qu'on le fuie, mais plutôt qu'on l'évite. Allons, il a déjà connu ces moments où la brebis se lasse de son berger. Il faut resserrer les liens, travailler au cœur la conscience comme le forgeron lamine, frappe le fer, trempe la lame dans le brasier, et s'acharne sur son travail. L'esprit est une substance incertaine et friable. Maintenon se détache car Amandine Pontgallet ne lui fait plus peur. C'est ainsi chez la bougresse. Elle supplie qu'on lui vienne en aide. Dès l'instant où cela va mieux, elle oublie sa dette. Eh bien, Marolles rappellera à Maintenon qu'il a chassé la tentation. Chassé, mais non vaincu. Ainsi, il instillera le doute à propos de l'épouse Le Faillon. La garce, prétendra-t-il, n'a pas renoncé. Pour ne pas l'avoir lâchée des yeux – c'est ce qu'il voulait dire lorsqu'il frappait humblement à la porte –, il sait qu'il y a danger. Il inventera. Le mensonge est son arme. Il parlera de se rendre à nouveau chez la sybarite afin de la mater et le fera aussi pour le plaisir sadique de s'en prendre à la fille de ce fils dont il eut si peur. Puis il reviendra en parlant de victoire. Mais si la brèche est colmatée, ajoutera-t-il, le camp des débauchées pullule de vocations. « Qu'on s'empare du cœur du roi, le voulez-vous, Madame ? » Le vieux soldat promettra de veiller sur elle. Après quoi, sa porte restera ouverte.

*

Mais ce 7 novembre, il faudrait, d'abord, qu'il y glisse un pied… Aussi, le stratège a-t-il un plan. Il se rendra à la soirée d'Appartement et se plantera devant Maintenon, chuchotant qu'il est urgent de la voir pour lui faire part d'informations pressantes. Le ton, la manière, le moment propice, la mâchoire crispée, l'œil menaçant… Son rôle est rodé. Elle cédera. Il n'en doute pas.

L'idée de se frotter à la Cour ne le séduit pas, mais n'est-ce pas la guerre ? Vêtu d'une simple chemise, il cherche la tenue qui siéra à la bataille. Une soutane ni neuve ni trop lustrée lui semble parfaite. Il s'apprête à l'enfiler quand on frappe. Qui se risquerait dans l'entrelacs de ces couloirs malodorants ? Un instant, il songe à un envoyé de Maintenon. Elle a compris sa faute.

Sans méfiance, il ouvre.

Chapitre 41

LEDUC, LE MAÎTRE D'HÔTEL des communs, est à son affaire : malmener la cohorte des petites mains s'affairant à la préparation de la soirée d'Appartement. Il est dix-huit heures et la réception n'a pas débuté. À l'armée, on fait la revue de paquetage. Lui, tape dans les mains, et la troupe s'aligne aussitôt sur un rang. Le petit chef exige qu'aucune tête ne dépasse. Tel un sous-lieutenant, il détaillera les quatre-vingt-dix serviteurs qui devront rendre ce moment inoubliable.

La règle, rappelle-t-il pour commencer, est de n'être ni vu ni entendu. Se faire oublier, baisser les yeux, ne prêter nullement attention aux conversations. S'effacer. Disparaître.

— Vous n'existez pas.

Leduc adore humilier.

— Maintenant, regardons vos tenues.

Ce moment est vraiment délicieux. Il ne pardonne aucune négligence et annonce à chaque fois le barème à voix haute. Et très fort. Il aboie. S'il manque un bouton à la veste, il en coûtera une moitié de solde. Une tache sur l'habit, la totalité y passera. Il se fait payer de la main à la main.

Leduc a tout son temps. La soirée débute dans une heure.

*

— Déshabillez-vous.

Ils sont deux à être entrés et, soudain, la pièce minuscule est remplie. Ils ont refermé la porte, campent devant. Impossible de s'échapper. Ils sont masqués, vêtus de noir, aussi impressionnants l'un que l'autre.

— Déshabillez-vous, répète celui qui porte une longue cape.

Marolles est terrorisé. La voix… Il vient de la reconnaître. Elle arrive de si loin. Mais c'est impossible, se reprend-il, puisqu'il est mort. Anne Pontgallet le lui a dit avant de s'éteindre. Il a disparu dans l'*étang puant*. On ne l'a jamais revu.

— Si je dois me répéter encore une fois, mon ami vous tranchera le pouce de la main droite, puis il s'en prendra aux autres doigts, un à un, jusqu'à ce que vous cédiez. Jusqu'à ce qu'il ne reste qu'un moignon comme celui-ci.

Le manchot montre son bras mort. C'est sa méthode, implacable, froide. Jeune, il était pareil. Marolles cherche à calmer le tremblement de cette main qu'on lui promet de perdre. Il faut qu'il se reprenne, qu'il réfléchisse. Qu'a dit exactement la fille Pontgallet avant de s'éteindre ?

Le corps du *Roi noir* n'avait pas été retrouvé.

— C'est impossible… Tu ne peux avoir survécu…

— À qui croyez-vous parler ? demande la même voix.

— C'est le diable. Oui, c'est le diable qui l'a rappelé !

Marolles parle fort, beaucoup trop fort. Il finira par rameuter du monde. En trois pas, l'autre homme masqué est sur lui. Il sort un couteau de sa poche, le place sous la gorge du jésuite.

— Un mot plus haut et ce n'est pas la main que je te coupe, ordure.

La poigne est terriblement solide. Marolles tombe à terre. La lame se colle à la chemise, sa pointe effilée entre dans le tissu, le déchire et, en effleurant la peau, arrache ici ou là une goutte de sang. Le vêtement fendu en deux tombe en chiffon. Le vieux est nu ; crasseux et ridé. Il pue.

— Bâillonne-le.

Un morceau de la chemise fera l'affaire.

— Attendez ! supplie Marolles. Je veux voir vos visages. Je veux être certain…

— Il faut encore qu'il donne ses ordres ! s'impatiente celui qui vient de déchirer sa chemise. Je vais le crever…

— Si votre dernière volonté est de contempler la mort…

Toussaint ôte son masque et Conwoion fait de même.

*

Leduc n'est pas mécontent. Il vient de récupérer une livre. Dix tenues négligées, autant de domestiques punis sur-le-champ. Une bonne moyenne. Il a beau prévenir ces crétins, chaque fois ils tombent dans le piège. Maintenant, il faut distribuer les rôles. Les tenues irréprochables iront dans les salons. Les autres feront la navette entre les communs et le premier étage du château. C'est un mouvement continu, une chaîne dont les maillons doivent être solidement unis. Les vingt-cinq premiers courront des cuisines à la cour Royale, les dix suivants graviront et descendront l'escalier sans relâche, quinze autres réceptionneront les victuailles et les boissons dans le vestibule, les quarante derniers ravitailleront et débarrasseront les buffets.

Leduc aime cette organisation militaire. Chaque soirée est une bataille. En sortir vainqueur, il n'y a pas d'autre issue.

— Ceux qui serviront aux communs se mettent en place ! Les autres, derrière moi.

La colonne s'ébranle, direction la cour Royale. Un mille-pattes coloré de bleu et de rouge. Il reste une demi-heure avant que les salons n'ouvrent.

*

Il y a vingt-cinq ans, le même homme était penché sur lui. Une balafre barrait sa joue gauche, ses yeux gris promettaient déjà de le tuer. C'est à peine s'il a changé, comme si le temps s'était arrêté, ou suspendu, jusqu'à la scène finale. Dans la précédente, Marolles s'en était sorti en révélant à celui qui le menaçait qu'il était son père. Tétanisé par cette révélation, Delaforge avait arrêté son geste. Et le jésuite avait fui [1].

— Tu ne peux pas, répète Marolles. Dieu te l'interdit…

— Le jugement est prononcé depuis longtemps, répond le fils d'une voix glaciale.

Il se tourne vers Conwoion.

— Attache-le maintenant.

À quoi bon se débattre ? Le Breton est cent fois plus fort et la corde qu'il portait enroulée à la taille diablement solide. Marolles est nu, mains liées dans le dos. On le traîne à la porte. Ses genoux raclent le sol, des échardes pénètrent sous sa peau, il gémit, a mal, tente misérablement

1. Voir *Un jour je serai roi*, *op. cit.*

de se redresser. Conwoion appuie sur ses épaules, pesant de tout son poids pour l'obliger à se soumettre.

— À ton tour de porter les épines du Christ.

Delaforge ouvre la porte de la chambre, jette un œil dans le couloir. Désert. Dehors, il y a un coffre en bois. D'une main, il le tire à l'intérieur, referme derrière lui.

— Ce sera votre cercueil.

La peur submerge Marolles, un liquide tiède coule le long de ses jambes. Il se pisse dessus. Les idées ne viennent pas, ne se raccordent pas. Il n'arrive plus à penser. Une bête effrayée, prise au piège, agit pareillement. Lui se fixe sur le coffre. On va l'enfermer vivant, il ne pourra pas respirer. Alors, il bouge la tête, rugit, bave, il en a le tournis.

— Ayez pitié… pleure-t-il.

C'est assez ! Cette fois, Conwoion noue le bâillon sur la bouche de son prisonnier et le force à mettre un pied dans le coffre. Le vieillard tente de lutter, mais reçoit un coup entre les omoplates. L'autre jambe entre dedans.

— Accroupis-toi !

D'une main, Conwoion appuie sur la tête, de l'autre, il lui donne un coup sec derrière les genoux. Marolles cède, s'effondre, le corps tordu, plié comme le fœtus dans le ventre de la mère.

— Il est à toi, murmure Conwoion.

Toussaint se penche sur le coffre.

— Vous êtes le mal, la violence, la souffrance. Il le faut… Il faut que vous disparaissiez.

Il sort de sa poche une sorte de longue aiguille.

— Il m'a fallu plus de vingt ans pour vous oublier et j'ai cru y parvenir. Des erreurs passées dont vous êtes responsable en grande partie, il me restait ma fille, et c'était ma terre promise. J'avais beaucoup à me faire pardonner, pourtant je gardais l'espoir d'y parvenir et je me suis accroché à la vie en attendant ce jour. Mais il y avait vous, Marolles, et j'ai commis la faute de vous ignorer.

Conwoion lui tend une feuille de papier. Toussaint pique l'aiguille dedans, la ressort. La pointe brille, elle fait quatre pouces au moins [1].

— Vous avez détruit ma mère, moi, maintenant Amandine, et vous m'obligez à employer la violence, rompant le serment que j'ai promis de respecter. Je vous hais, Marolles. Et je vous maudis.

Il se tourne vers Conwoion.

— Mets-lui la cagoule.

Marolles est aveugle. Il hurle, mais ses cris sont étouffés par le bâillon. Il sent quelque chose de froid, du métal contre son buste. Maintenant, on prend sa peau, la pince…

— Plus vous bougerez et plus vous aurez mal. Patience. Ce n'est encore rien, annonce Delaforge en enfonçant l'aiguille dans le sein droit du jésuite et en la ressortant comme une broche.

Le papier accroché à la pointe rougit de sang, et pour taire les hurlements, le bourreau referme le coffre.

— Allons-y, ordonne-t-il à Conwoion qui saisit la poignée de devant tandis que lui fait de même à l'arrière.

*

Leduc est sur des charbons ardents. En haut, tout est en place. Un dernier coup d'œil sur sa petite troupe alignée au cordeau et l'on ouvrira le ban. À mi-chemin de l'escalier, s'entendent déjà les premiers courtisans qui,

1. Un pouce = 2,707 cm selon la toise du Châtelet (après 1668).

croit-il, ont pris de l'avance et gloussent, s'esbaudissent, s'excitent pour un rien. C'est toujours la même soirée, mais eux s'étonnent comme des novices, même si, note le maître d'hôtel, ce ne sont pas les exclamations habituelles.

En bas, pas un seul courtisan mais un attroupement de serviteurs. Sacrebleu, qu'y a-t-il ?

L'événement se passe dans la cour de Marbre[1], juste sous les fenêtres du roi. Un coffre est posé au centre. Le couvercle est ouvert. Dedans, un vieillard nu et méconnaissable. Il est masqué. Un feuillet taché de sang est accroché à sa poitrine. On y lit :

VIOLEUR & TUEUR

— Va chercher la garde ! ordonne Leduc à un valet.

— Elle est là, Monsieur, répond un homme au grand nez.

La Reynie est entouré de Desgrez et de trois hommes.

1. En avançant vers le château : la place d'Armes, la cour d'Honneur, la cour Royale et la cour de Marbre.

Chapitre 42

IL EXISTE À VERSAILLES assez d'esprits curieux et de phraseurs pour que l'affaire enfle. On imagine le marquis de Biège surgissant dans la cour de Marbre, se servant de son titre pour s'immiscer dans la troupe des exempts de police embarrassés par le coffre et son contenu, posant malicieusement ses questions, s'autorisant à soulever le capuchon du débris qui gémit, étouffe sous un bâillon, afin de voir son visage. Découvrir qu'il s'agit d'un Compagnon de Jésus, proche de Maintenon, quelle formidable nouvelle ! Mais La Reynie a *miraculeusement* surgi avant que le scandale ne s'ébruite parce que le plan concocté avec Delaforge est précis, minuté. Aussi a-t-il un temps d'avance. Assez pour que le fardeau s'évanouisse sans attendre le cortège des courtisans. C'est l'avantage d'une société rodée. Tout se sait à l'avance. Pour plagier le duc de Saint-Simon : *avec un almanach et une montre, on peut, à trois cents lieues, dire ce qui se passe ici.*

— Si j'entends un mot sur ce qui s'est produit, je vous en rends responsable, a-t-il dit à Leduc en partant.

Pour le féroce maître d'hôtel, c'est le moment de montrer que sa tyrannie a du bon. Si bien qu'en peu de temps, le coffre disparaît, la cour de Marbre recouvre sa quiétude et, lorsque le marquis de Biège, en bonne compagnie, pointe son oisiveté, il ne soupçonne rien – à moins d'être devin, une vertu que le Seigneur ne lui a heureusement pas offerte.

*

L'affaire a été aussi rondement menée du côté de Madame de Maintenon. Pendant que Delaforge entrait chez Marolles, le policier frappait à la porte de l'épouse du roi. Cette fois, Manon ne s'était pas opposée – l'officier est *persona grata.*

— Madame, a dit sobrement son visiteur. Votre... protégé.

— Pardonnez-moi ?

— Joseph de Marolles est en mauvaise posture, se décida-t-il. En toutes circonstances, niez l'avoir connu. Il en va de votre salut et de celui de votre cause.

— Mon Dieu...

— Cet homme en est bien loin. C'est un imposteur...

La main droite posée sur le cœur, elle tenta d'en freiner les battements soudain désordonnés.

— Je ne l'ai reçu que deux ou trois fois et...

— Aucune, Madame. *Aucune entrevue.* Vous m'entendez ?

— Bien, bien, mais...

— Le temps presse. Vous a-t-on vus ensemble ?

— Non, je ne crois pas, cherchait-elle. Il est toujours venu sans vraiment s'annoncer. Chaque fois, nous étions seuls, ajouta-t-elle en se mordant les lèvres. Dernièrement, il s'entêtait. J'ai mis fin à sa... ténacité en demandant à Manon de lui refuser l'entrée. Elle peut vous l'assurer.

— Parfait. Au pire, persuadez votre servante de témoigner qu'il cherchait à devenir son confesseur. Pour le reste, je m'en occupe.

Maintenon réalisait qu'elle se confiait à l'homme qui était pour beaucoup dans le déclin d'Athénaïs de Montespan puisqu'il avait mené l'Affaire des Poisons, mettant à jour les fréquentations de la favorite avec le monde des devineresses et des sorcières [1].

— Je vous promets de suivre vos conseils, mais, puis-je à mon tour compter sur votre fidélité ?

— Madame, j'agis pour le roi, mon seul maître. Et puisque nous avons le même, comptez-moi parmi vos alliés.

— Que le Ciel vous soit reconnaissant.

— Je vous remercie, mais, pour l'heure, le problème réside sur la terre, et je dois m'y atteler sérieusement.

Il partait, elle le retint encore :

— Que reprochez-vous à Joseph de Marolles ?

— Je doute que l'apprendre vous rassure. Oubliez-le.

*

Le château de Versailles compte plus de deux mille pièces. Pour les rejoindre, il existe au total près de soixante-dix escaliers. Certains sont très fréquentés – celui des Ambassadeurs ou de la Reine –, d'autres, plus discrets, et même interdits, sauf à montrer patte blanche. Celui qu'empruntent les hommes de La Reynie est particulièrement

1. La disgrâce de Montespan est liée en partie à la monumentale affaire d'État. On lui reprocha d'avoir usé de poudres *miraculeuses* pour « ensorceler » le roi. De là, ses détracteurs la rangèrent dans le camp des empoisonneuses…

secret. Le passage est étroit, la marche mal assurée, le bois grince, c'est du vulgaire pin, et les solides épaules des exempts de police passent difficilement, d'autant qu'ils sont plutôt chargés : le coffre. Et Marolles dedans, si celui-ci est toujours vivant.

L'aile Nord où ils se sont engagés est en travaux. Et c'est un avantage. Alors que débute la soirée d'Appartement, les lieux sont déserts. Ils avancent au milieu des gravats, suant et maudissant le stratagème de leur chef, Nicolas de La Reynie, qui les attend de pied ferme à l'entrée d'une enfilade de pièces sans fin, affectées à ses services. Un havre provisoire encerclé par le chantier en cours. À droite et à gauche, ce n'est qu'un long couloir sans murs, sans fenêtres et sans portes. Le repaire du policier ressemble à un bateau fantôme égaré dans un océan de poussières… Lui a pris un chemin moins alambiqué et, surtout, il était moins chargé ! Ici, c'est sa tannière lorsqu'il séjourne chez le roi. Il s'est réservé une pièce sobrement décorée, sa défiance pour ce qui brille étant légendaire. Une table ordinaire, une chaise et, sur le plan de travail taillé dans du chêne brut, une plume, des feuilles, de l'encre. Pour consigner les aveux – au cas où. On ne change pas ses habitudes.

La Reynie est assis. Sans qu'il soit nécessaire de donner l'ordre, Desgrez ouvre le coffre. On sort un Marolles flageolant, on le tient fermement afin que la circulation revienne. Alors, le lieutenant du roi se lève et avance son siège.

— Retirez-lui le capuchon, détachez-le et asseyez-le.

Marolles est toujours nu.

— Je vais vous poser quelques questions, débute La Reynie. Évidemment, je vous conseille de ne pas me mentir.

— Je souffre le martyre, gémit son prisonnier.

— Martyr ? Évitons les comparaisons hâtives…

— Je ne sais qui vous êtes et ce que vous voulez, mais…

— La Reynie, Premier lieutenant de police du roi. C'est moi qui poserai les questions, Monsieur Joseph de Marolles.

— Si vous savez qui je suis, et qui je fréquente à la Cour, je vous conseille de prendre soin de ma personne. Dieu du Ciel, il m'a planté une aiguille… Et qu'a-t-il écrit sur ce papier ? tente-t-il de lire en se tordant la tête.

— Violeur et tueur, répond sobrement l'enquêteur.

Livide, Marolles agrippe le feuillet pour le déchirer, tente frénétiquement d'extraire le fer qui le blesse. Il tire, le sang jaillit, ses doigts glissent…

— Aidez-moi, pleurniche-t-il.

Personne ne bronche.

Il recommence. Yeux fermés, tire d'un coup sec. L'aiguille se casse. Marolles comprime la plaie. Il a mal. Énormément.

— Le monstre… Il s'appelle Delaforge, hoquette-t-il, et…

— D'où le connaissez-vous ?

Le jésuite ouvre la bouche, grimace encore. Que fait-il ici, que lui veut-on ?

— Par pitié, donnez-moi un vêtement…

— Souvenez-vous de Saint-Martin qui offrit sa tunique à un pauvre. La nudité vous rapprochera du Seigneur.

La Reynie ajoute en soupirant :

— Je pense que vous en avez diablement besoin.

*

Dehors, deux hommes patientent. Toussaint Delaforge et son second, Conwoion, le Breton. À l'intérieur, les aveux se font attendre. La Reynie procède avec méthode, avance pas à pas sa théorie. Marolles l'écoute en tremblant. Il a froid, est épuisé. Mais la carne semble tenace.

— La façon dont on vous a traité est si stupéfiante que l'on s'interroge. Vous me parlez de Delaforge. Toussaint Delaforge…

— C'est un fou, un criminel !

— Je le croyais mort…

— Moi aussi, rétorque imprudemment Marolles.

— Ainsi, vous le connaissez, pilonne La Reynie. Étrange fréquentation pour un homme d'Église. Alors, commençons par cela. Où ? Quand et comment ? Autrement dit, quels sont vos liens ?

— Mais je l'ignore… balbutie Marolles.

— Laissez-moi vous éclairer.

Le lieutenant du roi pose une fesse sur le bord du bureau. Ses jambes sont si petites que les souliers à talons décollent du sol. Ce n'est pas pour autant qu'il est moins inquiétant.

— C'est votre fils.

— Que… que dites-vous ?

— Il y a plus de quarante ans, vous avez violé Marie, une servante de la maison du marquis de La Place dont vous étiez à l'époque le directeur de conscience.

— Il suffit ! Ces griefs sont grotesques…

— Vous avez violé cette femme, continue l'accusateur. Puis vous l'avez abandonnée. Elle est morte à la naissance de son enfant dans des conditions qui vous accusent à nouveau, et je dispose d'assez d'informations pour le prouver.

— Vous mentez… Vous ne savez rien… Je vais vous faire arrêter. Le père La Chaise, confesseur du roi, s'occupera de vous !

La Reynie se relève calmement, passe derrière son bureau, fait mine de farfouiller dans les papiers qui l'encombrent et finit par extirper deux feuillets.

— Monsieur, je vous explique comment les choses vont se passer. *Primo*, il existe cette accusation. Violeur et tueur… Elle exige que je mène l'enquête. Qu'y a-t-il de faux ou de vrai ? Hélas pour vous, voici une lettre du révérend Calmés, dignement connu au collège de Montcler où votre fils a été placé par vos soins. Son témoignage est sans appel. Vous lui avez confessé vos crimes.

— Sans valeur ! Ce qui est dit en confession ne peut être utilisé. Il sera excommunié !

— Où il se trouve, il s'en moque. Et Dieu lui a sans doute pardonné. Voyons voir, qu'ai-je encore ? Ah, voici le témoignage d'un autre prêtre qui, lui, a entendu Calmés. De quoi accuser ce religieux ? Il a reçu, mais hors de la confession, les paroles d'un coreligionnaire qui s'est soulagé d'un poids avant de mourir.

— Qui est-il ?

La Reynie ne dispose d'aucune preuve. Il évoque Vautron et ne détient que la lettre adressée par lui et Jean à Delaforge.

— Nous le citerons au procès car il y en aura un. Comment en sortirez-vous ? Pieds devant, tête tranchée ou brûlé en entier ? Au mieux, vous n'échapperez pas à l'indignation. Votre vieillesse misérable sera dévorée par la honte. On vous bannira, l'opprobre vous servira de guide et le chemin sera très long. Vous serez sans défense, personne ne vous protégera et Delaforge vous tombera dessus. Il vous a retrouvé, le fera encore, et je crains que votre souffrance soit à l'image de ce qu'il vous fit endurer ce soir. Mais en pire. Et vous le supplierez pour qu'il vous envoie en enfer.

La Reynie se tait. Il faut que ça entre.

Marolles ne proteste plus. Même sa douleur semble effacée. Il cherche à quoi il pourrait se raccrocher, mais son regard s'égare et se réfugie dans un cortège d'ombres qui l'attirent inexorablement vers l'inconnu. Ailleurs, lui promet-on la paix ?

— Reconnaissez vos fautes, Marolles... Et finissons-en.

La Reynie lui tend une feuille de papier.

— Il y a de l'encre. Allez au bureau. Je vais vous chercher un vêtement.

Du menton, il ordonne à ses hommes de sortir et fait de même. Avant de fermer la porte, il jette un coup d'œil. Marolles est debout, il va au bureau.

Le policier se dit qu'il est en train de gagner.

*

— C'est fait ? demande Delaforge.

— Pas encore... Soyez patient.

— Il ne reconnaîtra jamais.

— Assez ! Vous avez déjà obtenu énormément. J'ai commis, je ne sais combien d'irrégularités. Il faudra, moi aussi, que je m'en explique avec ma conscience. De plus, je dépense un temps fou avec cette affaire. J'ai assez de besogne pour...

— Je vous ai fait gagner du temps. Sans moi, *Jean de la Colère* vous narguerait encore.

— Méfiez-vous, Delaforge...

— Marolles est un criminel. Vous le savez...

— Je manque de preuves pour le mener au bûcher.

— Que vous faut-il de plus ?

— Ses aveux, je n'en démords pas. Mais ils viennent...

— Qu'en savez-vous ?

— Ce n'est ni l'orgueil ni la suffisance qui vous répondent, mais l'expérience, et rien qu'elle. Il s'est défendu maladroitement et cédera. Dans peu de temps, il couchera ses aveux, la larme à l'œil, cherchant les mots pour se faire pardonner.

— Qu'a-t-il dit ?

— Ma théorie reposerait sur du vide. Je ne dispose que de la lettre d'un mort, condamné au silence puisqu'il s'agissait d'une confession, et d'un témoignage sur lequel, évidemment, je ne me suis pas attardé. J'ai inventé en pensant à Vautron. Mais cela suffira. En m'accusant de manquer de preuves, il reconnaît implicitement qu'il est coupable.

— Le vieillard est coriace.

— Ce qu'il craint le plus, c'est la suite, le déshonneur. Il sait qu'il ne s'en tirera pas indemne. Quand j'entrerai à nouveau, je lui donnerai un vêtement. Il faut souffler le chaud après le froid. Et il va négocier, je le sens.

— Que lui offrirez-vous en échange ?

— Je tergiverserai en laissant entendre qu'il pourrait s'exiler. J'ai un exemple : vous. Puisque, pour le moment, vous êtes libre.

Est-ce une menace ? Les deux dans le même filet ?

— Vous déciderez de mon sort, mais il reste un point pour que notre accord soit complet : qu'il livre le nom de famille de ma mère, s'il l'a jamais connu…

— Vous en demandez beaucoup, grimace La Reynie.

— Laissez-moi lui parler.

— Résisterez-vous à l'envie de le tuer ?

Silence.

— Je vous ai empêché de commettre un crime et vous vous êtes vengé. Allez-vous tout détruire ?

— Je vous ai aidé à sauver la réputation de l'épouse du roi.

— Moi, je vous arrêterai sur-le-champ. Ne croyez pas que vous m'échapperez. Mes hommes disposent d'armes à feu.

Il se tourne vers Desgrez.

— Arrêtez son acolyte.

Étrangement, Conwoion se laisse faire.

— Rompez votre parole et vous ne verrez jamais Amandine. De surcroît, je vous promets la peine capitale.

— Puis-je entrer ?

La Reynie demande à Desgrez de lui prêter son manteau et se tourne vers le *Roi noir*.

— Allons-y. Le sort en est jeté.

En effet, car en ouvrant la porte, il voit le corps qui oscille lentement. Marolles est monté sur le bureau, puis sur la chaise et s'est servi de la corde qui l'attachait pour se pendre à une poutre.

Septième partie

Je vous laisse digérer ces réflexions[1]...

1. Madame de Sévigné.

Chapitre 43

LA SOIRÉE D'APPARTEMENT s'est déroulée sans incident. Les gens de Leduc ont bien travaillé. Le marquis de Biège prétendra qu'il s'est ennuyé. Nul drame ni ruine au jeu, aucune œillade dont il pourrait tirer parti pour orchestrer un formidable tintamarre. À défaut, beaucoup de banalités furent échangées : l'hiver approche ; demain, ira-t-on au jardin voir les feuilles qui tombent ? Certains commencent à regretter Paris.

À dix heures du soir, les salons se sont vidés. La colonie a migré. Place au Souper du Grand couvert dans la nuit sombre. Il faisait froid, le château est un courant d'air. Le roi s'est rendu à sa table. La lumière manqua, un feu de cheminée aurait été apprécié. Pendant qu'on grelottait, les plats provenant des communs étaient réchauffés dans un vestibule. La route est longue, le chemin pentu, de la Bouche[1] au palais. Sa Majesté a montré un bel appétit. Potage, viandes ou rôts et entremets, il a goûté à tout.

1. C'est évidemment ce qui a trait à la nourriture : la cuisine, le ravitaillement. Sept services quotidiens. En nombre, c'est le département le plus important de la Maison du Roi. Le grand Commun (ou grand Quarré des Offices-Commun), qui servait de cuisines et de table pour les officiers, mais aussi de logement, se trouve à l'extérieur du château, au sud et à hauteur de la place d'Armes.

La famille royale était présente. Les dames s'assirent sur des tabourets, la conversation fut légère. On parla de Marly pendant que les fruits circulaient et l'on répéta que la nature y lénifiait les sautes d'humeur ou encore que l'automne s'y voulait délicieux. Sur le vif, Louis XIV décida une expédition pour le lendemain. De loin, la Cour tendit l'oreille et bruissa. Qui serait du voyage dans ces terres intimes ? Marly, c'est autre chose que Versailles, l'étiquette est plus souple. Puis le roi s'est retiré après avoir salué un grand nombre de courtisans, ménageant des haltes pour glisser un mot aux proches et à tous ceux qui se trouvaient par hasard près de lui. Quand tout fut fait selon les règles et aucune oubliée, il s'isola avec Madame de Maintenon qui avait montré de l'impatience et même de la fébrilité au cours de la soirée. On ne sut ce qu'ils se dirent dans l'intimité. D'aucuns prétendirent qu'elle avait un air soucieux en sortant, mais lui ne montra rien. Il était fort tard, presque minuit, quand débuta la cérémonie du Coucher. La chandelle s'éteignit… Le rideau tiré, l'irremplaçable Alexandre Bontemps s'approcha de Louis XIV.

— La Reynie est venu m'informer d'une affaire étrange. Un jésuite, Joseph de Marolles, s'est pendu dans l'aile Nord. Le passé de cet homme serait trouble. Votre Premier lieutenant de police prétend qu'il aurait tenté de s'immiscer dans l'intimité de…

— Madame de Maintenon. Je sais, elle m'en a touché un mot, intervint le roi sans plus d'émotion.

Il s'allongea. Son dos lui faisait mal.

— Évitera-t-on de nouveaux embarras ?

Sans doute songeait-il à l'Affaire des Poisons.

— Tout est en ordre, affirma Bontemps. Le corps est hors de Versailles et j'avertirai votre confesseur dès demain. Le mieux est que vous ignoriez tout, Votre Majesté.

— J'ai hâte de me rendre à Marly, annonça-t-il, et ce fut sa conclusion.

— Nous avons tous besoin de prendre un peu l'air...

Et ils n'en parlèrent plus jamais.

*

La Reynie avait en effet procédé avec calme et efficacité. Tandis que ses hommes décrochaient le corps, il s'était éloigné pour discuter avec Delaforge.

— Si nous nous revoyons, je crains fort que ce soit pour le pire. Je ne reviendrai pas sur ma parole. *Jean de La Colère* contre un sauf-conduit. Vous repartez libre – du moins pour deux jours. Ensuite, je vous traque et vous arrête. Le 9 novembre, à minuit, vous serez en route pour l'Espagne. Ne me tentez pas davantage, Delaforge. À la moindre incartade, je ferai fi de ma faiblesse.

— Vous n'aurez pas à la regretter. Je serai à Saint-Val dans la matinée. À midi, tout sera accompli. Et je disparaîtrai. À moins, sourit-il tristement, que vous ayez encore besoin de mes services.

— J'en doute. Allez, partez !

Ils s'étaient dit peu de mots en découvrant le pendu. La Reynie, sans doute, s'était maudit d'avoir laissé Marolles seul.

— C'est votre faute, tempêtait le policier, furieux d'avoir été berné. Si vous n'aviez pas perdu du temps pour savoir si vous deviez le voir ou pas, rien de tout cela ne se serait produit. Je le tenais dans la main, enrageait-il alors que le corps, porté par deux hommes, emballé dans le manteau de Desgrez, s'engageait dans la galerie de l'aile Nord.

Le cortège filait vers l'inconnu accompagné par la pâle lueur d'un candélabre. Les pas résonnaient. La marche était funèbre.

Delaforge avait contemplé le mort sans émoi. Ce chiffon rabougri d'os, de chair avait-il vraiment été son père ? Il songeait à Marie, réalisait qu'il ne saurait rien sur elle, qu'elle tombait dans l'oubli. Il était l'orphelin à jamais. Le bâtard. Et il s'accrochait à ce dernier espoir, Amandine, dont l'existence serait ou pas la seule véritable raison de son passage sur la terre.

Avant l'aube, il serait en route, mais avant, il passerait par l'*Auberge de l'Ours* où vivait Vautron. Il le libérerait de leur ancien contrat : veiller sur sa fille et promettre en retour de ne pas tuer l'indigne. De loin, Calmés était toujours présent, ange gardien ou conscience protectrice. La rédemption existait-elle pour tous ? La solution choisie par Marolles apportait un semblant de réponse : son fils ne l'avait pas tué. Et le 8 novembre, en fin de matinée, il se présenta à Saint-Val.

*

Pour lui qui avait connu les lieux avant les modifications orchestrées par Jean Le Faillon, le résultat était prodigieux, le domaine méconnaissable. Sans doute aurait-il été bon de vivre ici, d'accueillir les années, apaisé, sans méfiance. Delaforge atteindrait bientôt la cinquantaine, pour ainsi dire un miracle compte tenu de son passé.

Il avait abandonné le carrosse et Conwoion à l'entrée. À chaque pas, il répétait des phrases apprises par cœur.

Oui, j'ai tué Léon et je le regrette. Dès l'instant où j'ai appris ce qui m'unissait à toi, Amandine, j'ai renoncé au mal. Ce qu'il s'est produit avant appartient à une vie où tu n'existais pas. Moi-même, je n'en avais pas...

Et tous ces mots lui semblaient absurdes.

Bien sûr, cela ne manqua pas, il tomba sur Antoine, le petit châtelain, parti à l'aventure sur l'allée principale, au-delà de la courbe masquant les bâtiments.

— Qui va là ! menaça l'enfant en surgissant d'un bosquet.

Le *Roi noir* remarqua que l'ennemi se tenait fièrement sur les jambes, pieds fixés dans le sol comme un lutteur prêt à recevoir l'assaut et décidé à ne pas reculer. En quelques leçons, il aurait pu lui apprendre deux ou trois bottes bien utiles pour se défendre.

— Je viens voir ta maman.

— Êtes-vous comme le méchant qui est venu l'embêter ?

— Je te promets que non.

— Elle a beaucoup pleuré...

Antoine le détailla encore.

— Je crois qu'il était plus vieux que vous.

— Et toi, Antoine, quel âge as-tu ?

— On se connaît ?

— Ton papa m'a souvent parlé de son grand garçon.

— Il vous a dit pour ma cabane ?

— Bien sûr, mentit Toussaint pour ne pas décevoir, et j'ai très envie de la voir.

— Suis-moi !

Ils quittèrent le chemin et marchèrent jusqu'à la *Mare aux perdrix*. C'était un jour ensoleillé, adouci par une brume légère qui flottait au-dessus de la pièce d'eau où les canards sauvages trouvaient refuge. Antoine voulut monter dans l'arbre et proposa à son invité de faire de même. Il fallait s'accrocher à deux mains.

— Pourquoi tu ne peux pas ?

— Ce bras, expliqua Toussaint en lui montrant le droit. Eh bien, il est faux...

— Qu'est-ce qu'il t'est arrivé ?

— Je te raconterai plus tard...

— Et tu as mal ?

Amandine avait posé exactement la même question la première fois où ils s'étaient croisés[1]. C'était un miracle de plus. Peut-être un signe ? s'encouragea-t-il.

— Si nous allions retrouver tes parents ?

Antoine glissa sa main dans celle de son grand-père ; celle qui n'était plus qu'un morceau de bois mort. Amandine avait fait de même autrefois.

*

Depuis la terrasse, Magdeleine hurla que le petit arrivait avec un inconnu. On était le 8 novembre, ce ne pouvait être que lui. La Reynie avait annoncé que le 7, d'une manière ou d'une autre, les dés seraient jetés.

Amandine se précipita dehors. Jean resta prudemment en arrière. Antoine était collé au *Roi noir* – à celui, corrigea-t-elle, qu'elle avait longtemps appelé sa *bonne étoile*. Lors de leur première rencontre, eux deux avaient marché pareillement. C'était la nuit, ils regardaient le ciel, il lui avait appris à compter sur ses doigts. L'homme qui avait fait tant de bien à une petite fille et tant de mal aux autres, pouvait-il être son vrai père ?

— Je vais les chercher, proposa Jean.

— Je préfère les retrouver.

---

1. Voir *Le Roi noir de Versailles, op. cit.*

Jean resta seul sur la terrasse tandis qu'Amandine avançait vers son père et son enfant. Il vit Antoine courir vers elle, sauter dans ses bras et se retourner pour montrer du doigt le monsieur habillé en noir. Elle ne bougeait pas. Alors, le tout-petit la tira par la robe pour qu'elle approche, mais elle resta à trois pas, n'osant franchir ce fossé – ou ne le voulant pas. Jean était trop loin pour se faire une opinion.

Antoine se posta entre les deux, un peu à l'écart. Il levait la tête, la tournait à droite, à gauche pour suivre la conversation. Ils se parlent, se rassura le fils Le Faillon, et chaque minute passée était un fil s'ajoutant aux autres qui raccommodait peut-être les chagrins. Soudain, il y eut du mouvement et Jean comprit que le petit Antoine était à la manœuvre. Leur guide les emmenait vers la *prairie du Levant*, en haut de la butte, là où on touchait le ciel. Ils partirent un long moment et, lorsqu'ils réapparurent, ils n'étaient plus que deux. Toussaint avait disparu.

*

Antoine était ravi. Le monsieur lui avait fait découvrir plein de choses sur le nom des fleurs, l'heure à laquelle on entendait coasser les grenouilles, que la nuit, on ne se perdait jamais si on savait lire dans les étoiles. Lui, il avait appris parce qu'il possédait un grand navire sillonnant les mers. Antoine avait sursauté. C'était comme leur… – « C'est quel mot, maman ? » – bienfaiteur, La Fragua, qui connaissait aussi les océans immenses, avait affronté les pirates, et même des monstres marins. Un jour, avait proclamé l'enfant en fixant Toussaint, il le rejoindrait… Et Amandine avait longuement regardé son père.

Jean mourait d'envie de l'entendre à son tour, mais il écouta patiemment son fils.

— Tu sais s'il reviendra nous voir ? lui demanda-t-il

— Il nous écrira, répondit vivement Amandine à sa place. Il a promis à Monsieur de La Reynie de partir très vite…

C'était un prétexte, Jean en était convaincu. Il en conclut que tout s'achevait mal.

— Mais toi… Et lui… Qu'avez-vous…

— J'en parlerai plus tard, murmura Amandine en se tournant vers Antoine. Il faut que j'aille voir Magdeleine.

Elle s'échappait. C'était encore un prétexte. Rien ne s'était donc déroulé comme il l'avait espéré.

*

Jean chercha encore à questionner son garçon. Avaient-ils l'air en colère ? L'un avait-il évoqué l'avenir, l'autre élevé la voix ? Des questions sans rapport avec les préoccupations du bambin qui regrettait de ne pas savoir répondre. Alors, il se gratta la tête pour trouver de quoi lui faire plaisir. Il y avait eu la présentation des canards à la *Mare aux perdrix*, des carpes aussi, et un passage par le grand acacia foudroyé par un éclair…

C'était tout ?

— Ils ont discuté des papas et des mamans, mais j'ai pas bien écouté…

Jean décida de renoncer.

— Va t'amuser, si tu veux…

— Ça va pas ?

— Mais si, voyons…

Antoine partait et, soudain, quelque chose lui revint.

— Tu sais, pour les étoiles dans le ciel. Il paraît que chacun a la sienne. C'est sa *bonne étoile.* Celle de maman est par là, affirma-t-il, en pointant l'index quelque part vers le sud.

— Il lui a montré ?

— Non, c'est maman qui savait où elle était.

*

Au soir, lorsque Antoine fut couché, Amandine ne put plus reculer. Il fallut qu'elle s'explique. Que s'était-il passé ?

— Je crois qu'il t'apprécie, débuta-t-elle. Il te demande pardon pour t'avoir obligé à me mentir si longtemps.

— Et toi, me comprends-tu à présent ?

— Je m'attendais à un monstre et j'ai retrouvé celui que j'ai connu enfant... Oui, j'ai moins de mal à te comprendre. Tu ne pouvais me parler de lui sans m'apprendre qu'il était mon père. Forcément, Léon serait apparu.

Elle semblait résignée, prête à accepter le passé.

— Tu devais le voir et lui s'expliquer, insista Jean. Sans cela, aucune... réconciliation n'était possible.

Mais elle ne mordit pas à l'hameçon.

— La réconciliation... insista-t-il, tu t'y sens prête ?

— Léon... Il n'a rien nié, déclara-t-elle tristement. Sa seule excuse serait qu'il n'a fait que se défendre. Il n'aurait ni attaqué ni donné le premier coup. Les hommes de Ravort, celui qui voulait nous tuer, l'avaient déjà blessé. Ensuite, ils ont jeté le corps dans l'*étang puant.*

Ses yeux se remplirent de larmes.

— Je n'arrête pas de penser à Léon. Je le vois souffrir. J'ai dit qu'il avait été un très bon père, qu'il me manquait. Maintenant, s'il te plaît, arrêtons de parler de lui...

Pourtant, elle ajouta d'une voix hésitante, comme si cette ombre ne la lâchait pas :

— Ma grand-mère a provoqué notre malheur. Elle a appris à Léon qui était mon père. Alors, il s'est jeté sur le *Roi noir*…

Elle l'appelait encore ainsi. Mais était-il toujours coupable ou simplement responsable ? Léon n'avait-il pas marché lui-même au-devant de sa mort ? Au moins, il s'en était dit des choses ce jour-là. Et, en l'écoutant, Jean reprit espoir. La clémence n'était peut-être plus loin.

— Que vas-tu faire ?

Elle lui prit les mains et les posa sur ses épaules. Son corps se blottit contre le sien.

— Essayer d'oublier… Et reprendre notre vie.

— Pourquoi ne pas en changer ? murmura-t-il.

Chapitre 44

THIERRY DE MILLARD, le conseiller du parlement de Paris, n'était pas de ceux qui aimaient Versailles. Pour lui, toutefois, il n'était pas question de « changer de vie ». Le *prince des Manigances* vivait grâce à la Cour, à ses intrigues, au jeu perpétuel du pouvoir. Il aimait les arcanes amphigouriques, avait du nez pour devancer la trahison, c'était sa marque de fabrique. Il naviguait singulièrement bien parmi les retors. Aussi, La Reynie ou Bontemps le jugeaient-ils indispensable. De sorte qu'il fut l'un des seuls à en apprendre un peu sur Joseph de Marolles. Non qu'il était père du *Roi noir*, mais – sans réclamer des détails qu'il vaut mieux parfois ignorer – que ce tempérament sombre et sournois (*dixit* l'indulgent La Chaise) avait tenté de corrompre la réputation de Madame de Maintenon.

Millard eu la finesse de ne pas rappeler qu'il avait tenté d'avertir Bontemps, ayant lui-même été mis en garde par ses contacts entortillés au sein de la Compagnie de Jésus. En tira-t-il une satisfaction personnelle ? En aucun cas. Ce conseiller était la parfaite définition de l'homme de l'ombre, comme Richelieu avait eu en son temps son éminence grise [1].

1. C'était le Père Joseph.

Pourtant, il fut assez surpris – le mot est faible – lorsque, le 10 novembre 1685, il reçut ces quelques lignes non signées :

Monsieur le conseiller,

Il est juste de rendre à César ce qui lui appartient.

Voici le pli que vous confiâtes au regrettable duc de Méli-Mélo.

Soyez assuré que nous n'en fîmes aucun usage pouvant vous nuire. Et puisque le sujet est clos…

Il retrouva donc la lettre pour Bontemps, aux bons soins du comte de Ceyrac, dans laquelle il mettait en garde le Premier valet. Fort heureux, il ne chercha pas plus loin à qui il devait ce petit prodige, et puisqu'un double, autant dire un faux, si on avait par malice reproduit le message, ne lui nuirait nullement, il mêla ce mystère à ceux qu'il collectionnait et brûla la preuve de ses agissements.

Jamais il ne sut que ce tour de magie était l'œuvre du duo Vautron et Jean Le Faillon.

Chapitre 45

LES MOIS PASSÈRENT. L'hiver 1685-1686 fut rude. C'était la succession d'années épouvantablement froides dont on ne voyait pas la fin[1]. À Paris, la Seine gela pendant plusieurs semaines, la Tamise fit de même à Londres. Dans ces conditions, les travaux furent mis à l'arrêt de novembre à mars, ceux du canal de l'Eure, le projet titanesque voulu par le roi, n'échappant pas à la règle. Il y eut bien quelques esprits critiques qui commencèrent à douter de la réussite d'une telle entreprise, mais on était loin du compte. Aussi fallut-il encore trois années d'acharnement, des milliers de morts et une guerre de Neuf Ans[2], ruineuse pour la France, pour renoncer à l'ambitieux projet. Le canal ne fut donc jamais achevé. La construction des réservoirs de Montbauron ne régla pas le problème. L'eau à l'infini, la manne tant espérée par Louis XIV, ne vint pas abonder suffisamment les fontaines

1. Appelé le petit âge glaciaire, cette période s'étend du XIVe au XVIIIe siècle. Les témoignages au XVIIe siècle, sous le règne de Louis XIV, sont effrayants. En 1693 et 1694, deux millions de personnes perdirent la vie à cause du froid et des famines qui en découlèrent. 1709 semble être l'année la plus dure. Il se dit que le vin gelait à Versailles et qu'à Paris, on vidait les tonneaux à la hache.
2. Autre nom donné à la guerre de la ligue d'Augsbourg.

de Versailles. Le Nôtre et Louis XIV avaient-ils cheminé ensemble dans les jardins tels deux amis, rêvant de relier Versailles au monde en détournant les rivières ? Si le roi voulait, tout était possible, pensait-on. Mais aucun navire arrivant de l'Orient ne vint jamais s'amarrer au Grand Canal…

*

Ainsi s'acheva, du moins pendant ce long règne, le dernier grand projet du roi bâtisseur. Bien sûr, on s'attaqua au Trianon de marbre ; très beau ; oui, royal, mais ce somptueux appendice était extérieur, émancipé du château. Le corps principal, l'assise même de l'absolutisme, cessa de grandir pour avoir atteint l'âge mûr à l'image de Louis XIV. Peut-être que le prodigieux esprit inventif des premières années s'était tari ; l'envie, la folie manquaient… Se fatiguait-on de Versailles ? Marly devint un sérieux concurrent. On se toquait pour ce refuge intime. La guerre, épuisante et trop longue, se mêla à l'affaire ; l'argent devenant rare, on saigna le peuple déjà étouffé par la taille, la gabelle, la dîme… Fallait-il désormais se servir de l'impôt pour embellir Versailles ou former des armées pour défendre les marches du royaume[1] ?

La construction de l'aile Nord fut achevée en 1689 et, plutôt que d'édifier, on se mit à détruire. La fabuleuse grotte de Thétis y passa donc. Certains y virent – c'était exagéré – un signe du retournement des mœurs. La licence, l'envie, le désir qui ruisselaient au royaume d'Apollon s'endormirent comme la source de jouvence qui s'épuise. L'eau, infidèle, se vengeait. Les nymphes partirent

1. Marche : ici, dans le sens de région frontalière.

en quête d'un autre Olympe pendant que le roi décidait pieusement d'ériger une nouvelle chapelle. Cela prit un temps fou – vingt-trois ans ! –, quand la construction de l'enveloppe sous laquelle sommeillait le relais de chasse de Louis XIII n'avait demandé que deux ans... Le chantier fut interrompu à cause de ces guerres qui n'en finissaient pas. Il s'acheva en 1712, et l'on se dit que, bientôt, on chanterait le requiem du grand Roi-Soleil, le dernier de ceux ayant fondé Versailles. Car Le Vau, Le Brun, Le Nôtre, Colbert... Ils étaient morts. Hardouin-Mansart aussi [1].

Qui prendrait le relais pour insuffler le génie de la genèse ? Qui remplacerait Molière, Lully, l'ingénieur Vigarani, intendant des Plaisirs du roi ? Ce mot-là – plaisir – avait-il encore un sens ? Sans doute que la sagesse ou la prudence se mêlaient à la vieillesse. Versailles, plus que jamais, évoluait tel son roi. L'un et l'autre allaient de concert, plus lentement, et, pour finir, on ne sut plus qui influençait qui.

1. En 1708.

Chapitre 46

LOUIS XIV AIMAIT-IL trop la guerre ou trop construire ? Il se posa la question peu avant de mourir… Bien avant, un humble sujet renonça au destin glorieux du bâtisseur qui avait tant réussi aux Mazière, Bergeron, Marcou, Barbier, Thévenot, D'Orbay… Jean Le Faillon choisit de quitter Versailles.

Le chantier et ses aléas comptaient peu dans ses calculs puisqu'il en avait été écarté. Il rêvait d'être peintre et ne dirigeait l'entreprise Pontgallet que par devoir. La foi chevillée au corps, l'ardente vocation qui tarabustait les maîtres des œuvres du roi ne l'avait jamais gagné. Lui tirait un trait sur le passé. Mais qu'en pensait Amandine ?

Elle prit sa décision en mars 1686, à l'instar de la nature qui suppliait le Ciel de revivre. L'hibernation s'acheva, la débâcle charria hors de sa tête ce que l'hiver avait de sombre, de nuisible. Les jours allongeaient, les pensées devenaient plus claires. À quoi bon vivre à Versailles – pour Versailles – si elle n'en espérait plus rien en retour ? Il n'y avait que des morts : Marguerite, Léon. Et Anne qui avait été enterrée dignement. Dans ces lieux qui avaient tant changé depuis son enfance, ne germaient que des souvenirs violents et cruels comme ce valet ayant abusé d'elle. La galerie des Glaces, les soirées d'Appartement, tout cela n'était qu'un théâtre où se jouait une pièce sinistre qui se terminait toujours mal.

Jean et elle possédaient une belle fortune, héritage du *Roi noir* s'ajoutant à Saint-Val. Antoine rêvait de découvrir les océans. Ils partirent pour le sud, décidés à voyager lentement, même si le cap les menait sûrement à Cadix. C'était l'étape finale, mais par crainte d'y renoncer en chemin, ils ne s'engageaient à rien. Pourtant, il n'y avait pas d'autre moyen de fuir ces fantômes qui avaient fini par emporter Marguerite Pontgallet dans la folie. Peut-être ne s'agissait-il que de cela : une façon de tourner la page sans ouvrir encore la suivante. Toussaint Delaforge n'était qu'une destination imprécise, un prétexte pour se mettre en route. Au bout du chemin, que trouveraient-ils ?

*

Jean voulait peindre, Amandine commencer une nouvelle vie. Antoine rêvait d'aventures… Ils fermèrent Saint-Val, se réservant la possibilité d'y revenir un jour. L'entreprise Pontgallet renonça à prendre de nouvelles commandes. On acheva celles en cours et renvoya dignement les apprentis et les compagnons. Vautron ne se plaignit point. Un bon paveur trouve toujours du travail. Il ne quitterait pas Versailles parce que son histoire formidable avait besoin d'un conteur honnête et, lui seul, prétendait-il fièrement, la connaissait depuis l'origine. Vraisemblablement, il ne s'imaginait pas une autre vie et, dans celle-ci, il patienterait jusqu'à retrouver Calmés pour discourir jusqu'à la fin des temps sur la rédemption.

On le vit encore en juin 1693, accueillant le laboureur Judicaël Goulwen et son épouse Soizick qui arrivaient de leurs terres de Benac'h. Un moine de Loc-Maria leur avait parlé de Versailles où l'on cherchait continûment des bras pour construire le château fabuleux de Louis XIV. Vautron les prit sous sa coupe, à l'*Auberge de l'Ours.* « Des milliers et des milliers d'hommes comme moi ont réalisé le miracle que tu découvriras demain, à l'aube, raconta-t-il à Judicaël. Mais pour le comprendre, il te faudrait connaître la légende de ceux qui ont fait Versailles. Aussi, je vais d'abord te présenter Toussaint Delaforge. Qui se promit un jour d'être roi [1]... »

*

Amandine et Jean étaient partis depuis fort longtemps... Le 1er mai 1686, ils firent leurs adieux aux parents Le Faillon. Le père ne se portait ni mieux ni moins mal que la veille. Mélisande, son épouse, pleura à chaudes larmes. Le Faillon ne montra rien. Jean oublia sur la table de la cuisine une bourse bien remplie. Il y en aurait d'autres, ils ne manqueraient jamais. Amandine se rendit ensuite à l'emplacement de l'ancien *étang puant* englouti dans la construction de la Pièce d'Eau des Suisses et par la progression des jardins, du Potager, de la ville. Elle se recueillit sur ce qui était la sépulture de Léon et lui promit de ne jamais l'oublier.

Tout était-il en ordre, le cocher pouvait-il faire claquer le fouet ? Il restait à saluer Pierre Lobiot, peintre moyen, mais bon diplomate et second de Le Brun. Sa réussite était exemplaire car l'homme savait plaire et maîtrisait les rouages de la surintendance. On le voyait comme le parfait courtisan policé... Au fond de lui, sommeillait pourtant

1. Cette dernière scène est tirée du prologue d'*Un jour je serai roi.*

l'audace débridée de ses débuts lorsqu'il barbouillait à Paris, en compagnie de Jean, des *tableaux antiques* pour le compte du faussaire Apkarian [1].

Pierre ne fut pas étonné par le choix de Jean. Mieux, il s'en réjouit. Enfin, peintre ! Lobiot était certain du talent de son ami. Il le voyait à Rome, dans les traces des illustres maîtres. Et ce métier de bâtisseur était du gâchis. Si le destin empruntait parfois des routes escarpées, il n'était jamais trop tard ; seul comptait le point d'arrivée. Mais qu'en serait-il de leur amitié ? Ils promirent de s'écrire. Un jour, où qu'il se trouve, Pierre rendrait visite à Jean pour embrasser Amandine ! Mais quand ? En attendant, que leur resterait-il pour se souvenir l'un de l'autre ?

L'œil de Pierre s'était allumé : il avait une idée…

1. Voir *Les Glorieux de Versailles*, *op. cit.*

Chapitre 47

TROIS JOURS AVANT le grand départ, Jean retrouva Pierre sur la place d'Armes.

— Es-tu prêt à la gloire, mon ami ?

Franchement, Le Faillon n'en était pas certain. Du moins, pas comme l'entendait Lobiot.

— Souviens-toi de Barroubas ! Nous avons fait pire…

Pierre évoquait leur jeunesse lorsqu'ils échangeaient un tableau contre trente solides repas, vin d'Anjou compris. Joachim Barroubas, aubergiste rondouillard des *Trois Lièvres verts*, aimait se faire peindre dans la tenue du héros Hercule. Pierre ajoutait deux ou trois comédiennes et la belle Betsabea pour que leur mécène se sente moins seul sur la toile. Et tout pouvait se produire[1]…

Oui, le beau souvenir. Mais c'était autre chose d'entrer de nuit dans le château de Versailles, de montrer patte blanche, de se hisser jusqu'à la galerie des Glaces, d'y entrer et de…

— Il n'y aura aucun problème, prétendait Pierre. Je suis le second de Le Brun. J'ai accès à toutes les pièces où les œuvres du maître s'exposent et il n'y a pas mieux que la galerie des Glaces pour admirer son talent.

1. Voir *Les Glorieux de Versailles*, *op. cit.*

À minuit, était-ce raisonnable ? Et comment expliquer ces méthodes de rôdeur ?

*

Pierre avait réponse à tout : des toiles marouflées figurant au plafond avaient souffert de la rudesse de l'hiver et l'on venait de travailler à leur restauration[1]. Il s'agissait de détails infimes que le profane n'aurait pu repérer, mais le roi n'en était pas un. Le travail était fini depuis la veille, Sa Majesté satisfaite, l'échafaudage qui encombrait la galerie devait être démonté le lendemain.

— C'est cette nuit ou jamais.

Et Jean s'était laissé embarquer.

Ils se présentèrent en fin de journée, réclamant l'accès à la galerie des Glaces dès que le roi serait couché et entrèrent comme prévu en compagnie de quatre gardes armés de bougeoirs. Quel motif invoqué pour se rendre chez Louis XIV à une heure si tardive ? Pierre inventa une ultime inspection de la rénovation. Eh quoi ! Allait-on observer les tableaux du plafond pendant que ces dames dansaient ? C'était une bonne raison et s'y ajoutait que l'échafaudage partait dès l'aube afin de rendre à la salle Royale le lustre qu'elle méritait. Par prudence, affirmait Lobiot, Le Brun lui-même avait demandé à son bras droit de vérifier une dernière fois le travail.

— Je viens souvent ici.

Peut-être, en effet…

— Vous me reconnaissez, oui ou non ?

Sagement, aucun garde ne remit en cause la parole de l'homme élégant plein d'aplomb qui semblait être chez lui.

---

1. Maroufler : coller une toile sur un support. Ici, le plafond.

Pour augmenter son crédit, le même présenta l'accréditation signée par Le Brun et contresignée, à la fois par Michel Le Tellier, marquis de Louvois, surintendant des bâtiments, arts et manufactures, et Jules Hardouin-Mansart, Premier architecte du roi. Un maréchal de France n'aurait pu être mieux décoré…

— J'arrive de Paris, je suis épuisé et agacé. Allez-vous, je vous prie, faire ce que l'on vous demande ?

— Mais quoi ? bredouilla le plus dégourdi.

— Déplacez l'échafaudage afin qu'il soit en dessous de ce tableau-ci…

Il montrait la composition *Le Roi gouverne par lui-même*, clef de voûte de l'immense fresque contant, scène après scène, les prodiges du plus grand règne de France. Ce tableau-ci avait peut-être plus d'importance que les autres. C'était la célébration de la décision de Louis XIV de ne plus avoir de ministre principal afin d'exercer directement le pouvoir. L'acte I de l'absolutisme [1].

La garde sua, tira sur l'échafaudage, se fit copieusement injurier. Jean ne savait où se mettre, mais Pierre Lobiot obtint ce qu'il souhaitait.

— Laissez-nous, maintenant…

Il y eut un temps d'hésitation.

— Eh bien quoi ! Bloquez les entrées afin que personne ne vienne nous déranger.

La troupe s'ébranla.

— Attendez !

Elle s'arrêta.

— Les bougeoirs, posez-les ici… Nous en aurons besoin pour contrôler les tableaux.

1. 1661. À la mort de Mazarin. C'est le point de départ du règne personnel de Louis XIV.

Et quand ils furent enfin seuls, Pierre sourit à Jean :

— Je te l'avais dit. Un jeu d'enfant. Maintenant, au travail…

Et les deux amis passèrent la nuit, là-haut, au plus près du roi et de ses prouesses fabriquant le *dernier secret de Versailles*.

*

Avant l'aube, ils saluèrent la garde. Pierre leur ordonna de remettre l'échafaudage à sa place. Ils sortirent libres… Et liés par leur secret.

Chapitre 48

TROIS JOURS APRÈS CETTE NUIT bien mystérieuse, Amandine, Antoine et Jean quittèrent Saint-Val pour toujours. En effet, ils n'y revinrent jamais, mais il leur fallut un an pour se décider à rejoindre Cadix et, si la suite appartient à une autre histoire, l'essentiel se raconte en peu de mots.

À quinze ans, Antoine embarqua avec son grand-père à bord du *Marie*, un deux-mâts, construit en Bretagne sous la direction de Conwoion. Là-bas, on appelait ce genre de navire un goéland parce qu'il était rapide et manœuvrant [1].

Il fallait bien cela pour traverser l'océan.

Jean réalisa ses rêves de peintre. Il possédait un bel atelier donnant au nord, non loin de la vieille cathédrale de Santa Cruz. Il aimait peindre des portraits, mais on sait moins qu'il se pencha aussi sur les plans de l'oratoire de San Felipe Neri, construit sous les ordres du maître d'œuvre Blas Diaz. On le croisa aussi du côté de la Casa de Las Cadenas, un palais baroque dont le portique était orné de chaînes, depuis disparues. Dessiner l'amusait toujours et sa réputation fit vite le tour

1. Le goéland a sans doute donné son nom à la goélette.

de la ville. Il aurait pu entreprendre une nouvelle carrière d'architecte, mais y renonça, préférant se consacrer à son art.

Il se plaisait dans cette ville où les Français étaient en nombre, et on le vit souvent marcher avec son épouse dont l'éclat et la beauté rappelaient le charme étrange et troublant du señor La Fragua. Amandine ? Un beau jour de juillet 1688, elle cessa d'évoquer le *Roi noir* et, en se tournant vers Toussaint Delaforge, et en lui souriant, elle finit par lui parler comme à un père.

*

Saint-Val fut vendu, Antoine avait oublié sa cabane depuis longtemps. Toutes choses égales par ailleurs, le domaine subit un sort comparable à Marly[1]. Au siècle suivant, après la Révolution, il fut désossé pierre après pierre. Il n'en resta rien, n'eussent été la *Mare aux perdrix* et le pré de l'*Arbre couché*. Mais *Carouge* disparut comme l'acacia qui lui avait donné son nom.

*

Pierre Lobiot vint retrouver Jean en 1690. Fichtre, le bon moment qu'ils passèrent ! Un merveilleux été au cours duquel les deux amis eurent maintes fois l'occasion d'évoquer leur dernière aventure à Versailles. Pierre imitait à la

1. Peu apprécié par les successeurs de Louis XIV, Marly tomba dans l'oubli et le château sera pillé à la Révolution. Un industriel y installe sa filature de coton, mais la crise économique l'oblige à mettre fin à ses activités. Il décide alors de vendre le château en morceaux. La démolition sera radicale… L'œuvre de Jules Hardouin-Mansart et de Robert de Cotte disparaît.

perfection les gardes mal réveillés, tirant, poussant sur l'échafaudage qui manquait à tout moment de basculer, et Amandine le suppliait de raconter encore son histoire...

Qu'avaient-ils donc fait dans la galerie des Glaces ? La réponse jaillit en 1715, quelques jours avant l'éclipse du grand Roi-Soleil.

Chapitre 49

Un règne si long… Il était roi à l'âge de quatre ans et avait connu plus de cinquante années de pouvoir personnel. Ce qu'il en savait était absolu. Il était le premier à pouvoir raconter ce siècle et Versailles – et aussi le dernier car pas un bâtisseur ne lui avait survécu. Après, qui s'en chargerait ? De doctes hagiographes ou d'habiles critiques, des juges, des partisans d'une cause ou d'une autre. Mais plus aucun vivant, pas un de ceux qui avaient connu les débuts et la fin. Il devinait qu'on écrirait beaucoup sur lui. Et qui connaîtrait vraiment la vérité d'un règne marqué par la solitude et dont lui seul possédait les secrets ?

C'était aussi pour cela qu'existait le plafond décoré de la galerie des Glaces : l'histoire enluminée d'un roi et de son époque puisque les deux se confondaient. Un livre zénithal, quasi céleste, qu'on parcourait d'en bas en levant les yeux. Dedans, se trouvait tout ou presque de ce que Louis XIV entendait laisser en héritage et, comme dans les récits épiques, la gloire, la réussite tenaient une place essentielle. Ce plafond était son histoire, son testament, ce qu'il abandonnait de lui-même à la postérité. Alors, quand l'âge vint, qu'il se sut vieil homme, il décida de vérifier une dernière fois que rien, dans la galerie des

Glaces, n'avait été oublié. C'était en 1715, au cours de l'été.

*

Versailles s'était construit de cette façon, en ne négligeant aucun détail. On se souvenait avoir vu Louis XIV aux côtés des architectes vérifier une poignée de porte, la couleur ou la solidité du marbre, l'emplacement, l'alignement exact d'une fenêtre. Pour ce roi bâtisseur, l'infini grand se trouvait dans l'infini petit.

Combien de fois avait-il repris Le Vau, Le Brun, Le Nôtre… exigeant de faire et de refaire ! N'avait-il pas sillonné ses jardins aux quatre saisons, posant mille questions, appréciant la hauteur et la puissance d'un jet d'eau, demandant qu'on déplace une statue qu'il convenait à son goût d'orienter vers l'ouest plutôt qu'au midi ? Ce souci de la précision était tel qu'il avait lui-même rédigé une *Manière de montrer les jardins de Versailles.*

En sortant du chasteau par le vestibule de la cour de Marbre, on ira sur la terrasse ; il faut s'arrêter sur le haut des degrés pour considérer la situation des parterres des pièces d'eau…

Louis avait aimé bâtir parce qu'il resterait au moins cela pour expliquer son règne. Et pour cette raison, pas une miette de ce qu'il abandonnerait ne devait être confiée au hasard.

*

Au début du mois d'août 1715, il décida brusquement de quitter la paisible retraite de Marly pour rentrer à Versailles. Une mouche l'avait-elle piqué ? Le temps était doux, les jardins ventés. Pourquoi abandonner la quiétude des lieux et retrouver la ruche bourdonnante de la demeure royale ? On parla de tocade, ce qui était rare, on fit atteler les carrosses ; au soir, Louis rentra chez lui. Que voulait-il y faire ? On crut savoir qu'il désirait se rendre après le souper dans la galerie des Glaces qui n'accueillait aucune réception, quand, soudain, il se plaignit de violentes douleurs à la jambe gauche. Le médecin Fagon, convoqué sur-le-champ, rendit son diagnostic : une sciatique goutteuse. Personne ne devait en douter.

Le lendemain, le roi ne se sentit pas mieux. La médecine surgit à nouveau ; le chirurgien Mareschal évoqua la gangrène. Le vieux Fagon se montra tout aussi convaincu : une sciatique ! Et n'en discutons plus. Hélas, la santé de Sa Majesté empira de jour en jour et rien de nouveau ne fut dit pour expliquer comment une sciatique pouvait pourrir le cou-de-pied soudain noirâtre et d'où venait l'odeur pestilentielle. Le 17 août, le roi s'alita, le 18, Fagon dormit dans sa chambre. On se fit à l'idée qu'il fallait peut-être amputer. Le roi refusa. S'il devait mourir, ce serait avec tous ses membres… D'ailleurs, c'était trop tard.

Peut-être y eut-il un répit entre le 21 et le 24 août. Sinon, il faut saluer le courage et la volonté d'un homme à la veille de ses soixante-dix-sept ans [1] qui, oubliant sa souffrance, exigea de se rendre dans la galerie des Glaces.

Le transport fut une entreprise dont peu furent témoins car Louis avait exigé d'être seul. L'avait-il déjà été ? Seul signifiait sans compagnie, sans courtisan, Chambellan, Grand veneur, maître des Cérémonies, sans barbier, perruquier… Ainsi, on dénombrait une pléiade de valets, quatre médecins parfaitement inutiles, mais nul familier.

1. Louis XIV est né le 5 septembre 1638.

En revanche, Bontemps aurait sans doute été là s'il n'avait disparu quelques années auparavant.

Le roi, allongé, la tête calée dans des coussins, demanda à être placé exactement sous le tableau *Le Roi gouverne par lui-même*. Et c'était l'un de ceux où sa personne était particulièrement mise en scène.

*

La nuit venait, on éclaira la salle. Ce n'était pas assez. Il réclama le grand jour. On fit venir des flambeaux accrochés à des piques. Louis XIV voulait approcher au plus près du tableau – *et ce que le roi veut* – afin d'en observer les moindres détails. Depuis que la galerie des Glaces était achevée, il n'avait que peu scruté le plafond et ne levait les yeux que pour s'adresser à Dieu. Lorsqu'il allait au milieu de la Cour, il fixait ceux qui l'entouraient et non sa personne brillant au firmament. Trente années étaient passées. Ce tableau central, le cœur de son projet, était-il toujours ce qu'il avait souhaité ? Était-ce l'illustration parfaite du dessein qui avait dévoré sa vie ? Le bon souvenir de ce qu'il avait été ? Un passage en revue s'imposait.

Il commença par lui puisqu'il figurait au centre du tableau. Il tenait un gouvernail, symbole du pouvoir personnel, et jamais il n'avait regretté ce choix. Son visage se reflétait dans le bouclier de Minerve, la déesse de la Sagesse. Sans doute en avait-il manqué… Pourtant, la messagère des dieux pardonnait : elle lui montrait la gloire assise sur un nuage, offrant au grand roi la couronne de l'immortalité. Mais lorsque son règne s'achèverait, qu'en resterait-il d'éternel ?

La douleur revint soudain. Ses deux jambes étaient noires jusqu'aux hanches, le mal rongeait ses chairs. Il ferma les yeux. Pas encore…

*

Minerve était aussi la déesse de la Fureur et Mars n'était pas loin. Louis demanda qu'on lui éponge le front, tenta de boire un peu d'eau. Dirait-on plus tard qu'il avait eu du courage ? En bas de ce tableau central qui dominait les autres, la France était représentée par une femme aux vêtements médaillés de lys. Elle se trouvait dans l'ombre, soumise, sous le roi ; c'était volontaire. En échange de sa subordination, écrirait-on plus tard qu'il l'avait bien servie, veillant sur elle pour que règne la concorde ? Il savait qu'on lui reprocherait d'avoir trop aimé la guerre et que le peuple en avait payé le prix. La France… Peut-être aurait-il fallu la placer plus haut et dans la lumière. Mais Le Brun était mort… Et le tableau, achevé depuis longtemps.

À l'inverse, il ne retirait rien aux *Génies des Divertissements* qui entouraient le trône. Les *putti*, ainsi qu'on les appelait, étaient des personnages enjoués, heureux, enfantins. Les uns jouaient aux cartes, d'autres écrivaient ou s'adonnaient à la musique. Ils illustraient les plaisirs au temps où ils gouvernaient la jeunesse du roi. Il y avait sans doute l'évocation des *Plaisirs de l'Île enchantée* ou du *Grand Divertissement* et, derrière la mise en scène, se cachait la jouissance dont le jeune lion ne se rassasiait jamais. Louis se revoyait chasseur, danseur, musicien ! Il s'amusait avec Molière, battait la mesure avec Lully, accrochait le regard sensuel de Marie Mancini, de Louise de La Vallière, d'Athénaïs de Montespan et s'échappait avec la dernière dans l'Appartement des Bains pour se dissoudre dans la luxure.

Le condamnerait-on un jour pour ne pas avoir renoncé à la licence dès qu'il *gouverna par lui-même* ? Mais les *putti* étaient à ses pieds. C'est donc qu'il les avait placés moins haut que *l'amour de la véritable gloire*[1]. Il fut rassuré. Le futur regarderait *Le Roi gouverne par lui-même* comme la parfaite illustration de ce que son inventeur avait décidé.

*

La douleur aux jambes surgit encore, une fièvre visqueuse et glacée coulait dans son dos. Les tremblements reprirent. Un médecin le supplia de rejoindre sa chambre et il allait céder quand un détail parmi les *putti* attira son regard. Il exigea qu'on double la lumière, qu'elle effleure les personnages qui, en bas, jouaient aux cartes. Selon ses souvenirs, celui de gauche n'était pas brun, mais blond. En cherchant encore, il découvrit qu'un autre, casqué, brandissait une épée et il était certain que cette arme n'existait pas avant. Un dernier tenait un instrument de musique, mais son visage était dulcifié, ses cheveux bouclés… Un ange de beauté qui, avant, n'existait pas.

Sa mémoire lui faisait-elle défaut ? La fièvre dévorait-elle sa raison ? Ces trois personnages lui rappelaient étrangement une scène ancienne. L'ange ressemblait comme deux gouttes d'eau à la femme qui avait réveillé le *bon temps*. Il chercha un nom. Celui d'Amandine surgit. La suite vint simplement. Le joueur de cartes était le portrait de son mari, un architecte au talent prometteur, s'il se souvenait du domaine – Saint-Val, oui – que l'époux jaloux de l'ange délicieux avait restauré. Et le soldat tenant l'épée devait être l'enfant, le fils, le petit

1. François Charpentier, homme de lettres du XVIIe siècle, présentait ainsi ce tableau : « Louis le Grand, dans la fleur de la jeunesse, prend en main le timon de l'État et, renonçant au repos et aux plaisirs, se donne tout entier à *l'amour de la véritable gloire.* » Cette inscription a disparu au XVIIIe siècle.

chevalier qui veillait sur le domaine. Cette journée se montra nettement, défila lentement, et le *bon temps* calma ses souffrances ; il se laissa porter par les *putti* et ce qu'ils promettaient. Peu importait que tout fût faux – puisque ce l'était forcément –, le mirage attribué au mal qui rongeait sa jambe soulageait sa peine et le rassurait : même le *bon temps* figurait en secret dans ce tableau.

— Sire, il faut rentrer dans votre chambre…

Le roi se laissa faire.

*

Le 24 août, les médecins comprirent que la gangrène emportait Louis XIV. Le 25 au soir, il reçut le saint-sacrement que l'on donne aux condamnés. Les jours d'après ne furent qu'une suite d'heures lentes et douloureuses. L'agonie dura jusqu'au 30 août, la lucidité revint au créateur de Versailles le temps de prodiguer au Dauphin ses dernières recommandations. Le 1er septembre 1715, quand, autrefois, Bontemps murmurait *Voilà l'heure*, il céda à la mort [1] sans connaître le dernier secret de Versailles que Pierre Lobiot et Jean Le Faillon emportèrent à leur tour dans la tombe : ces *putti*, leur dernière création, le salut émouvant de ceux qui, comme eux, artistes ou *Sans Aveux*, architectes, apprentis, compagnons et maîtres, avaient accompagné le grand roi et bâti l'histoire du *palais de toutes les promesses*.

FIN

1. À huit heures quinze.

Versailles,
Le Palais de toutes les promesses

Résumé des épisodes précédents

Volume I : Un jour, je serai roi (1638-1664)

L'aventure débute par la naissance le même jour (le 5 septembre 1638) d'un misérable et d'un roi : Toussaint Delaforge et le futur Louis XIV. Toussaint Delaforge, bâtard né dans une cave, échappe à la mort grâce à l'apparition d'un jésuite mystérieux. Joseph de Marolles, c'est le nom de cet homme, arrache le nouveau-né des griffes de l'accoucheuse Paillard, une devineresse et sorcière qui étrangle Marie, la jeune maman, après le départ du prêtre. Pourquoi a-t-il sauvé ce nourrisson marqué d'une cicatrice au visage ? Toussaint attendra vingt ans pour découvrir la vérité. Avant cela, il connaîtra l'enfer du collège de Montcler, deviendra le lutteur des arènes de Paris, sera laissé pour mort, y perdra un bras avant de renaître.

Sauvé par Calmés, son ancien directeur de conscience au collège de Montcler, Delaforge apprend à revivre chez Pontgallet, un maçon qui, malgré le handicap du novice, en fait son second, provoquant la jalousie de son propre fils. Mais Delaforge ne pense qu'à détruire, corrompre, voler, tuer afin d'accéder plus vite au sommet. L'argent et la puissance lui serviront à se venger de son passé puisqu'il pense être le fils bâtard du marquis de La Place dont le confesseur est Joseph de Marolles.

Hanté par son désir de vengeance, Delaforge cède à tous les vices. Il trahit le bâtisseur du roi qui l'a engagé. Il tue son fils, séduit sa fille avant de déserter l'entreprise qui l'a formé. Il gravit les échelons, s'infiltre dans les salons du Marais, prend pour maîtresse une comtesse très belle, Angélique de Saint-Bastien, parvient à devenir l'assistant de Le Vau, l'architecte du roi travaillant pour Versailles. Un jour, il sera roi. Ayant réussi, il pense pouvoir se venger de Marolles, qui lui a caché ses origines, et surtout du marquis de La Place, accusé d'être son père.

Louis XIV connaît un tout autre apprentissage. Attendu tel un demi-dieu, né à Saint-Germain-en-Laye, adulé et protégé, Louis Dieudonné vit l'enfance d'un futur roi, gardant pour lui le secret d'une journée inoubliable à Versailles, partagée avec son père, alors malade et sur le point de mourir. Louis n'a pas cinq ans, mais ce moment à Versailles, dans le domaine intime de son père – un simple relais de chasse – le marque à jamais. Il prendra la suite. Il bâtira. Depuis, Louis XIV cache sa passion, mais jauge ses amis et ses maîtresses à l'aune de leur amour pour Versailles. Il s'y rend dès qu'il le peut, y rêve, s'entoure des meilleurs artistes qui ont travaillé pour Fouquet et Vaux-le-Vicomte : Le Vau, Le Brun, Le Nôtre, et en fait ses amis. Mais il cache le projet qui peu à peu se dessine : construire le plus beau palais de tous les temps. Il faut des peintres, des sculpteurs, des maçons... Il recrute, dépense, pousse les feux, réclame des miracles, organise des fêtes. Versailles naît, le roi s'affirme, Delaforge aussi. L'ancien misérable et le roi ont un destin commun : le *palais de toutes les promesses*.

Alors qu'un château et une ville commencent à naître, Delaforge, profitant du succès de Le Vau, s'est enrichi. Il est temps de mettre son projet à exécution. Il a condamné le marquis de La Place et ses deux fils légitimes. Organisant le piège, il sacrifie les héritiers, détruit la famille du marquis. Ne reste plus que le père supposé. La vérité éclate alors. Le marquis n'est pas son père. Marolles, oui. Le jésuite a violé sa mère et l'a abandonnée. Il s'est servi du marquis pour cacher ses crimes. Marolles fuit avant d'être tué. Delaforge est seul. Qu'a-t-il vraiment gagné ?

La haine de ceux qui tenteront à leur tour de se venger.

Volume II : Le Roi noir de Versailles (1668-1670)

Delaforge est riche. Devenu le *Roi noir* de Versailles, il possède avec Ravort, un associé boiteux, la moitié des hôtels de Versailles où logent les bagnards évadés, les repris de justice, les soldats déserteurs, les filles de joie, tous étant venus pour faire fortune ou se cacher dans le plus grand chantier du monde. Ravort est un ancien collégien de Montcler comme Delaforge. Mais leur alliance est viciée. Si Ravort est boiteux, c'est à cause de Delaforge qui l'a précipité par la fenêtre du dortoir du collège afin de se venger de celui qui était alors le petit tyran de Montcler. Ravort sait que derrière l'élégant jeune homme fortuné, coqueluche des salons de Paris et influent conseiller à la surintendance des bâtiments, se cache un criminel et l'ancien lutteur des arènes de Paris, le combattant aux cent victoires (et autant de morts). L'association repose sur le mensonge et la trahison. Ravort attend son heure pour se venger des sévices passés.

En attendant, le *Roi noir* fait la loi à Versailles, contrôle les jeux et la prostitution en s'appuyant sur un bailli à sa solde, personnage corrompu. Mais le succès agace, génère la jalousie. De plus, Delaforge doit faire face à Marguerite Pontgallet, la veuve du maçon qui l'a formé.

Dotée d'une énergie formidable, Marguerite a repris les rênes de l'entreprise après la mort de son mari et de son fils. Aidée par la corporation des maçons, elle s'est installée à Versailles. Elle espérait recommencer sa vie, mais Delaforge est là ! Les deux clans se partagent Versailles où se construisent l'enveloppe du château, le Grand Canal, les bassins et les statues des jardins.

Entre la veuve Pontgallet et Delaforge, c'est une lutte à mort, dominée par les secrets. Marguerite sait que Toussaint a tué son fils, mais se tait car sa fille a donné naissance à Amandine dont le père n'est autre que l'ancien apprenti. Ce dernier, ignorant qu'il en est le père, s'en prend à cette enfant afin de faire peur à Marguerite Pontgallet et la chasser de Versailles. Il l'enlève une nuit afin de montrer ses intentions, et peut-être pour la tuer, mais, séduit et touché par l'innocence et la grâce de la petite fille, la rend indemne à sa famille, non sans avoir glissé dans la main de la gamine un billet menaçant.

La guérilla devient un combat à mort, attisé par Ravort qui, par peur du chantage que pourrait exercer la veuve du bâtisseur Pontgallet, multiplie les intrigues, trompe et ment, poussant Delaforge à détruire leur ennemi. On se rend coup pour coup. Delaforge finit par mettre le feu aux entrepôts de Marguerite en apprenant que celle-ci a imprimé un pamphlet dénonçant les crimes du *Roi noir*. L'entreprise est détruite, les Pontgallet ruinés, et la peur les contraint à se taire. On croit au triomphe de Delaforge, mais Marguerite obtient un répit en donnant l'idée à d'Orbay, le nouvel architecte du roi, de construire l'Appartement des Bains, destiné à séduire la favorite Athénaïs de Montespan. Le projet plaît. D'Orbay, soutenu par Marguerite, triomphe. En retour, l'entreprise des maçons est sauvée, au moins provisoirement. Mais Ravort décide de museler définitivement les Pontgallet en les tuant, même si Delaforge hésite encore…

Tout ce grabuge finit par agacer Colbert, pressé par Louis XIV de construire Versailles. Aussi, le conseiller du roi mandate-t-il le préfet de police Gabriel Nicolas de La Reynie afin de nettoyer Versailles de ses gens interlopes. Les langues se délient, les alliés de Delaforge trahissent. À la surintendance des bâtiments, on le lâche. Ses combines corrompues sont mises à jour. Le procès du *Roi noir* se précise. La Reynie encercle le fief versaillais des canailles, Delaforge décide de fuir en emportant sa fortune et passera par Paris où il a un dernier compte à rendre : son père, Marolles, qui a fui dix ans plus tôt, est de retour. Son fils le tuera. Delaforge va donc oublier les Pontgallet quand Marguerite lui apprend qu'il est le père d'Amandine. Elle s'est décidée, malgré la peur que lui inspire le *Roi noir*, car, selon elle, c'est la seule façon de sauver l'enfant que Ravort, par haine, a décidé d'éliminer. La transformation est immédiate. Renonçant à son projet concernant Marolles, Toussaint affronte Ravort et ses sbires qui y passent, mais, blessé à mort, le *Roi noir* disparaît dans des marécages appelés l'*étang puant* de Versailles.

Amandine, ignorant qu'elle a été sauvée par son père, garde l'image de sa *bonne étoile*. Et Marguerite devra vivre avec les souvenirs maudits, les fantômes du passé.

Mais oublier à jamais, est-ce possible ?

Volume III : Les Glorieux de Versailles (1679-1682)

Dix années se sont écoulées. Marguerite Pontgallet a triomphé du *Roi noir*, mais les séquelles sont visibles. Épuisée, vieillie, l'ancienne battante est hantée par les fantômes de son passé. L'entreprise s'en ressent, elle va mal, et son caractère ne colle pas avec la nouvelle équipe de Versailles, entraînée par le fringant Hardouin-Mansart. Son second, le compagnon Le Faillon, se bat comme il peut, mais ça ne suffit pas.

Amandine, très belle, a grandi et Jean Le Faillon, le fils du bras droit de Marguerite, est amoureux d'elle. Mais la jeune fille rêve à l'ombre du château. Elle se voit princesse, et un jeune apprenti, Conwoion (le guerrier), un mystérieux Breton, lui fait les yeux doux. Jean renonce. Il sera peintre, ira pour cela se former à Paris. Il quitte Versailles, rencontre le monde bohème des artistes de Le Brun, peintre du roi, et connaît le succès grâce à Pierre Lobiot, artiste fantasque et ami des comédiennes. Mais alors que Rome, capitale de l'art, lui tend les bras, il retourne à Versailles, certain de dire adieu au passé et surtout à Amandine.

La situation qu'il découvre est catastrophique. Certes, son rival Conwoion a disparu, mais son père, tombé d'un échafaudage, est blessé et infirme. Amandine, violée par un valet, est enceinte. L'entreprise est ruinée. Marguerite, à moitié folle, a été dépouillée… Pourtant, Jean fait front. Il protégera Amandine et renoncera à son rêve de peintre pour devenir bâtisseur. C'est alors qu'il manque de périr dans l'effondrement d'une galerie de la Machine de Marly conçue pour détourner la Seine afin d'alimenter les jardins de Versailles. Amandine, qui a finalement cédé à Jean, attendrie par sa tendresse et la sincérité de son amour, plie elle aussi sous ce dernier assaut : elle manque de mourir en faisant une fausse couche.

Tout semble fini lorsque surgit à nouveau Conwoion, porteur d'un message. Un Espagnol, du nom de La Fragua, désire rebâtir le château de Saint-Val, situé à quatre lieues de Versailles. Il cherche un dessinateur. Conwoion, qui connaît le talent de Jean, lui propose un marché : produire en un mois les plans des jardins et du nouveau Saint-Val. Méfiant, Jean refuse la commande malgré le soutien d'Amandine qui s'est sincèrement attachée à lui.

Oui, tout semble fini quand surgit le peintre Pierre Lobiot. L'ami vient prêter main-forte à Jean qui, encouragé par Amandine, se remet à l'ouvrage et dessine le futur Saint-Val. Le résultat est stupéfiant. Conwoion transmet les plans à La Fragua qui donne son accord et annonce sa venue à Saint-Val. Jean est invité seul. Lui qui a connu enfant le *Roi noir*, découvre que les deux ne font qu'une seule et même personne. Le *Roi noir* est vivant…

Toussaint Delaforge raconte son histoire à Jean Le Faillon. Il a été sauvé par Vautron, un vieux paveur de Versailles et un prêtre défroqué qui fut proche de Calmés, le directeur de conscience du jeune Toussaint, au collège de Montcler. Vautron, qui se cache lui-même dans Versailles pour avoir commis dans le passé un crime passionnel, a toujours su qui était Delaforge. Il prétend que Calmés, mort depuis, a de son côté toujours cru à la rédemption du *Roi noir*. Vautron l'a sorti de l'*étang puant* où il se vidait de son sang pour lui donner une seconde chance. Delaforge, guéri par les sœurs de Vincent-de-Paul installées à Versailles, a alors fui en Espagne mais, en échange de la promesse de ne pas tuer le jésuite Marolles, son père, il a demandé à Vautron de veiller sur Amandine, sa fille. Pourtant, dix ans plus tard, averti par Vautron des malheurs du clan Pontgallet, il s'est décidé à sortir de sa tanière.

Riche, propriétaire d'une flotte de navires à Cadix et d'une mine d'argent en Nouvelle-Espagne (Mexique), Toussaint Delaforge propose à Jean de devenir l'architecte de Saint-Val. En échange, il lui fait promettre de ne pas révéler le nom de son bienfaiteur. Il est trop tôt et il a tant à se faire pardonner. Mais, à nouveau, le danger menace. Le policier La Reynie n'a jamais cru à la disparition du *Roi noir*. Le renouveau de l'entreprise Pontgallet, le surprenant propriétaire espagnol de Saint-Val, le mystère entourant ce chantier suffisent pour lui mettre la puce à l'oreille. En pleine tourmente de l'Affaire des Poisons qui met en cause les proches du roi, il découvre que La Fragua est aussi Delaforge.

En mai 1682, alors que Louis XIV accueille la Cour pour la première soirée d'Appartement (installation de la Cour à Versailles), Toussaint est arrêté par le policier. Il se trouvait à cent mètres de sa fille, Amandine, qui se rendait au château, invitée par le roi. Jean avait pourtant tout prévu, y compris la promesse de lui présenter sa *bonne étoile*, la personne qui les avait sauvés de la ruine.

La Reynie arrête Toussaint Delaforge avant que celui-ci ne puisse parler à sa fille. Il saisit dans la veste de son prisonnier une lettre destinée à Amandine. Le *Roi noir* demande pardon pour les fautes commises dans le passé. La Reynie mesure ce qui unit Toussaint à Amandine et comprend qu'il s'est jeté dans la gueule du loup pour l'amour qu'il porte à cette enfant.

L'intraitable policier sera-t-il ému ? Sur le chemin conduisant Toussaint dans une forteresse, non loin des Pyrénées, La Reynie fait arrêter le convoi et détache sa proie…

Vient alors le tome 4, *Le Dernier Secret de Versailles*…

Où s'arrête l'Histoire ?
Où commence l'histoire ?

Il est parfois reproché à l'écrivain composant avec l'Histoire de ne pas fixer les frontières entre réalité historique et fiction. Ce qui suit est une sorte de petit guide, non exhaustif, précisant où s'arrête l'Histoire et où commence la mienne.

La journée du 1er août 1685

L'escapade de Louis XIV à Saint-Val est une invention… On rêverait qu'elle ait eu lieu, mais *Le Mercure galant* n'en parle aucunement. Peut-on même imaginer que le roi puisse échapper à la Cour, à Versailles, et filer ainsi sur les routes, à bord d'un carrosse, sans autre protection qu'une poignée de gardes ? Difficile. Quoique…

Pour écrire ce passage, je me suis inspiré d'un temps où la vie, pour Louis XIV, était plus légère. Il lui arrivait, dans sa jeunesse, de se rendre à Versailles qui n'était alors qu'un domaine à moitié sauvage. L'escapade le remplissait de joie. Louis fuyait déjà les contraintes de la Cour installée au Louvre. Disons que je me suis servi de cette veine pour la transposer dans une autre partie de son règne. Un souvenir heureux, mais inventé, que j'ai voulu offrir à ce souverain qui ne connaîtra ni trêve ni repos dès l'installation de la Cour à Versailles.

Maintenant, venons-en au subterfuge : la visite des beaux bâtiments inspirés par Versailles aurait permis au roi de justifier sa sortie – un peu à la manière du pensionnaire inventant la maladie d'un proche pour s'éclipser…

Je fais jouer au pauvre Hardouin-Mansart une bien triste partition, et j'avoue qu'ici les traits de son caractère furent forcés. Toutefois, en écrivant ce « tour de magie » qui permettra au roi de « s'évader quelques heures », je me suis souvenu de l'incroyable et discutable rumeur qui secoua la Cour à propos de sa supposée relation amoureuse avec Henriette d'Angleterre, sa cousine. *Madame* et le roi furent-ils amants ? Peut-être… Mais qui le sait vraiment ? À moins qu'ils ne connussent qu'une simple attirance, sans y donner suite. Si le doute persiste, c'est à cause du stratagème qu'ils conçurent. Pour ne jamais se retrouver seuls, preuve manifeste de leurs liens – en somme, pour ne pas prêter le flanc à la rumeur –, ils se servirent d'un maquillage que d'autres appelèrent un paravent. Une jeune fille, belle et sensuelle, endossa les habits de la maîtresse de Louis. Et pendant que la Cour tournait les yeux vers elle, le roi usait les siens sur le corps de son Henriette… Mais il y eut un hic. Louis tomba amoureux de ce beau « paravent », Louise de La Vallière, qui devint bientôt sa maîtresse et la reine des fêtes de Versailles, se retrouvant ainsi en lieu et place de la première, à qui l'on prêta beaucoup et qui n'obtint peut-être que très peu en retour…

Voici au moins la preuve que Louis faisait preuve d'imagination lorsqu'il s'agissait de couvrir ses amours.

La révocation de l'édit de Nantes

Tant de choses ont été écrites sur ce tournant capital dans l'histoire de la France qu'il semble difficile d'ajouter quelques mots. Pourtant, je m'y essaierai.

Tout d'abord, il est à peu près certain que Louis XIV n'était pas bien informé quant aux conversions des protestants. Sans doute fut-il convaincu que les protestants se soumettaient en masse à la foi catholique, donc que leur nombre diminuait… Qu'en somme, la révocation de l'édit de Nantes ne serait qu'une simple formalité…

Tout cela était faux, comme on le verra dans un instant. Mais il en est souvent ainsi du pouvoir. Emmuré, sans contact avec la vie réelle, influencé par des conseillers dont les intérêts primaient sur ceux du roi qu'ils étaient censés servir, Louis XIV se convertit à l'idée qu'il était possible d'unifier la foi du pays par la loi parce que, dans les faits, c'était déjà le cas. Erreur dramatique… La révocation de l'édit de Nantes entraîna le départ de 200 000 âmes fort utiles au royaume car le meilleur de l'art, de l'entreprise, de la science se comptait pour beaucoup chez les protestants. La saignée fut redoutable. L'or, le talent, l'intelligence, la critique, utiles au progrès de l'esprit, partirent sous des cieux plus cléments.

Les conséquences sont incalculables, mais on en donnera un exemple : le papier. Eh bien, comment croire que le sujet soit vital ? Pourtant, à l'époque, le papier c'est un peu le téléphone ou l'Internet… L'écriture, vecteur de la communication et des échanges, a besoin de papier. Maîtriser cette fabrication, c'est être le fournisseur les autres. À quoi bon expliquer davantage. Il suffit de penser à Google, Apple ou Facebook…

Au XVIIe siècle, la France maîtrise la technique de la fabrication du papier. Le Sud-Ouest, notamment, devient une grande région papetière grâce aux investissements des industriels et financiers hollandais. Hélas, les guerres engagées par Louis XIV et, en partie aussi, la révocation de l'édit de Nantes (qui n'est pas pour rien dans ces fichues guerres), provoquent l'arrêt brutal de cette activité, créatrice d'emplois et de richesses, largement initiée par les protestants.

Incontestablement, la révocation de l'édit de Nantes a nui à l'image de la France aux Pays-Bas où de nombreux protestants s'étaient exilés. Comment ne pas imaginer que ceux-ci se soient tournés vers une nouvelle patrie, quand la leur s'était montrée si intolérante ?

Aussi, la révocation de l'édit de Nantes isola la France. Les protestants furent défendus par leurs coreligionnaires dans toute l'Europe. Sans doute que cet édit liberticide influença la succession de guerres qui affaiblit durablement le royaume et assombrit la fin d'un règne autrefois brillant.

Quelques chiffres sur Versailles

Voici, en ordre de grandeur, des chiffres fixant l'ampleur de cette aventure pharaonique.

Le château proprement dit occupe plus de 6 hectares. Dans le roman, j'évoque le chiffre de soixante-dix escaliers. Ce n'est rien à côté de celui des cheminées. Versailles en compta plus de mille, même si leur nombre a fortement diminué. Les pièces : plus de deux mille, la moitié environ étant dédiée aujourd'hui au musée.

La galerie des Glaces. Ses dimensions : 73 mètres sur 10, pour une hauteur de 12 mètres au plus haut. Le roi a sans doute eu du mal à détailler les *putti*. Mais il s'agit d'un roman… Au total, la galerie accueille trois cent cinquante-sept miroirs répartis en dix-sept arcades faisant face à dix-sept fenêtres.

Un mot encore sur les jardins et les extérieurs.

Le parc du château : 815 hectares. Avant la Révolution, il s'étendait sur 8 000 hectares. Le Grand Canal a une superficie de 23 hectares et s'allonge sur 1 600 mètres. Il faut parcourir 5 500 mètres pour en faire le tour. Sa largeur : 62 mètres. Assez pour y organiser des petites traversées en gondole… La Pièce d'Eau des Suisses, plus modeste, ne mesure *que* 700 mètres de long et ne couvre *que* 12 hectares. Dans la *Manière de montrer les jardins de Versailles*, Louis XIV en parle comme du *lac des Suisses…*

Le nombre des jets d'eau des bassins et fontaines s'élève à plus de mille. Pour alimenter le tout, 30 kilomètres de canalisation en plomb et en fonte furent nécessaires.

L'Orangerie est longue de 155 mètres, sa largeur est de 12 mètres, sa hauteur de 13. Ainsi, on pourrait y loger la galerie des Glaces. Un détail : l'Escalier des *Cent-Marches* en compte, me semble-t-il, cent trois d'un côté, cent quatre de l'autre.

Le grand Commun occupait près d'un hectare, la place d'Armes s'étend sur plus de 6 hectares.

Les conditions de vie à Versailles[1]

Je reprends ici une note parue dans les tomes précédents.

De Pâques à la Saint-Martin (11 octobre), on travaille de cinq heures du matin à dix-neuf heures. Le reste de l'année, de six heures du matin à dix-huit heures. Il y a trois pauses dont l'une servant de dîner, à quatorze heures. Seule consolation, et en tenant compte des jours fériés, le nombre de jours travaillés s'élève à deux cent vingt, soit à peu près autant qu'aujourd'hui. Si dimanche est jour de repos, des exceptions sont accordées lorsque le chantier prend du retard. Qu'en est-il du travail de nuit ? On y recourt en 1669, et souvent par la suite, toujours à cause du retard. Ce que *le roi veut*...

Ouvriers ou soldats (on fit appel à ces derniers), tous sont soumis à des règles dures. Un abandon de poste, même pour aller vendanger ou moissonner ses terres, est sanctionné. Frédéric Tiberghien cite cette « anecdote » : le roi fut (déjà !) empêché de voir ses jets d'eau fonctionner car le fontainier Jolly

1. Les informations qui suivent sont largement tirées du livre de Frédéric Tiberghien, *Versailles, le chantier de Louis XIV* (Tempus) qui enchantera les passionnés recherchant mille détails sur la construction de Versailles (pages 145 à 179 : « Le travail et la vie quotidienne sur les chantiers »).

manquait de main-d'œuvre. Dès lors, Colbert, dans une note de 1672, l'obligea à signaler les déplacements de chacun de ses collaborateurs et à les soumettre à un accord préalable...

Les règles portant sur la vente d'alcool sont contraignantes. On ne peut entrer dans un hôtel ou une taverne pendant les heures de travail. Dès 1672, le bailli de Versailles interdit la vente d'alcool et de nourriture en dehors des repas et après vingt heures... La prohibition s'étend même au dimanche, à l'heure de la messe, en 1684.

Aucun plaisir, aucune distraction, seul le travail compte. On comprend que les désertions se multiplient. Celles-ci sont punies sévèrement : les soldats ont le nez et les oreilles coupés, ils sont marqués de la fleur de lys, expédiés aux galères ; pis, condamnés à mort. Ils ne sont pas les seuls à vivre sous la menace. Les ouvriers ne se présentant pas au travail subissent le fouet et, parfois, sont jetés en prison. Se rebeller est interdit. Les cabales (grèves) sont matées.

Les conditions de travail sont très dures et les accidents fréquents. La Machine de Marly en est l'exemple. Cet incroyable mécanisme visait à pomper les eaux de la Seine pour alimenter les fontaines de Versailles et de Marly. On signale des centaines de blessés sur le chantier de la Machine de Marly qui débute en 1681. Les risques d'accident ne sont pas moindres pour ceux qui montent sur les échafaudages. Charpentiers et maçons font partie des victimes car aucune protection n'est mise en œuvre.

Que vaut une vie ? 20 livres pour celle d'un manœuvre ; 30 pour celle d'un compagnon. Mourir est une chose, être blessé, une autre. Il y a tant d'accidents qu'on fait appel à la charité. Il est fait mention des sœurs de Saint-Vincent-de-Paul. F. Tiberghien signale la présence de trois d'entre elles, en 1672, sur la place du Marché de Versailles.

Aux accidents s'ajoutent les épidémies. Le scorbut frappe, notamment lors du creusement du canal de l'Eure. Ce chantier titanesque décime les hommes. Ils sont accueillis à Chartres ou à l'abbaye de Coulombs. On dénombre des milliers de morts. Selon Frédéric Tiberghien, citant lui-même Doyen, dix mille hommes seraient morts sur le chantier de l'Eure, soit 3,5 % de l'armée de terre. Le paludisme et la typhoïde se développent lors des travaux d'assainissement des étangs et des plans d'eau. L'*étang puant* porte bien son nom...

Faute de place, on loge dans des abris de fortune connus sous le nom d'hôtels de Limoges. L'appellation s'explique par l'origine des bâtisseurs. Ils viennent souvent de cette région et sont appelés communément des Limousins. Se loger à Versailles n'est donc pas une mince affaire, même si les auberges et les hôtels se développent. En 1601, Versailles ne comptait qu'une auberge. Après l'installation du roi (1682), trente-neuf auberges se créent en quelques années. Il y en a cent vingt en 1695. Et trente-neuf hôtels à peu près à la même époque. Le logement est réglementé. On fixe le prix d'une chambre à un lit (15 sols), à deux lits (30 sols) et même le prix de l'attache d'un cheval (5 sols). Afin d'identifier les personnes logeant et vivant à Versailles, les hôteliers sont obligés de tenir un registre où figure le nom des occupants.

L'étang puant

Cette note figure également dans les tomes précédents.

L'*étang puant* est localisé à l'emplacement du Potager du roi, non loin de l'Orangerie du château et de la Pièce d'Eau des Suisses. Ce nom n'annonce rien de bon et, pourtant, c'est ici que Jean-Baptiste de la Quintinie a aménagé le Potager du roi. Il fallut assécher le fameux *étang puant* et le remblayer avec de la terre des collines de Satory. Le résultat final réclama six années de travail (1678 à 1683) et se révéla un chef-d'œuvre : neuf hectares consacrés à la culture de légumes et de fruits d'une qualité exceptionnelle et se moquant des saisons. Dernier détail : Louis XIV accédait au potager par la Grille du Roi, du côté de la Pièce d'Eau des Suisses.

La cour de Marbre

Cette note figure également dans les tomes précédents.

Avant d'entrer dans le château proprement dit, il faut prendre le temps de « visiter » la cour de Marbre, en premier lieu, pour se souvenir de ce que fut le château avant l'immense entreprise de Louis XIV. Séparée de la cour Royale par cinq marches, la cour de Marbre évoque et rappelle la présence de Louis XIII. Entre cette façade et celle donnant sur les jardins, on mesure le choc de deux mondes et de deux époques…

On se souviendra que les carreaux blancs et noirs de la cour de Marbre proviennent de Vaux-le-Vicomte. Ils font partie de la razzia organisée par Louis XIV après la déchéance de Fouquet, malheureux surintendant des Finances qui commit l'imprudence de bâtir un château rivalisant avec (supplantant même) les plus belles demeures royales. Ce n'est pas Fouquet et Vaux-le-Vicomte qui donnèrent au Roi-Soleil l'idée de Versailles, mais ce grâce à quoi il réunit le trio génial (Le Vau, Le Brun, Le Nôtre) qui se lança dans cette bataille sans fin.

Voici la cour de Marbre racontée par André Félibien (1619-1695), architecte et historiographe, secrétaire de l'Académie royale d'architecture dans son livre *Description sommaire du château de Versailles* (pages 15 et suivantes) :

« De cette grande cour l'on entre dans la petite cour où l'on monte d'abord par trois marches ; et après avoir passé un large palier, on monte encore cinq autres marches. Cette cour est pavée de marbre blanc et noir avec des bandes d'autre marbre blanc et rouge. Au milieu est un bassin de fontaine de marbre blanc avec un groupe de figures de bronze doré. La face et les ailes du petit château sont bâties toutes de briques et de pierre de taille ; et dans les trumeaux entre les fenêtres, il y a une infinité de bustes de marbre sur des consoles aussi de marbre pour la décoration du palais. Au-devant de la face est un balcon soutenu par huit colonnes de marbre jaspé de blanc et rouge. Elles sont d'ordre dorique, ayant leurs bases et leurs chapiteaux de marbre blanc. Dans les deux angles des ailes de la face, il y a deux trompes de pierre de taille qui portent deux cabinets environnés de volières de fer doré, et au-dessous, deux bassins de marbre blanc en forme de grandes coquilles où sont de jeunes Tritons qui jettent de l'eau. »

Gabriel Nicolas de La Reynie

Cette note figure dans les tomes précédents.

Rien ne présage que le fils cadet de Jean Nicolas de Traslage, né à Limoges en 1625, deviendra l'un des personnages les plus puissants du règne de Louis XIV. Sa remarquable gestion du patrimoine du duc d'Épernon et son opposition à la Fronde le font remarquer par Colbert qui propose au roi de le nommer à Paris Premier lieutenant de police. L'objectif est de rétablir la sécurité dans une ville soumise à de nombreux pouvoirs civils et religieux et autant de juridictions qui se « tirent dans les pattes ». C'est une vision moderne puisque l'autorité de police est centralisée et autonome. Nommé en 1667, doté de puissants moyens, et ne rendant compte qu'au roi, le Premier lieutenant de police rétablit l'ordre, s'occupe des mœurs, contrôle les activités économiques, aidé dans ses missions par des commissaires de quartier et les fameuses *mouches* auxquelles s'ajoutent les *moutons*, collaborateurs repentis des prisons.

La Reynie est surtout célèbre pour son rôle dans l'Affaire des Poisons qui éclaboussera les proches du roi, dont Athénaïs de Montespan. Mais c'est oublier qu'il fit de Paris la ville la plus propre de son temps grâce à la taxe des Boues et Lanternes et qu'il brisa la cour des Miracles (qui d'ailleurs n'était pas unique à Paris) où les pires trafics, dont ceux des enfants mendiants et des faux infirmes, se développaient. Il fit aussi éclairer la ville, paver les rues et fixa des règles de circulation.

Il mourut en 1709, sans avoir révélé tous les secrets de l'Affaire des Poisons. Condamnée à un éternel oubli par la décision du roi qui ordonne de brûler toutes les pièces, il reste de cette affaire les notes personnelles de La Reynie qui, elles, n'ont pas disparu…

ANNEXES

Buste de Louis XIV de Gian Lorenzo Bernini (1665)

Les conquêtes de Louis XIV
(quelques-unes…)

Marie Mancini
(le premier amour de Louis…)

Louise de La Vallière
(fragile, timide et sincère…)

Athénaïs de Montespan
(La *Sultane de Versailles* vieillissante,
et future condamnée…)

Madame de Maintenon
(mélancolique et jeune… La Belle Indienne…)

La garde rapprochée de Louis XIV

Gabriel Nicolas de La Reynie
(la loi, l'ordre, le roi…)

André Le Nôtre
(âgé…)

Jean-Baptiste Colbert
(Le Nord…)

Charles Le Brun
(infatigable travailleur…)

Louis Le Vau
(le premier architecte de Versailles)

François d'Orbay
(succéda à Le Vau avant d'être remplacé
par Jules Hardouin-Mansart)

Jules Hardouin-Mansart
(au sommet de sa gloire…)

François Michel Le Tellier, marquis de Louvois
(un rien sévère…)

Le premier château de Versailles, celui de Louis XIII
(il dort sous le Versailles de son fils… et de ceux qui suivirent)

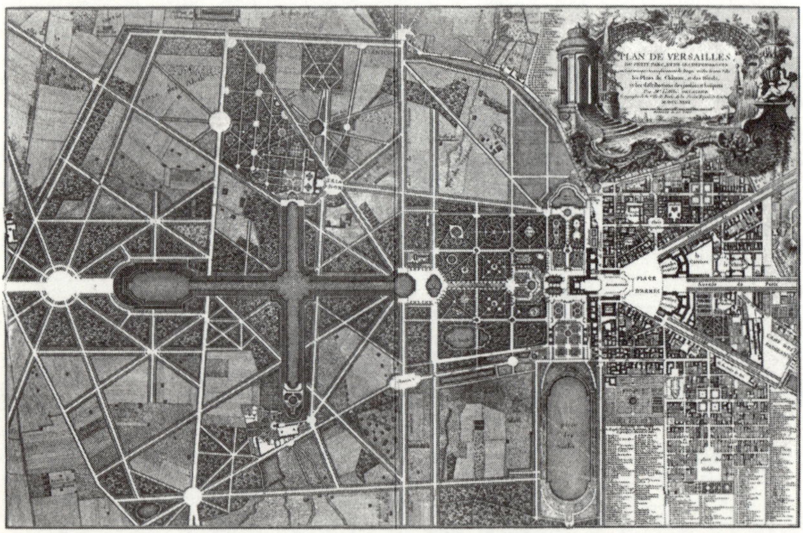

Plan de Versailles établi en 1746 par le géographe Jean Delagrive
L'ouest est à gauche. Au sud, le bassin des Suisses. Le château est l'ensemble à l'est en forme d'oiseau dont la queue serait la place d'Armes, prolongée par les trois routes menant au château. On voit aussi les écuries.

La grotte de Thétys
(Au centre, Apollon baigné par les nymphes)

L'Escalier des Ambassadeurs
(Vue partielle de ce chef-d'œuvre réalisé par François d'Orbay et Charles Le Brun. Autre exemple de ce qui n'est plus… L'escalier fut détruit en 1752)

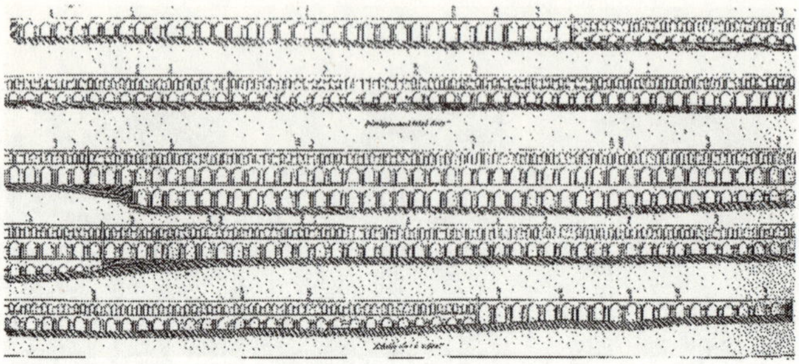

Projet de l'aqueduc du canal de l'Eure
(Ouvrage monumental voulu par Louvois parce qu'il servait la grandeur royale… Un ouvrage à trois niveaux de 18 km de long. Ce simple dessin donne une idée de l'ampleur d'un projet pharaonique qui fut abandonné…)

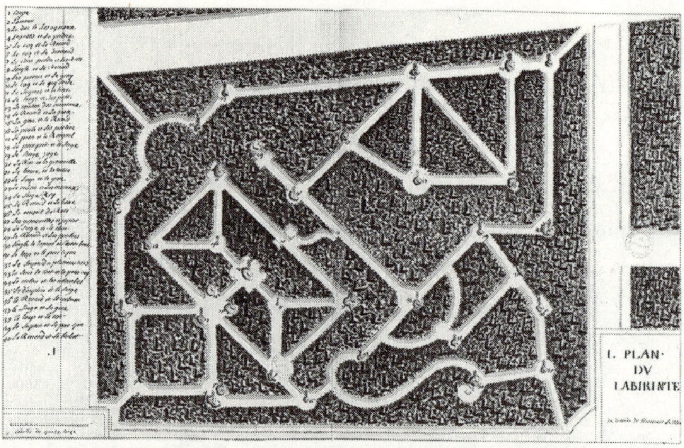

Plan de l'ancien labyrinthe par Gilles Demortain
On doit ce chef-d'œuvre à Le Nôtre et à Perrault, lui-même inspiré par la publication en 1668 des Fables d'Ésope mises en vers par Monsieur de La Fontaine.
On comptait 39 fontaines, chacune accueillant une fable illustrée par des sculptures animalières en plomb polychrome imaginées par Le Brun.
D'un entretien délicat et coûteux, le labyrinthe fut détruit sous Louis XVI et devint le Bosquet de la Reine.

Crédits des images placées en annexes

Louis XIV par Bernin, Collection particulière.
Marie Mancini, Collection particulière.
Louise de La Vallière, Collection particulière.
Athénaïs de Montespan, © MP / Leemage.
Madame de Maintenon, Collection particulière.
Gabriel Nicolas de La Reynie, © Château de Versailles, Dist. RMN-Grand Palais / image château de Versailles.
André Le Nôtre, Collection particulière.
Jean-Baptiste Colbert, Collection particulière.
Charles Le Brun, Collection particulière.
Louis Le Vau, Collection particulière.
François d'Orbay, Collcction particulicrc.
Jules Hardouin-Mansart, Collection particulière.
François Michel Le Tellier, marquis de Louvois, © Château de Versailles, Dist. RMN-Grand Palais / image château de Versailles.
Le château de Versailles sous Louis XIII, Israël Silvestre, © Musée Carnavalet / Roger-Viollet.
Plan de Versailles, Collection particulière.
La grotte de Thétys, Collection particulière.
L'Escalier des Ambassadeurs, Collection particulière.
Projet de l'aqueduc du canal de l'Eure, Collection particulière.
Plan de l'ancien labyrinthe, Collection particulière.

Remerciements

Combien de temps m'a pris l'écriture du *Palais de toutes les promesses*, quatre tomes qui, au départ, ne devaient être qu'un ? On me pose souvent la question, et parfois je réponds : toute une vie.

Je la dois à beaucoup d'amis, de soutiens, de fidèles. Et je veux d'abord remercier ma famille, mon épouse et nos trois filles, qui m'ont écouté parler de Versailles, soir et matin. De grâce, me supplient-elles, pas un mot de plus… Trois derniers, cependant, en forme de post-scriptum : je vous aime.

Je dois immédiatement saluer Thierry Billard, mon très cher ami et éditeur, qui m'a laissé libre de composer à ma guise, à mon rythme, me manifestant toujours un inextinguible soutien. Il m'a cru capable d'écrire cette histoire, et je l'en remercie d'autant car l'idée première vint de lui.

Mais Thierry est aussi l'arbre capital d'une immense forêt, celle des équipes de Flammarion qui, de loin ou de près, n'ont pas manqué de m'encourager et de m'aider. Cinq années ont passé – toute une vie –, l'eau a coulé sous les ponts. Les visages du départ sont là, d'autres sont apparus en cours de route. À tous, merci.

Puis vient le lecteur… Lui aussi ne m'a pas lâché. Et je ne peux m'empêcher de penser à celles et ceux que j'ai croisés au fil des saisons dans des Salons du livre. Chaque année, j'ai eu droit à ce plaisir : revoir des amis qui me parlaient d'Amandine, du *Roi noir*, de Calmés, de Petit-Jean devenu grand, de Louis XIV… Eux aussi ne m'ont jamais fait défaut. Merci ! Et rendez-vous, un jour, pour de nouvelles aventures. Si Dieu me prête une nouvelle vie…

Bibliographie sommaire

Il ne s'agit nullement d'être exhaustif ; de même, les livres et publications cités ci-dessous (romans ou œuvres savantes) ne sont pas présentés dans un ordre d'intérêt ou alphabétique. Ce sont ceux qui se trouvent en permanence sur mon bureau et que je consulte continuellement.

TIBERGHIEN Frédéric, *Versailles, le chantier de Louis XIV*, Tempus, 2002.

VERLET Pierre, *Le Château de Versailles*, Fayard, 1986.

LOUIS XIV, *Manière de montrer les jardins de Versailles,* Mercure de France, 1999.

FÉLIBIEN André, *Relation de la fête à Versailles*, Mercure de France, 1999.

DE SCUDÉRY Madeleine, *La Promenade de Versailles*, Mercure de France, 1999.

COLLECTIF, *Louis XIV et Versailles*, *Géo Histoire* Hors Série, 2011.

COLLECTIF, *Aux Jardins de Monsieur Le Nôtre*, *Le Figaro* Hors Série, 2013.

BERTIÈRE Simone, *Les Femmes du Roi-Soleil. Les Reines de France au temps des Bourbons,* Le Livre de Poche, 1998.

SOLNON Jean-François, *Histoire de Versailles*, Tempus, 2003.

BEURTHERET Vincent, *Versailles : des jardins vers ailleurs. Le testament secret de Louis XIV,* AMDG Édition, 1996.

BLUCHE François, *Louis XIV*, Fayard, 1986.
CHALINE Olivier, *Le Règne de Louis XIV*, Flammarion, coll. « Histoire », 2005.
DUFREIGNE Jean-Pierre, *Louis XIV, le lever du Soleil*, Pocket, 2006.
DE DECKER Michel, *Louis XIV, le bon plaisir du roi*, Belfond, 2000.
DE GRÈCE Michel, *Louis XIV, l'envers du Soleil*, Pocket, 1993.
BEAUSSANT Philippe, *Le Roi-Soleil se lève aussi*, Gallimard, coll. « Folio », 2002.
BORDONOVE Georges, *Les Rois qui ont fait la France : Louis XIV*, J'ai Lu, 2003.
MILANOVIC Nicolas et MARAL Alexandre, *Louis XIV, l'homme et le roi*, Flammarion, 2009.
CRAVERI Benedetta, *Reines et Favorites, le pouvoir des femmes*, Gallimard, 2007.
ELIAS Norbert, *La Société de Cour*, Flammarion, coll. « champs Essais », 2008.
COLLECTIF, *L'ABCdaire du château de Versailles*, Flammarion, 1999.
CHANDERNAGOR Françoise, *L'Allée du roi : souvenirs de Françoise d'Aubigné, marquise de Maintenon, épouse du Roi de France*, Julliard, 1995.

Moins liés à la période visitée, mais tout aussi passionnants :
LEVRON Jacques, *Les Inconnus de Versailles : les coulisses de la Cour*, Tempus, 2009.
NEWTON William R., *La Petite Cour*, Fayard, 2006.
NEWTON William R., *Derrière la façade : vivre au château de Versailles au XVIIIe siècle*, Perrin, 2008.

Table

Première partie

Avec un almanach et une montre, on pouvait,
à trois cents lieues d'ici, dire ce qu'il faisait.

Deuxième partie

La plupart des femmes ont toujours assez d'esprit
pour se tirer d'une situation difficile.
Mieux vaudrait qu'elles aient eu celui de l'éviter.

Troisième partie

Les langues ont toujours du venin à répandre.

Quatrième partie

*Il y a d'étranges pères, et dont toute la vie
ne semble occupée qu'à préparer à leurs enfants
des raisons de se consoler de leur mort.*

Cinquième partie

*Un homme qui a vécu dans l'intrigue
un certain temps ne peut plus s'en passer.*

Sixième partie

Une idée sans exécution est un songe.

Septième partie

Je vous laisse digérer ces réflexions…

Composition et mise en pages
Nord Compo à Villeneuve-d'Ascq

Achevé d'imprimer en septembre 2014
sur les presses de Normandie Roto Impression s.a.s.
61250 Lonrai
N° d'impression : 1403688
N° d'édition : L.01ELIN000357.N001
Dépôt légal : novembre 2014

Imprimé en France